Les Editions Sybex vou[illegible]vices destinés à vous aider à développer votre expérienc[illegible] micro-informatique et à nous aider à parfaire nos publications :

- Disquettes d'accompagnement
- Informations concernant les nouveautés
- Envoi de nos catalogues régulièrement mis à jour
- Dialogue constant avec le lecteur.

Recevez la disquette contenant tous les programmes de ce livre

Fini les risques d'erreurs et les heures laborieuses passées à saisir d'interminables programmes.

Remplissez très lisiblement le bulletin ci-dessous et retournez-le sous enveloppe affranchie, accompagné de votre règlement, à :

Editions Sybex
6-8, impasse du Curé
75882 Paris cedex 18

DISQUETTE D'ACCOMPAGNEMENT

OUI, je désire recevoir la disquette d'accompagnement dont je note la référence* et le titre ci-dessous :

Réf.* : |__|__|__|__|

Titre : ....

❑ format 5 1/4 ❑ format 3 1/2

Au prix de : **75 F** franco TTC ci-joint :
❑ CHEQUE ❑ CARTE BLEUE N°

|_|_|_|_|_|_|_|_|_|_|_|_|_|_|_|_|

Expire le |_|_| |_|_|

Société ....
Nom ....
Prénom ....
Adresse ....
....
Code Postal ....
Ville ....
....
Date : ....
Signature obligatoire

* inscrivez les 4 premiers chiffres qui se trouvent au-dessus du code barre, au dos du livre.

François Terrier

Borland C++

Volume 1

Concepts fondamentaux

SYBEX

Paris • San Francisco • Düsseldorf • Londres • Amsterdam

Les programmes figurant dans ce livre et éventuellement sur la disquette d'accompagnement sont livrés sous forme source pour illustrer les sujets traités. Il n'est donné aucune garantie quant à leur fonctionnement une fois compilés, assemblés ou interprétés dans le cadre d'une utilisation professionnelle ou commerciale. La disquette en option n'est livrée que pour faciliter l'utilisation du livre en évitant une saisie des programmes. Ces programmes peuvent nécessiter des adaptations et modifications dépendant de la configuration utilisée.

Sybex ne pourra en aucun cas être tenu pour responsable des préjudices de quelque nature que ce soit pouvant résulter de l'utilisation de ces programmes.

Collection dirigée par Lucien Lamarre

Borland C++ est une marque de Borland International, Inc.

Sybex n'est lié à aucun constructeur.

Tous les efforts ont été faits pour fournir dans ce livre une information complète et exacte. Néanmoins, Sybex n'assume de responsabilités, ni pour son utilisation ni pour les contrefaçons de brevets ou atteintes aux droits de tierces personnes qui pourraient résulter de cette utilisation.

ISBN 2-7361-0765-9

ISSN 0991-5834

Remerciements

Un livre s'écrit rarement "tout seul", il faut souvent l'aider ! et s'aider de diverses contributions d'amis et collègues, aussi leur dois-je au minimum de sincères remerciements.

Mais tout d'abord, il me faut souligner l'abnégation de ma compagne Annelies, pour avoir supporté avec patience la relecture du manuscrit et le peu de disponibilité que j'ai eu pendant la rédaction de ce livre.

Sans chercher à citer toutes les contributions dans un ordre particulier, je tiens à remercier particulièrement mes amis et collègues : Jean Louis Gréco, Patrick Baudin, Pierre Roux, Rachid Guerraoui ainsi que toute l'équipe d'édition de SYBEX pour l'ambiance de travail chaleureuse. Enfin, un dernier remerciement à Pierre Bailly pour son aide généreuse et à mes étudiants qui, par leur questions trop souvent pertinentes, m'ont fait découvrir bien des surprises dans ce langage...

Sommaire

Volume 1

Volume 2

Introduction

Borland C++ s'adresse à tous les programmeurs désirant des informations sur l'utilisation de C++. La très grande convivialité offerte par l'environnement de Turbo C++ et Borland C++ a amené à le choisir comme support des exemples proposés dans cet ouvrage.

La grande évolutivité de C++ a amené les fabriquants, comme **Borland**, a fournir différentes variantes de compilateurs associées à chaque version du langage. La dernière en date, **C++ V3.1** (juin 1992), propose une notion importante : les types génériques. C'est pourquoi, c'est elle qui servira de référence à cet ouvrage. Toutefois quelques défauts des précédentes versions des compilateurs produits par Borland seront signalés au cours de l'ouvrage afin d'assurer la compatibilité avec les versions antérieures, en particulier avec : *Borland C++ V1.0, V2.0 et Turbo C++ V1.0 et V2.0.*

La rédaction de ce livre a été réalisée avec le souci permanent de présenter les différents aspects du langage de manière progressive et systématique. De nombreux schémas et figures ont été insérés dans le texte afin de représenter au mieux les points un peu délicats.

En vue d'atteindre cet objectif, l'exposé a été décomposé en quatre parties d'inégales longueur réparties sur deux volumes.

Cette seconde édition de Borland C++, ormis la correction de quelques erreurs présentes dans la précédente version, introduit deux nouveaux concepts :

- l'utilisation des types génériques,
- la gestion des erreurs d'exécution par interruption et déroutement des programmes.

De plus, l'aspect méthodologie de programmation objet et structuration des programmes et application est repris et fortement développé.

La majeure partie de ces apports se situe dans le second volume de l'ouvrage aux paragraphes III - 5, IV - 1.4 et IV - 2.

Le **premier volume** regroupe les bases de la programmation en C++, c'est-à-dire les rappels concernant la programmation procédurale en C++ (proche de celle employée en C) et une initiation à la programmation objet en C++ :

- Dans ce volume, la première partie propose en une cinquantaine de pages une vue rapide de la programmation objet.

- La deuxième partie constitue le corps du premier volume et présente tous les aspects propres à la programmation procédurale en C et C++. Elle conclut avec une cinquantaine de pages d'introduction à la programmation objet.

Le **second volume**, également décomposé en deux autres parties, est dédié aux aspects avancés de la programmation en C++ :

- La troisième partie de l'ouvrage, consacrée aux spécificités de la programmation objet en C++, constitue les deux premiers tiers de ce second volume.

- La quatrième partie, quant à elle, laisse de coté les aspects de syntaxe purs du langage pour consacrer une centaine de pages à la question du développement d'applications en C++.

Le choix de cette répartition est motivé par différentes causes :

- La programmation objet en C++ impose une bonne maîtrise des bases de la programmation procédurale en C. Celle-ci n'est pas suffisamment triviale pour passer complètement au second plan.

- Les programmeurs débutants en C++ ne maîtrisent pas forcément la programmation en C.

- Même issue directement de la programmation en C, la programmation procédurale en C++ présente des facettes nouvelles qui ne peuvent être passées sous silence.

- Bien que complètement nouvelles et un peu déroutantes pour les débutants, les bases de la programmation objet sont relativement simples et faciles à présenter.
- Par contre, la pratique réelle de ce type de programmation demande la maîtrise d'outils dont le maniement n'est pas toujours évident ou dont le comportement est régi par des règles qui peuvent être ressenties (à tort, heureusement...) plus comme des exceptions que comme une conséquence logique des éléments de base.
- Enfin, la volonté que l'ouvrage puisse être abordé par tous les programmeurs initiés.

Pour la programmation procédurale, plutôt que de renvoyer le lecteur à des ouvrages pas toujours directement applicables en C++, il a donc été choisi d'effectuer une présentation complète de cet aspect de C++.

La conséquence en est que, pour contenir également une description poussée de la programmation objet en C++, l'ouvrage a dû regrouper une quantité d'informations très importante. C'est pourquoi il a semblé nécessaire de le décomposer en deux volumes. La répartition entre les deux volumes a été effectuée en cherchant à leur donner une identité propre, mais les deux aspects *programmation procédurale* et *programmation objet avancée* sont difficilement dissociables. Ces deux volumes ne peuvent donc pas être considérés comme deux ouvrages indépendants. En particulier, les bases de la programmation objet et les facilités de C++ présentées dans le premier volume ne seront pas du tout reprises dans le second. De plus, le premier volume fait relativement souvent référence à des paragraphes particuliers du second lorsque certains aspects un peu délicats demandent des commentaires détaillés.

L'index est commun aux deux volumes et permet de localiser les informations intéressantes dans l'un ou l'autre, ou même parfois dans les deux volumes.

Premier volume :

La première partie expose tout d'abord la programmation du point de vue de l'analyse de problème. L'objectif est de faire apparaître l'importance de cette étape lors de la conception d'une application, afin de réaliser celle-ci à l'aide de sous-programmes modulaires, plutôt que par la programmation de gros logiciels peu maîtrisables.

La programmation objet en C++ est ensuite présentée comme une évolution logique de la programmation. En particulier, cette partie s'efforce d'expliciter, à partir d'un exemple simple et concret, comment s'est effectué progressivement le passage de langages élémentaires (du type BASIC) à des langages dits "procéduraux" comme Pascal, C (ou même Turbo Basic) pour définir ensuite des langages dit "modulaires" comme Ada, et arriver aujourd'hui aux langages "orientés objet" comme C++.

La deuxième partie est constituée de trois chapitres. Les deux premiers sont consacrés à la programmation "classique" telle qu'elle serait effectuée en C. Des rappels complets sur le langage C sont donc donnés en association avec les nouvelles facilités apportées par C++. La programmation objet en elle-même est introduite dans le troisième chapitre. Le lecteur pourra ainsi, lors d'une première lecture, se concentrer sur les principes de base de la programmation objet.

Les différents paragraphes sont organisés de telle manière qu'un habitué du C puisse se concentrer uniquement sur les apports de C++. De surcroît, afin de faciliter encore la lecture aux programmeurs en C, les symboles C et C++ indiqués dans le sommaire spécifient les paragraphes associés, respectivement, au C classique ou plus particulièrement à C++. Le contenu des chapitres est le suivant :

Premier chapitre :

- Description de quelques éléments d'utilisation de l'environnement de Borland C++. Réalisation, en C++, d'entrées - sorties minimales pour le test des programmes des paragraphes suivants (affichage écran, entrée clavier).

- Présentation des bases du langage C : variables, types, opérateurs et instructions de contrôle du déroulement du programme (tests, boucles, etc.).

- Et pour finir, définitions "classiques" de types : structure, union, énumérations, etc.

Deuxième chapitre :

- Définition et emploi des fonctions, renvoi de valeurs et passage d'arguments.
- Précision des règles d'accessibilité aux variables et déclarations de statut associées.
- Introduction des pointeurs, déclarations et emploi. Liens avec les tableaux et les chaînes de caractères. Présentation des pointeurs de fonctions.

A noter que, dans ce chapitre, le mode d'utilisation des fonctions choisi est celui qui est à la fois le plus aisé pour un débutant et le plus en concordance avec la norme internationale de programmation en C : norme ANSI. Cette norme est relativement nouvelle, et le style de programmation associé risque de l'être aussi pour les programmeurs chevronnés du C. En conséquence, il est préférable qu'ils passent en revue ce chapitre.

Troisième chapitre :

- Définition de classes, déclaration des membres de donnée et des fonctions membres. Emploi des variables de classes (instances). Spécifications d'accès aux données (éléments privés, publics, amis).
- Présentation du principe de la surcharge de fonctions et d'opérateurs. Liens avec l'accessibilité.
- Déclaration d'héritage simple. Emploi et accès des variables héritées.

Le premier volume est complété par trois annexes résumant des points clefs du langage :

- Passage du langage C à C++.
- Mots clefs et opérateurs.
- Conventions d'accessibilité des éléments du langage.

Second volume :

La troisième partie de *Borland C++* présente les aspects avancés de la programmation objet. En particulier, elle revient sur la définition des instances avec le paramètre caché **this**, les membres statiques et les pointeurs de membres. La surcharge de certains opérateurs particuliers est ensuite détaillée puis sont abordées les fonctions dédiées à l'initialisation des instances et la gestion dynamique de la mémoire. Ensuite, la notion d'héritage est reprise pour introduire la notion de polymorphisme dynamique et de membres virtuels.

Enfin, un dernier chapitre présente la notion des types génériques et leur utilisation pour réaliser des fonctions et des classes génériques, aussi appelées ***fonctions*** ou ***classes modèles***.

La quatrième partie de cet ouvrage traite du développement à proprement parler d'applications en C++. Elle ne doit en aucun cas être considérée comme anecdotique par rapport aux précédentes. En effet, le choix et l'organisation des fichiers sont fondamentaux pour définir des sous-programmes en tant que composants fiables, maintenables et réutilisables. Ce sont ces facteurs qui feront la qualité du programme développé.

Dans ce but, deux aspects sont particulièrement à prendre en compte :

- L'utilisation des bibliothèques de fonctions et de classes standard.

- Le développement séparé de programmes et leur assemblage. En particulier, ce chapitre présente une méthode d'organisation et de décomposition des fichiers adaptée à la programmation objet.

De nombreux exemples sont analysés et développés au cours de ces chapitres avec le souci d'être à la fois simples et imagés.

Par ailleurs, certains détails de syntaxe de C++ sont parfois relativement délicats et s'ils sont précieux aux programmeurs ayant déjà une bonne appréhension du langage, ils sont de peu d'intérêt pour le débutant. Aussi une graduation de la difficulté des différents paragraphes a été réalisée à l'aide du symbole ! :

I

Présentation des concepts

Le rôle de cette première partie est de donner un aperçu rapide des concepts utilisés pour la programmation en C++.

Les quelques exemples présentés sont formulés directement en C++ afin de rester centré sur ce langage. Cependant, comme il n'est pas possible de présenter complètement la syntaxe en quelques pages, le lecteur pourra trouver, parfois, dans ces exemples, quelques éléments surprenants ou obscurs. Il ne devra pas alors s'attacher aux détails de syntaxe mais plutôt à la structure d'ensemble.

Afin de permettre au lecteur de se faire une idée rapide de la conception et la programmation d'applications en C++, cette partie présente brièvement, d'une part, des rappels sur la programmation classique, et d'autre part, la base des concepts nouveaux apportés par la représentation objet dans C++. Elle est volontairement très courte, et il est conseillé à tous les lecteurs, même avertis, de la parcourir au moins rapidement.

En particulier, les lecteurs n'ayant que peu de notions d'analyse et de spécification d'applications logicielles gagneront en recul vis-à-vis des langages en s'attachant à assimiler les quelques rappels sur l'analyse de problèmes. De même, s'ils n'ont que très peu programmé à l'aide de langages dits "procéduraux et structurés" (c'est-à-dire du type de Pascal, C ou même Turbo BASIC), la lecture attentive de l'ensemble des rappels leur permettra de fixer les termes de vocabulaire employés couramment par la suite.

La présentation des concepts de programmation objet cherche à indiquer la progression (et implicitement l'historique) qui, partant des éléments de base (comme les variables, les types, les fonctions), a mené vers les concepts actuels d'objet, de classe, d'héritage et d'encapsulation.

Dans ce but, un même exemple est élaboré et affiné à partir d'une implémentation élémentaire classique jusqu'à une forme plus riche supportée par la programmation objet.

La méthodologie de conception, spécification et programmation orientée objet n'est pas présentée dans cette partie. Il a semblé préférable de laisser le temps au lecteur d'assimiler complètement tous les concepts de cette programmation et lui présente au fur et à mesure les aspects méthodologiques.

I - 1. Les fondements de la programmation

Programmer, de nos jours, ne se réduit pas à aligner des lignes de codes traduisant un cahier des charges bien précis. On demande, de plus en plus, aux programmeurs de savoir analyser un problème, spécifier la solution, puis, une fois ces tâches achevées, implémenter la solution choisie dans un langage fournissant de bonnes garanties de qualité.

Ainsi ce premier chapitre présente les bases du développement d'applications à l'aide du noyau C de C++, en particulier : analyse de problèmes, types et variables, et enfin, fonctions.

Dans la suite de cet ouvrage, lorsqu'il s'agira d'utiliser surtout les éléments offerts par le noyau C de base de C++, et non spécifiquement ceux de la programmation orientée objet, il sera fait référence au langage C/C++ plutôt que de dire "noyau C de C++".

I - 1.1. L'analyse d'un problème

Il faut tout d'abord souligner qu'un programme est réalisé dans le but d'effectuer un ensemble de traitements particuliers. La première tâche est donc toujours de spécifier précisément la nature des éléments à traiter ainsi que des opérations à leur faire subir.

Supposons, par exemple, qu'il soit demandé de réaliser un outil qui permette de trier un ensemble de mots dans l'ordre alphabétique.

Le premier point consistera à définir, d'une part, sous quelle forme les données seront initialement fournies à l'application et, d'autre part, sous quelle forme les résultats devront être communiqués aux utilisateurs. Par exemple, sous la forme d'un fichier de texte ASCII standard pour les données initiales et par affichage à l'écran pour le résultat du tri.

Le second point consiste à expliciter les différentes actions à réaliser pour mener à bien cette tâche.

Il existe plusieurs méthodes, plus ou moins formelles, pour représenter ce type d'analyse. Celles qui semblent les plus performantes en ce qui concerne la qualité des applications produites sont des méthodes qui cherchent à hiérarchiser le problème en niveaux croissants de détail. Pour n'en citer que deux : les méthodes SADT pour la programmation classique, et la méthode HOOD pour la programmation objet. Ces méthodes présentent l'intérêt d'offrir une représentation graphique des problèmes qui peut dès maintenant aider à analyser cet exemple simple de tri.

Au niveau le plus général, l'application étudiée ici peut se représenter par la Figure I - 1.1.a.

Dans ce schéma et les suivants, les conventions adoptées sont celles définies par la méthode SADT.

Il s'agit maintenant de préciser les opérations à effectuer. En particulier, il faut lire le fichier d'entrée, stocker les données, les trier, puis les afficher une fois triées (voir Figure I - 1.1.b).

A ce stade, une bonne question à se poser est : Comment le programme s'arrête-t-il ? C'est-à-dire quelles sont les informations de contrôle du déroulement de l'application ? En l'occurrence, il s'agit essentiellement d'arrêter la lecture lorsqu'on est arrivé à la fin du fichier et d'arrêter l'affichage.

La prise en compte de cette remarque amène alors à introduire une modification dans le schéma précédent (voir Figure I - 1.1.c).

D'autres éléments de contrôle pourraient être envisagés, comme l'affichage pas à pas des mots triés pour laisser le temps aux utilisateurs de les lire. De même, il serait intéressant de passer le nom du fichier à lire en paramètre...

Cette étape réalisée, la décomposition se continue jusqu'à l'obtention d'activités suffisamment élémentaires pour pou-

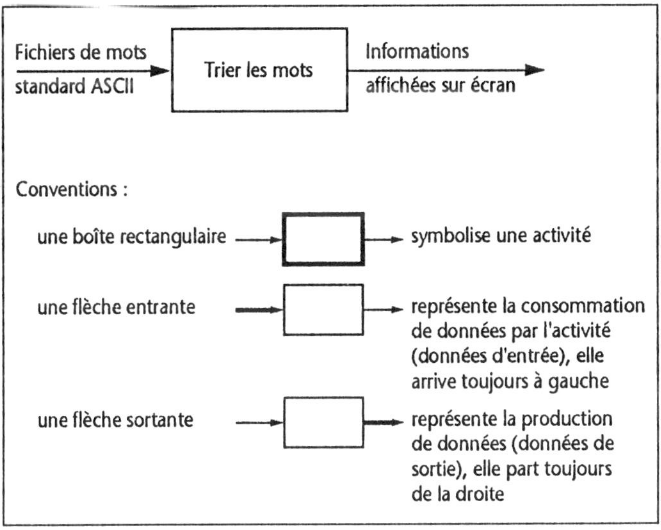

Figure I - 1.1.a : Activité "Tri d'un fichier de mots".

voir définir facilement des éléments de programmes. Ici, il est possible, par exemple, de décomposer l'activité "Tri des données" (voir Figure I - 1.1.d).

On constate sur ce schéma un rebouclage entre les données d'entrée et les données de sortie. Il est représentatif de procédures répétitives (dites *itératives*) qui se représentent difficilement dans ce type de schéma. En l'occurrence, il s'agit de la limite de détail utile pour l'analyse de cette application.

D'une manière générale, chaque niveau de décomposition amène la définition de sous-ensembles d'informations aux structures spécifiques, ainsi que de nouvelles ***activités*** qui peuvent être associées à des procédures ou fonctions du programme à réaliser. Cela met l'accent sur les deux points fondamentaux lors de la conception de programmes :

- les éléments de données, qui se regroupent naturellement en structures organisées ;

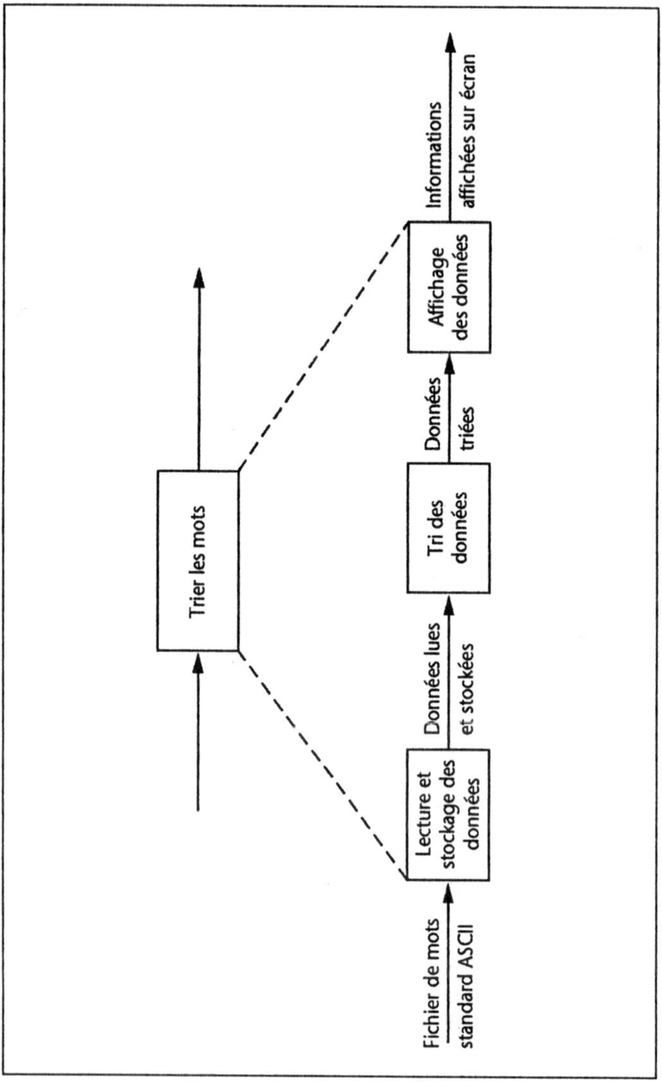

Figure I - 1.1.b : Décomposition de l'activité "Tri d'un fichier de mots".

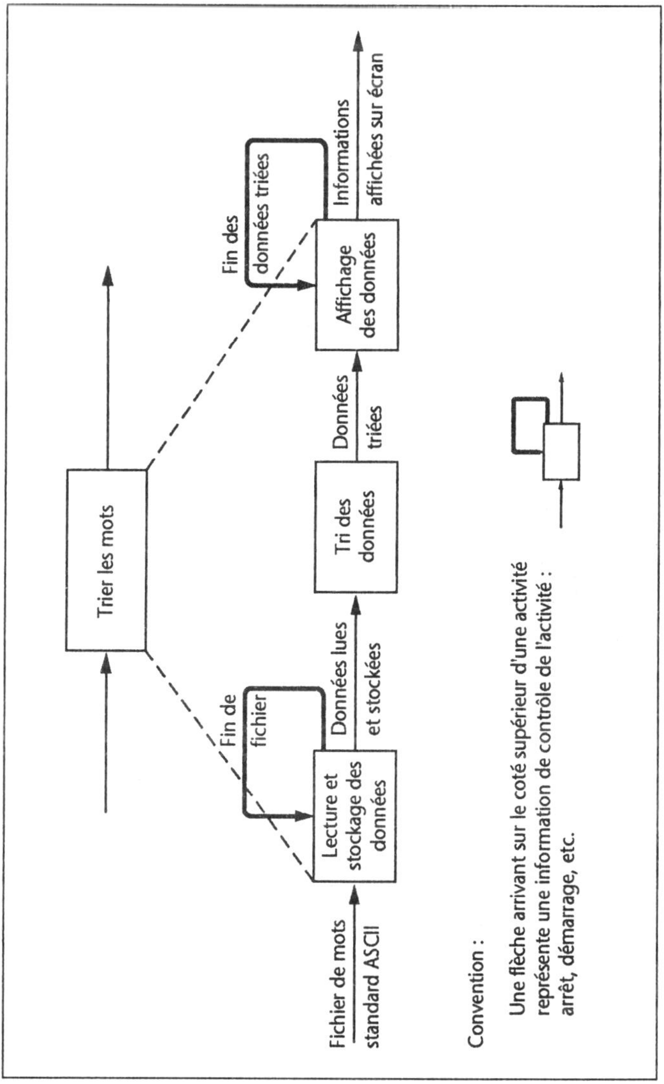

Figure I - 1.1.c : Décomposition de l'activité "Tri d'un fichier de mots".

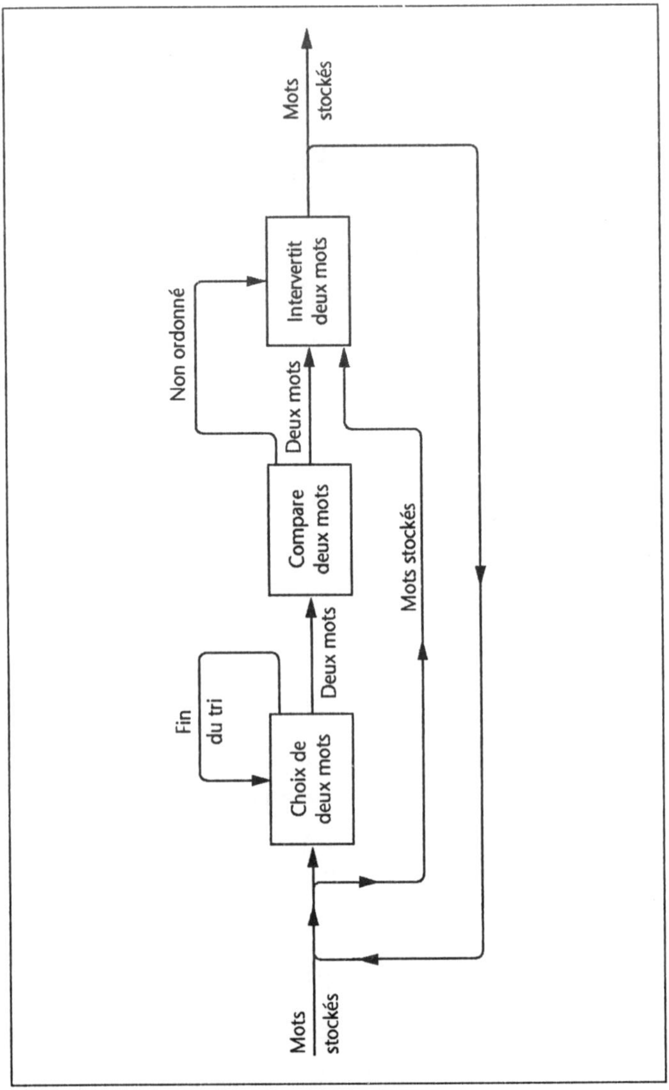

Figure I - 1.1.d : Décomposition de l'activité "Tri des données".

- les opérations sur les données qui se décomposent en opérations de base, standard, et traitements plus complexes également appelés fonctions.

I - 1.2. Les données d'un programme *C*

Les données d'un programme se caractérisent habituellement suivant deux critères :

- leur possibilité d'être modifiées on non ;
- leurs propriétés opératoires, c'est-à-dire leur type.

I - 1.2.1. Notion de variable *C*

Les données représentent toutes les informations manipulées par un programme. Pour pouvoir être manipulées et connues du programme il faut les identifier à l'aide d'un nom (ou encore ***identificateur***). Suivant leur emploi, deux catégories de données peuvent être distinguées :

- les données constantes ;
- les données variables.

Les données constantes sont connues dès le début des traitements et représentent une valeur (ou information) qui n'est pas modifiée du début à la fin de l'exécution du programme. Un ensemble de conventions permet de définir des valeurs standard comme les entiers, les caractères et les réels, mais aussi des structures plus complexes mais constantes. La section II - 1.2.1 en donne le détail.

Les données variables (ou simplement les ***variables***) représentent des informations dont les valeurs sont élaborées par le programme. Elles sont caractérisées alors par un nom (identificateur) et leur valeur dépend de leur utilisation dans le programme. De plus, pour pouvoir avoir une existence effective, il faut qu'elles puissent contenir de l'information, c'est-à-dire qu'il faut leur associer une zone mémoire où elles seront stockées.

Cette affectation de mémoire est réalisée automatiquement par le compilateur du langage. Il est toutefois bon de garder présent à l'esprit qu'une variable est toujours au moins associée à un nom et une place en mémoire.

Un exemple très simple : calcul de la moyenne de 4 nombres.

Dans cet exemple, les données manipulées sont :

- les quatre nombres dont les valeurs ne sont pas connues *a priori*, ce seront donc quatre variables de noms différents, par exemple **n1**, **n2**, **n3**, **n4** ;
- la valeur 4 qui est nécessaire au calcul de la moyenne, mais qui est une donnée constante du problème.

Le calcul s'écrit :

```
(n1 + n2 + n3 + n4) / 4
```

Enfin, une dernière donnée peut être utile, c'est le résultat du calcul qui est également une variable. Nommons-la **res**.

```
res = (n1 + n2 + n3 + n4) / 4
```

I - 1.2.2. Notion de type *C*

Cette notion est à la base de nombreux langages et permet d'expliciter le fait que les éléments de données n'ont pas tous exactement les mêmes propriétés. Par exemple, une valeur entière, une valeur réelle et un caractère ne représentent pas la même chose symboliquement.

En plus de cette distinction symbolique, les contraintes de réalisation (encore appelées : contraintes d'implémentation) des structures de données et des opérations qui sont effectuées amènent à distinguer ces trois types de données pour des raisons d'efficacité.

En l'occurrence, pour les nombres réels, directement issus du calcul scientifique, la contrainte qui a été retenue est la possibilité de couvrir une plage de valeurs aussi grande que possible avec une précision et un volume mémoire raisonnable. C'est pourquoi ils sont représentés, en général, par un nombre fini de chiffres significatifs, un exposant et un bit de signe. Comme par exemple : - **0.34567890e+12**.

Les deux caractéristiques retenues pour les entiers sont le besoin de précision absolue, et leur emploi très courant. La représentation associée aux réels ne convient alors pas car elle n'offre qu'une plage relativement restreinte pour la précision absolue, mais surtout les opérations qui les manipulent sont nettement plus complexes que celles qui peuvent être définies pour les entiers dont la structure est plus simple. Bien que formellement les réels (mathématiques) contiennent les entiers (mathématiques), deux représentations totalement différentes sont définies qui déterminent dans le langage deux types de variables différentes.

Le troisième type qui est à la base des langages est celui qui définit la représentation des caractères. En effet, si manipuler des nombres est nécessaire aux programmes, manipuler des caractères pour écrire, lire et stocker des mots est tout aussi nécessaire. Une représentation possible des caractères est celle définie par le standard de la table des caractères ASCII, un caractère est alors assimilé à un nombre décimal compris entre **0** et **255**. Cette fois, les deux types entiers et caractères sont représentés par des structures semblables mais représentent symboliquement des éléments complètement différents. Le maintien de cette distinction s'effectue alors par la définition de types différents dans les langages.

Toute variable qui sera employée dans un programme devra être associée à l'un de ces types, faute de quoi le langage ne saurait la reconnaître et définir la représentation qui lui est associée.

Chaque langage possède sa propre convention pour reconnaître les types. Par exemple, en C/C++, les variables doivent toujours être déclarées avec un mot clef spécifique pour chaque type qui précède le nom attribué à la variable. Pour définir un réel de nom **un_reel**, un entier de nom **un_entier** et un caractère de nom **un_caractere** on écrira alors respectivement :

```
float un_reel ;
int un_entier ;
char un_caractere ;
```

La représentation "machine" de ces trois variables peut être symbolisée par la Figure I - 1.2.2.a.

A partir de ces types de base, d'autres types peuvent être construits, par modification de caractéristiques ou association de plusieurs éléments de ces types. Le rappel des différentes constructions possibles en C est donné en deuxième partie au chapitre II - 1.3.

Dans les langages objets, la notion de type est étendue à la spécification des opérations qui peuvent être effectuées sur les variables. En effet, le type seul ne présente pas d'intérêt s'il n'est pas associé d'une manière quelconque aux opérateurs de manipulation correspondants. Ce point est introduit au chapitre suivant.

I - 1.3. Les fonctions *C*

Ainsi qu'indiqué au premier paragraphe, la spécification d'un problème et sa résolution font apparaître un ensemble d'activités qui se communiquent des informations. Ces activités peuvent être assimilées à des fonctions.

Une fonction apparaît alors comme un nom donné à un ensemble d'opérations et traitements prédéterminés.

Les données sont communiquées à la fonction afin qu'elle puisse effectuer des traitements qui dépendent du contexte. Les données passées à la fonction sont appelées ***arguments***. Les données définissant le contexte peuvent être vues comme des informations partagées par l'ensemble des programmes.

En outre, une fonction peut produire des informations particulières qu'elle communique ensuite à une autre activité, ce sont ses valeurs de retour.

Les différentes informations soit passées en argument à la fonction, soit renvoyées par la fonction, peuvent, de même que pour les variables, avoir des types différents plus ou moins complexes. Il sera donc nécessaire, pour définir une fonction, de les expliciter.

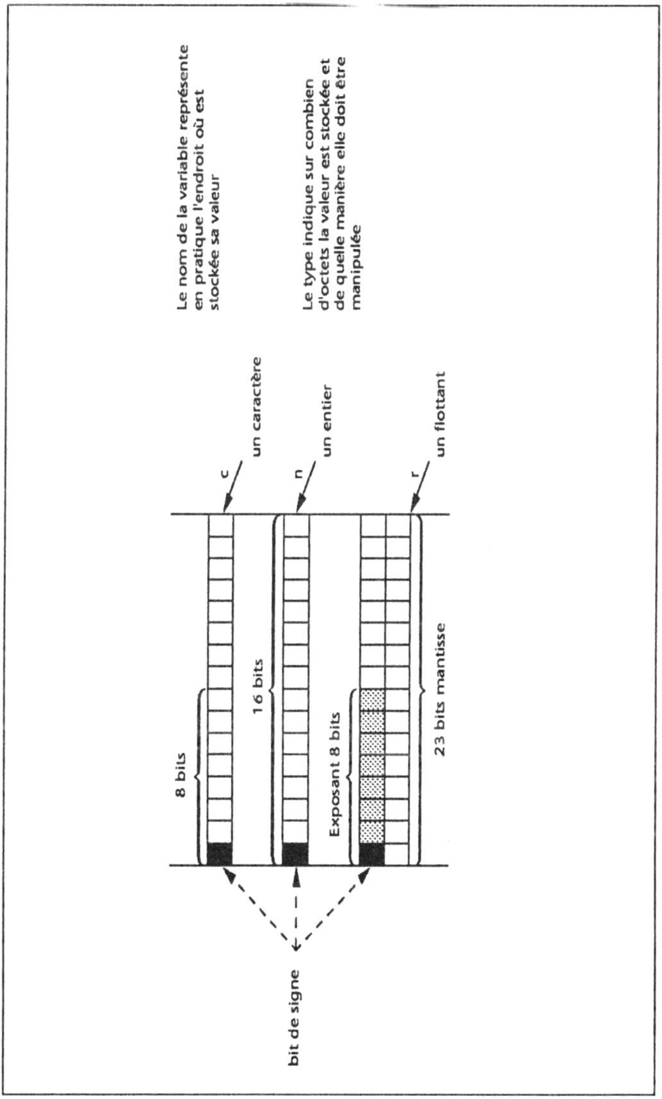

Figure I - 1.2.2.a : Représentation mémoire de variables des types de base.

La manipulation de la fonction dans des programmes demande de respecter cet ensemble de caractéristiques, qui définissent son interface externe, encore appelée en C/C++ le ***prototype*** de la fonction.

Globalement, le prototype d'une fonction précise :

- le nom de la fonction ;
- le nombre des arguments passés à la fonction ;
- le type de chacun de ses arguments ;
- le type de la valeur renvoyée par la fonction.

Dans le cas du langage C/C++, signalons qu'une fonction n'a *a priori* qu'une seule valeur de retour. Cette limitation sera examinée plus en détail à la section II - 2.1.2.

Considérons maintenant, par exemple, une fonction qui doit calculer le périmètre d'un rectangle. On l'appellera **perim_rect** et on lui passera en argument la longueur et la largeur du rectangle sous la forme de valeurs réelles, la valeur du périmètre renvoyée étant aussi une valeur réelle. Le prototype sera alors :

```
float perim_rect ( float, float )
```

Remarque : La première déclaration de type **float** indique le type de la valeur de retour de la fonction, les deux autres concernent le type de l'argument *longueur* et de l'argument *largeur.*

La fonction peut être définie par :

```
float perim_rect ( float longueur, float largeur )
{   float perimetre ;
    perimetre = 2 * (longueur + largeur) ;
    return perimetre ;
}
```

Remarques :

- Pour pouvoir distinguer les arguments de la fonction à l'intérieur de celle-ci et pour assurer qu'elle soit définie de manière autonome, on a donné des noms aux arguments, et ceux-ci ne sont connus comme tels qu'au sein de la fonction.

- Le mot clef **return** indique quelle est la variable dont il faut renvoyer la valeur, et à quel moment du calcul il faut le faire (ici après le calcul, en fin de fonction).

- Noter l'emploi du symbole = qui doit être compris comme une ***instruction d'affectation.*** Ce n'est pas le symbole mathématique d'***égalité.*** La ligne **perimetre = longueur + largeur ;** doit se lire ***la variable*** **perimetre** ***reçoit la valeur de (*****longueur + largeur*****).***

- Une variable intermédiaire de calcul a été introduite : **perimetre.** Elle stockera temporairement le résultat du calcul. En C/C++ cette variable n'est connue (n'existe) qu'au sein même de la fonction : c'est ce qu'on appelle une variable locale à la fonction **perim_rect.** Ce point introduit la notion de portée de la définition des variables, qui sera amplement discutée aux chapitres II - 2.1.1 et II - 2.3.

Schématiquement, une fonction présente la structure donnée en Figure I - 1.3.a.

L'utilisation et la définition des fonctions en C/C++ demandent de leur consacrer un chapitre à part entière : c'est pourquoi seul le concept a été introduit ici, une explication détaillée des fonctions étant prévue en deuxième partie au chapitre II - 2.1 (rappels pour C/C++), et en II -2.2 pour les apports propres à C++.

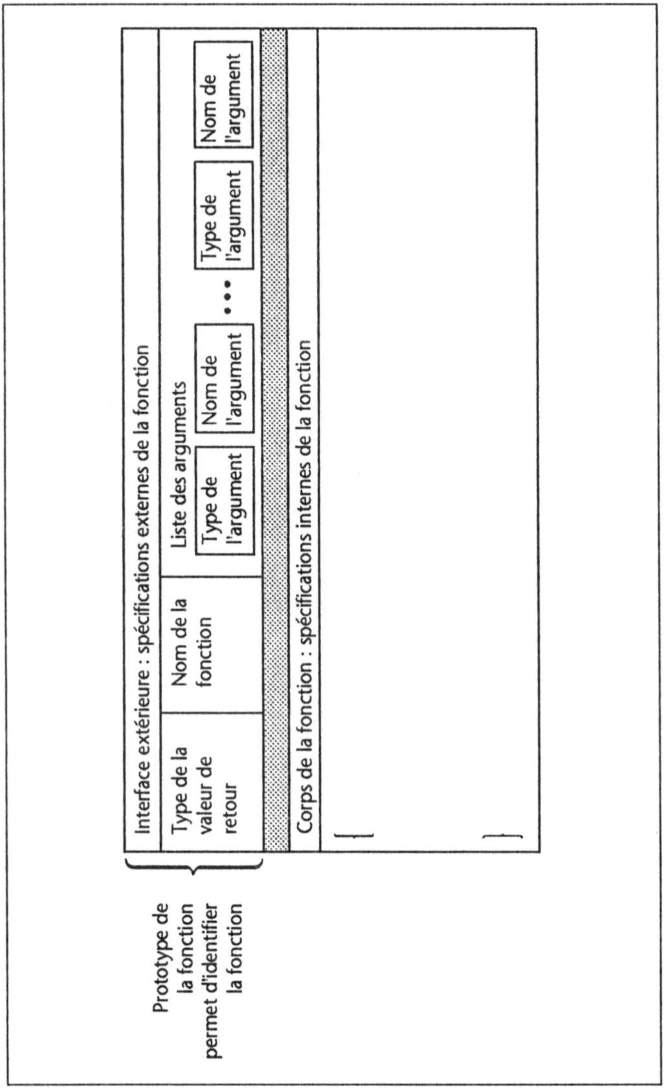

Figure I - 1.3.a : Structure générale d'une fonction.

I - 2. Les concepts de la programmation orientée objet

L'idée de base qui a dirigé la définition du langage C a été d'offrir un langage qui permette à la fois une programmation de haut niveau, comme en Pascal, et de bas niveau comme en assembleur. La fusion de ces deux aspects, *a priori*, peu compatibles, a sans doute été un des facteurs essentiels de réussite pour ce langage.

Toutefois, le développement d'applications importantes en C a mis en avant des difficultés telles que la maintenance, la réutilisation, et la fiabilité des programmes. Il s'agit des préoccupations majeures du génie logiciel, qui a développé, dans le but de les maîtriser, des langages de haut niveau, comme Ada ou Simula.

La base de ces langages a été la possibilité de considérer des éléments de programme comme des entités autonomes ne communiquant qu'à travers une interface externe réduite. L'intérieur des composants étant alors vu par les autres comme une boîte noire. C'est l'introduction des concepts de modularité et d'encapsulation.

Plus récemment, l'augmentation du nombre de développements de logiciels nouveaux a centré l'attention sur un nouveau besoin : la réutilisation des logiciels. En effet, il est apparu que, lors de la réalisation d'un logiciel, une part importante du travail consistait à réécrire des fonctions et modules déjà existants mais non complètement adaptés à l'application visée.

Compte tenu du coût de la programmation, l'écriture répétée d'éléments fonctionnels semblables est apparue comme un handicap majeur. Les concepts d'encapsulation et de modularité ont alors été repris et développés et il leur a été adjoint des concepts liés à la réalisation d'éléments réutilisables.

Par ailleurs, l'analyse du cycle de vie des logiciels a fait apparaître qu'en général les éléments les plus stables, au moins d'un point de vue sémantique, étaient les structures de données, et les modifications portaient essentiellement sur la modification ou l'ajout des traitements.

Cette analyse a alors induit l'idée de centrer la structuration des programmes autour des données en leur associant intimement les traitements qui leur sont spécifiques plutôt que, comme précédemment, autour des activités, fonctions qui sont amenées à être modifiées plus fréquemment. C'est le principe de la programmation objet. L'intégration des concepts précédents de modularité, encapsulation et généricité à permis la définition de langages objets à part entière : centrage autour des données, accès limité (encapsulation), généricité (héritage).

I - 2.1. Objectifs

On peut considérer que l'objectif de la programmation objet est essentiellement d'améliorer la qualité des logiciels en programmant moins et mieux.

Pour moins programmer, il faut disposer de langages de plus haut niveau que les langages classiques qui se rapprochent autant que possible des étapes d'analyse et de spécification des programmes. Il faut également que ces langages permettent d'éviter le re-développement complet de programmes déjà existants lorsque seules quelques modifications y sont apportées.

Pour programmer mieux, il faut que ces langages offrent des structures permettant de garantir la validité, la fiabilité, la performance des logiciels développés.

Différents facteurs influent sur la programmation et permettent d'en diminuer le volume. En particulier :

- ***La portabilité*** : C'est la possibilité d'utiliser le même texte de programme pour réaliser une même application, mais sur des machines ou environnements différents. C'est un des facteurs les plus classiques de la programmation. L'emploi de langages objets permet d'isoler les détails d'implémentation dans les niveaux les plus bas de spécification des objets. Ainsi, lors du portage, tous les niveaux supérieurs restent inchangés et l'attention peut se concentrer sur les points spécifiques du portage. De plus, l'emploi de C++ qui produit du code C permet d'avoir accès aux propriétés de portage de ce dernier.

- ***La compatibilité*** : Les nouveaux programmes développés doivent pouvoir être intégrés au sein d'applications déjà existantes. Dans cet objectif, de nombreux langages objets ont choisi d'être associés à un précompilateur qui produit du code source dans un langage procédural classique, par exemple Eiffel, Objective C et C++ qui produisent chacun du code source C. De plus, C++, en intégrant l'ensemble de la syntaxe C, permet l'intégration inverse de programme C dans des programmes C++.

- ***La validité*** : Les programmes doivent assurer exactement les fonctions définies par le cahier des charges. Ce point est trop souvent laissé à la responsabilité seule du programmeur qui doit s'efforcer de "bien programmer". En fait, lors de la spécification des programmes, des propriétés de base peuvent être mises en avant pour certains éléments du programme, par exemple : une valeur absolue doit toujours être positive, la racine carrée ne peut être prise que de nombres positifs, etc. Dans ce cas, l'emploi du programme avec des valeurs non prévues induit un comportement non valide. Certains langages objets autorisent la spécification explicite de préconditions, postconditions et axiomes qui sont des propriétés intrinsèques des données et traitements associés ; par exemple le langage Eiffel. C++ n'offre pas explicitement cette possibilité, c'est au programmeur d'insérer le code correspondant. La validité est à relier directement aux possibilités de vérification du programme, c'est-à-dire à la facilité de produire pour chaque application des séquences de test significatives du bon fonctionnement du programme. Sur ce dernier point peu de choses sont offertes par les langages, objets ou non.

- ***La vérifiabilité*** : Ce facteur, très lié au précédent, réside en la définition plus ou moins aisée des procédures de test et de recette des logiciels. Peu de réponses satisfaisantes sont proposées aujourd'hui. La modularité des programmes semble toutefois un critère permettant une évaluation élément par élément, donc plus simple. Les langages objets semblent donc aller dans le sens d'une meilleure vérifiabilité.

- ***L'intégrité*** : C'est la faculté du programme à protéger son code et ses données d'accès non autorisé. Des travaux dans ce sens commencent à apparaître, en particulier en ce qui concerne les bases de données objets. Toutefois, les langages objets par eux-mêmes n'offrent pas vraiment encore de réponse à ce problème.

- ***La fiabilité*** : Il s'agit ici d'assurer qu'en cas de défaut de fonctionnement d'un composant de l'application, les conséquences sur l'ensemble ne seront pas catastrophiques. Les trois facteurs précédents sont donc essentiels pour la satisfaction de cet objectif. Dans la pratique, les propriétés de modularité, d'encapsulation et de limitation d'accès offertes par les langages objets permettent d'augmenter de manière significative la fiabilité des programmes. En effet, en cas d'accès indésirable, le compilateur refuse de compiler le programme ; toutefois, il n'y a pas de contrôle d'accès dynamique, et des accès interdits, tels que les débordements de tableaux, s'ils ne sont pas prévus lors de la conception, posent toujours autant de problèmes. L'idéal de fiabilité serait qu'une fonction qui présente un défaut ne puisse jamais détruire les données ou le code des autres fonctions du programme. C'est ce qu'on appelle la possibilité d'avoir des fonctionnements "dégradés" : on passe alors progressivement d'un état où toutes les fonctions "marchent" à un état où plus aucune ne fonctionne, en ne perdant à chaque dégradation qu'une fonction à la fois... C'est un idéal à suivre !

- ***La maintenabilité*** : La correction et la modification des programmes en cours d'utilisation sont des points essentiels pour les réalisations professionnelles. Ici interviennent la lisibilité, la compréhension, la structuration des programmes. L'approche très modulaire des langages objets est une bonne réponse, avec, toutefois, la réserve suivante : le compilateur doit être associé à un bon environnement de débogage, car sinon, très vite, il est difficile de savoir quel objet appelle quelle fonction et dans quelles circonstances. De tels environnements commencent à apparaître pour C++.

- *La réutilisabilité* : C'est le point sur lequel les gains même minimes auront des répercussions économiques importantes. Il s'agit de pouvoir réutiliser des développements réalisés pour une application dans d'autres contextes. Cela nécessite d'être pris en compte dès la conception et d'effectuer un effort supplémentaire lors du développement afin de garantir une certaine généralité aux modules développés. L'emploi de l'héritage pour spécifier et particulariser progressivement des modules en fonction de l'application particulière apparaît comme une solution très prometteuse. Dès aujourd'hui, des bibliothèques d'éléments généraux sont proposées au public, typiquement des modules (ou "classes" pour les langages objets) permettant, par exemple, des traitements graphiques ou classiques comme le tri.

- *L'extensibilité* : C'est la faculté de pouvoir adjoindre des données ou fonctionnalités supplémentaires sans corrompre l'intégrité du logiciel préexistant. Les notions de limitation d'accès et d'héritage sont les réponses partielles offertes par les langages objets à ce problème.

- *La facilité d'utilisation* : Elle est liée à l'ergonomie du langage et des outils associés ainsi qu'à la facilité d'apprentissage, de débogage, etc. L'aspect structuré des langages objets est un bon point, mais il n'est pas toujours possible de dire que la syntaxe soit triviale, en particulier pour C++.

- *L'efficacité* : C'est la possibilité d'exploiter au mieux les ressources offertes par la ou les machines où le logiciel sera implanté. Le langage C est en général considéré comme très efficace, il en est de même pour C++, mais ces langages, comme les autres, objets ou non, sont loin d'offrir toutes les facilités souhaitables d'exploitation des ressources matérielles.

Pour compliquer le problème, certains de ces facteurs sont incompatibles, par exemple :

- Intégrité - facilité d'utilisation : Pour être très intègre, il faut spécifier systématiquement toutes les conditions limites, toutes les propriétés invariantes, etc. ; pour être facile d'emploi, il ne faut pas avoir à écrire des pages de spécification pour une ligne de code "utile".
- Efficacité - portabilité : Un programme très efficace prend en compte toutes les avantages et inconvénients de la machine cible ; un programme très portable se cantonne à tout formuler de manière très standard et générique, et bien souvent peu performante.
- Efficacité - extensibilité : C'est la même chose que précédemment, mais cette fois l'efficacité prend en compte les caractéristiques spécifiques du cas traité, alors que l'extensibilité voudrait rester à un stade très générique.

Pour conclure l'énoncé de cette liste de problèmes, il faut quand même souligner que globalement la programmation objet, de par sa structuration plus fine, ses propriétés d'"encapsulation" (accès aux informations limité ou interdit) et de généricité (utilisation avec différents types de données), semble apporter une réponse nettement plus satisfaisante que celles de la programmation classique.

I - 2.2. Notion de classe *C++*

A la base des langages objets se trouve la notion de classe : entité qui définit de manière générale la structure, les propriétés et les opérations d'éléments de données manipulés par le logiciel.

En fait, cette notion a été élaborée progressivement à partir des types de base sous la forme de types abstraits pour donner le concept actuel de classe. Les pages suivantes présentent cette progression.

I - 2.2.1. Le type abstrait *C++*

A la base de la notion de classe se trouve celle des types abstraits dont le but est, d'une part, d'augmenter la faculté de structuration des programmes et, d'autre part, de limiter autant que possible l'accès aux données.

En ce qui concerne la structuration des programmes, de nombreux langages offrent depuis plusieurs années déjà la possibilité de définir des types complexes par association de types de base. En particulier, les ***record*** de Pascal et **struct** du C.

Ceux-ci ne concernent que les données des programmes et sont toujours construits à partir de types de base ou de types abstraits déjà définis à l'aide des types de base.

Dans l'exemple de calcul de périmètre d'un rectangle, il aurait pu être intéressant d'introduire le type abstrait représentant les caractéristiques des rectangles manipulés par le programme. En l'occurrence :

- un nombre réel représentant la longueur ;
- un nombre réel représentant la largeur.

Le type abstrait correspondant pourrait être défini par l'association de ces deux éléments. En l'occurrence, en C/C++, on écrirait :

```
struct donnee_rect
{   float Long ;
    float larg ;
} ;
```

où **donnee_rect** est le nom de la structure définissant le nouveau type, et **struct** un mot clef du langage signalant une définition de type.

Attention, la définition d'un type affecte un nom à l'association de plusieurs types de base, cela ne doit pas être considéré comme la déclaration d'une variable de ce type. Comme pour les variables de type de base, les variables de type abstrait reçoivent un nom qui leur est propre et doivent être déclarées en tant que telles (voir l'exemple ci-après).

Il faut souligner de plus que, formellement, **Long** et **larg** représentent deux éléments distincts indépendants mais regroupés au sein d'une même entité. Ils pourraient être de types complètement différents. La notion de structure n'est donc pas assimilable à celle de tableau où les éléments sont tous de même type, et surtout où ils sont stockés séquentiellement et distingués les uns des autres uniquement par un indice. La Figure I - 2.2.1.a illustre cette distinction.

Un extrait du programme appelant la fonction périmètre pourrait être :

```
1   struct donnee_rect
2   {    float Long ;
3    float larg ;
4   } ;
5
6   ...
7
8   struct donnee_rect une_var_rect ;
9
10  ...
11
12  {    float val_perim ;
13       ...
14       val_perim = nouv_perim ( une_var_rect ) ;
15       ...
16  }
17
18  ...
19
20  float nouv_perim ( struct donnee_rect rect_courant )
21  {    float perimetre ;
22       perimetre = 2*(rect_courant.Long + rect_courant.larg) ;
23       return perimetre ;
24  }
```

Les lignes 1 à 4 définissent le type **struct donnee_rect**. La ligne 8 déclare une variable de nom **une_var_rect** et de type **struct donnee_rect**. Aux lignes 12 à 16, on voit l'appel de la nouvelle fonction **nouv_perim**. Et les dernières lignes donnent la version actualisée de cette fonction. On remarque que cette fonction ne reçoit plus qu'un seul argument dont le type est le type abstrait précédemment défini : **struct donnee_rect**. Une variable de ce type contient en effet les deux éléments de donnée précédents : valeur de la longueur et valeur de la largeur. En particulier, la ligne 22 indique la syntaxe d'accès aux membres d'une variable de type structure. Les détails de syntaxe seront précisés au chapitre correspondant (II - 1.3), seule la démarche générale est à retenir.

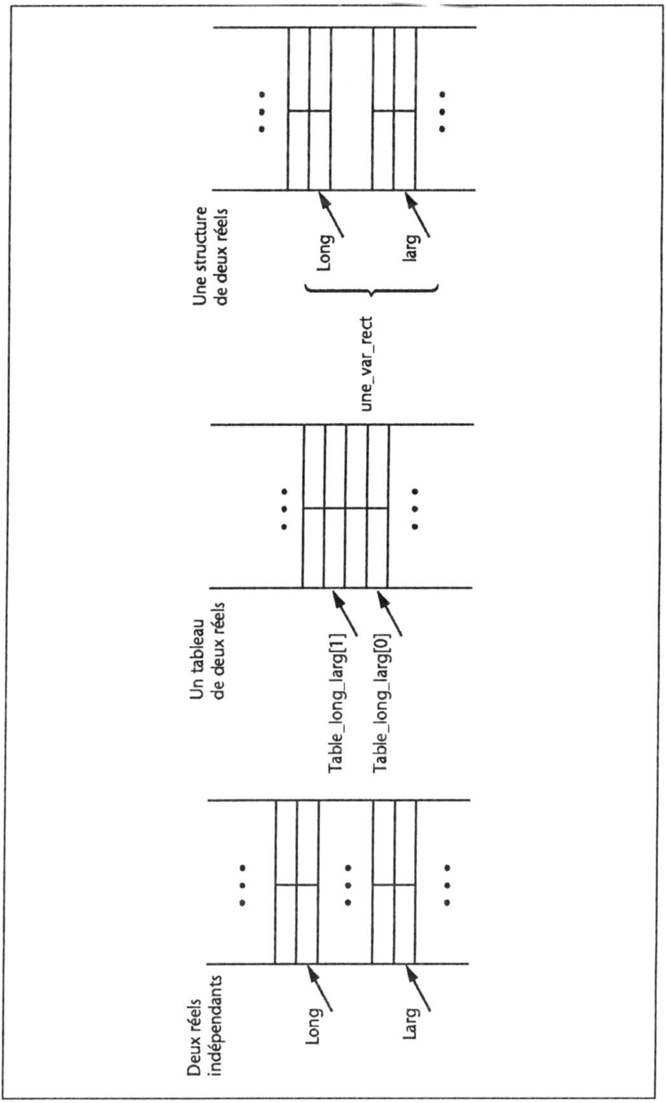

Figure I - 2.2.1.a : Type de base - Tableau - Type abstrait / Structure.

Vocabulaire : Les différents éléments constituant un type abstrait sont appelés ***membres***.

La seconde étape de structuration des programmes à l'aide de types abstraits est la possibilité d'associer directement aux données les fonctions qui les manipulent et les caractérisent.

Deux idées directrices sont à la base de cette association :

- d'une part, le fait qu'en général les structures de données ainsi que leurs propriétés de base sont des éléments beaucoup plus constants dans la vie d'un programme que le détail de l'implémentation des traitements ;

- d'autre part, la volonté de ne pas placer au même niveau d'abstraction des fonctions de traitement de bas niveau propres à une structure de donnée particulière, et des fonctions de gestion de l'ensemble de l'application et d'organisation de l'enchaînement des différents traitements.

On déclare alors les fonctions spécifiques aux structures de données, et qui n'auraient pas de sens si elles étaient appliquées à d'autres structures, à l'intérieur même de la définition du type abstrait. L'exemple précédent donne alors :

```
struct rectangle
{   float Long ;
    float larg ;
    float nouv_perim ()
    {   float perimetre ;
        perimetre = 2 * (Long + larg) ;
        return perimetre ;
    }
} ;

...

struct rectangle un_rect ;

...

{   float un_perim ;
    ...
```

```
        un_perim = un_rect.nouv_perim () ;
        ...
    }
```

Par rapport à la version précédente, trois points sont à souligner :

- La fonction est déclarée et définie à l'intérieur même de la structure définissant le type abstrait **struct rectangle** (pour des fonctions de taille importante, on peut se contenter de donner uniquement le prototype de la fonction et la définir à l'extérieur, à l'aide d'une syntaxe particulière, afin de conserver à la définition de type son aspect synthétique).

- Dans sa définition, la fonction fait référence aux éléments (membres) **Long** et **larg** dont elle utilisera les valeurs qu'ils prennent dans l'objet courant à laquelle elle sera appliquée. Il n'est plus alors nécessaire de lui passer ces valeurs explicitement en argument. La convention est qu'une fonction membre d'un type abstrait donné connaît tous les autres membres de ce type.

- Lorsque la fonction est appelée, l'appel de la fonction s'effectue en donnant la référence à l'***objet*** (c'est-à-dire la variable informatique), **un_rect**, auquel elle doit être appliquée par la syntaxe **un_rect.nouv_perim ()**. Cette dernière écriture est donc équivalente sémantiquement à la forme initiale : ***perim_rect (Long, larg)***.

Formellement, un type abstrait peut se représenter par la structure montrée en Figure I - 2.2.1.b.

Au minimum, la notion de ***classe*** comprend cette notion de ***type abstrait***, c'est pourquoi le terme ***classe*** est parfois utilisé à la place de ***type abstrait***. Dans ce contexte, les ***variables*** déclarées comme étant d'un ***type abstrait*** particulier peuvent être appelées ***instances*** de la ***classe*** correspondante.

Dans cet exemple, la ***classe*** serait **struct rectangle**, et une ***instance*** de cette ***classe*** serait **un_rect**. Dans le contexte des ***classes***, une ***fonction membre*** est aussi appelée ***méthode*** de la ***classe***. Et ***l'appel d'une fonction membre*** d'une ***instance*** de la ***classe*** s'appelle ***envoyer un message à l'objet*** (***instance***). Par

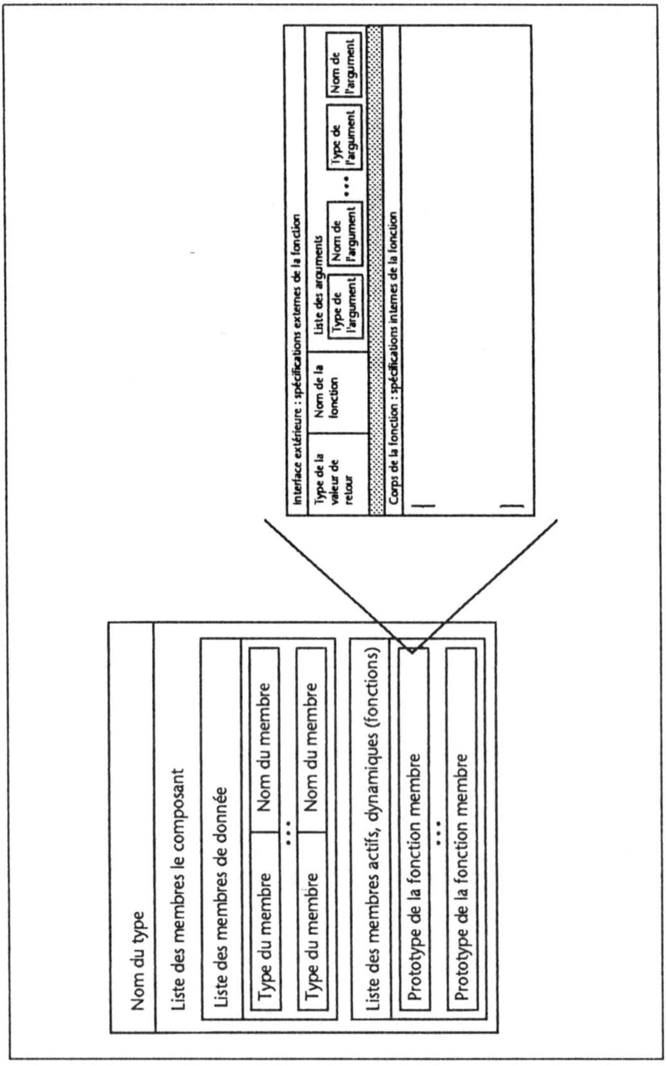

Figure I - 2.2.1.b : Structure d'un type abstrait.

exemple, l'instruction **un_rect.nouv_perim () ;** envoie le ***message*** **nouv_perim** à l'***objet*** **un_rect**, ce qui provoque l'appel de la ***méthode*** **nouv_perim**...

L'évolution suivante du type abstrait est la possibilité d'interdire ou de permettre l'accès de certains membres d'un type abstrait aux autres éléments du programme. C'est ce qui est appelé ***encapsulation de données***.

I - 2.2.2. L'encapsulation de données *C++*

L'idée est de fiabiliser le fonctionnement des logiciels en explicitant les données et fonctions qui sont utilisables par tout le monde (c'est-à-dire par tout programme ou sous-programme), et celles qui ne doivent pas être modifiées ou utilisées par un élément extérieur à un environnement privilégié. Compte tenu de la notion précédente de type abstrait qui permet d'associer à des données les fonctions qui les manipulent, l'environnement privilégié défini dans une approche Objet est lié au type abstrait (classe) associé à ces données.

Pour C++, l'environnement privilégié est l'ensemble de toutes les variables qui sont du même type (ou encore toutes les instances d'une classe donnée). Des mots clefs particuliers permettront de déclarer les membres qui sont accessibles au monde extérieur.

Dans l'exemple précédent, supposons que les programmes qui utilisent la structure rectangle ne doivent s'intéresser en fait qu'à la valeur de son périmètre. Ils ne doivent donc pas avoir la possibilité de modifier par erreur de programmation les valeurs de longueur et de largeur des différents rectangles. Ces membres seront alors déclarés comme ***privés***, c'est-à-dire ***interdits d'accès*** pour toute fonction qui ne serait pas une fonction membre de ce type.

En C++, cela s'écrirait :

```
struct rectangle
{   private :
        float Long ;
        float larg ;
    public :
```

```
            float nouv_perim ()
            {   float perimetre ;
                perimetre = 2 * ( Long + larg ) ;
                return perimetre ;
            }
        } ;
```

Cette définition déclare les membres **Long** et **larg** du type abstrait **struct rectangle** comme étant ***privés*** (**private**) et donc inaccessibles par des fonctions qui ne sont pas membres de **struct rectangle.** La fonction **nouv_perim** est pour sa part déclarée comme ***publique*** (**public**), donc appelable depuis n'importe quelle partie du programme.

Considérons maintenant les lignes suivantes :

```
1   struct rectangle un_rect ;
2
3   ...
4
5   {   float perim, cote ;
6
7       un_rect.Long = 12.34 ;
8       cote = un_rect.larg ;
9       perim = un_rect.nouv_perim () ;
10  }
```

La première ligne déclare une variable de type abstrait **struct rectangle.**

La cinquième déclare deux variables intermédiaires de type de base **float.**

La septième est une erreur (détectée par le compilateur), car le membre **Long** du type abstrait **struct rectangle** est privé, il est donc interdit de modifier sa valeur.

La huitième est aussi une erreur, car **larg** est également privé, il n'est donc même pas possible de lire sa valeur.

En fait, lorsqu'un membre est privé, il est interdit d'y faire référence (d'en parler) ailleurs qu'à l'intérieur des fonctions membres du type abstrait auquel il appartient (soit ici, dans la fonction **nouv_perim**).

La neuvième ligne est licite, comme dans l'exemple précédent, car la fonction membre **nouv_perim** a été déclarée comme un membre public de ce type.

En fait ce programme présente un défaut : il n'est pas possible d'initialiser les valeurs des variables de type **struct rectangle** car aucune fonction n'a accès aux membres **Long** et **larg**. Différentes solutions sont offertes par les langages objets pour résoudre ce dilemme. Il s'agit en général de passer par une fonction membre particulière qui sert lors de l'initialisation des variables (ou encore, ***création des instances***). Les détails d'utilisation de ce type de fonction seront donnés au chapitre II - 3.1.

Par ailleurs, l'emploi de ce type de limitation d'accès apparaît parfois comme un peu trop rigide, incitant par là les programmeurs à déclarer tous leurs membres comme publics pour retrouver une certaine souplesse d'écriture. Cette dernière solution est bien évidemment à proscrire, et, pour l'éviter, les langages objets proposent des facilités qui donnent un accès limité à certaines fonctions extérieures particulières, ou même à toutes les fonctions membres d'autres types abstraits. Ces fonctions ou classes sont alors appelées : ***fonctions*** ou ***types abstraits*** (***classes***) ***amis***. Le détail de leur emploi est présenté au chapitre II - 3.1.4. Les Figures I - 2.2.2.a, I - 2.2.2.b et I - 2.2.2.c schématisent ces différences d'accessibilité.

L'ensemble des notions abordées jusqu'ici fait partie des propriétés qui sont associées au concept de ***type abstrait***. Celui-ci répond au besoin de fiabiliser et structurer les développements informatiques. Il ne peut être assimilé au concept de ***classe*** qui va plus loin en cherchant de plus à assurer la réutilisabilité des programmes et leur évolutivité.

Pour pouvoir parler réellement de ***classe***, il faut adjoindre aux ***types abstraits*** la notion d'***héritage***.

I - 2.2.3. L'héritage *C++*

L'objectif maintenant est de pouvoir tirer parti des points communs entre sous-ensembles de problèmes. Pour cela, le développeur cherchera à définir des fonctions de caractère aussi général que possible, le langage cherchant pour sa part à lui permettre de faire abstraction des variantes

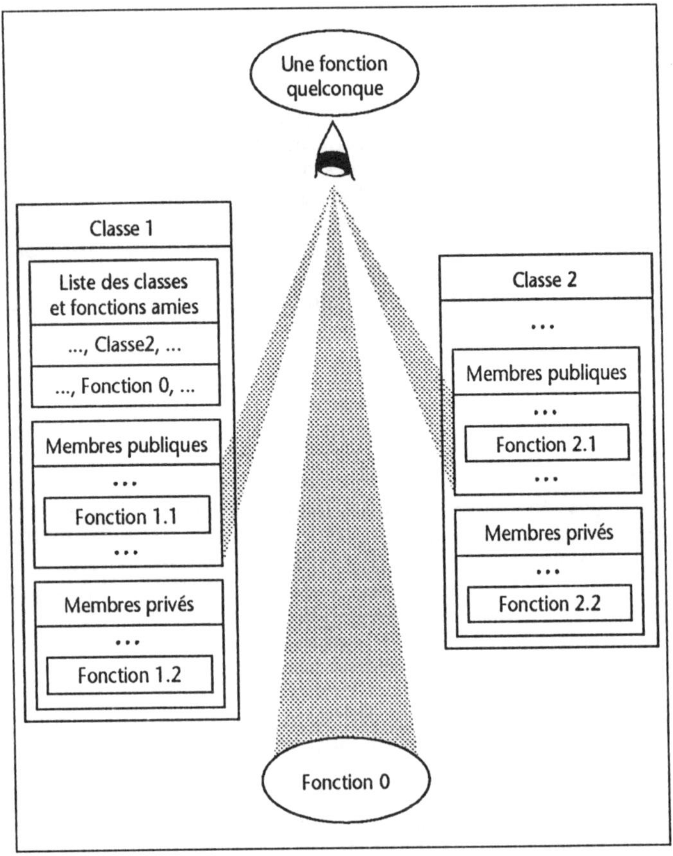

Figure I - 2.2.2.a : Accessibilité fonction - type abstrait.

d'***implémentation*** (c'est-à-dire de réalisation d'une application particulière) qui en seront issues.

Le principe est de décrire un nouveau type abstrait non pas à partir de zéro, mais par extension ou spécialisation d'un type (ou de plusieurs) déjà existant. Cette faculté s'appelle ***héritage***, et on parle alors de ***classes***. Hériter d'une classe consiste à recevoir de cette classe toutes ses caractéristiques et à y adjoindre des éléments supplémentaires.

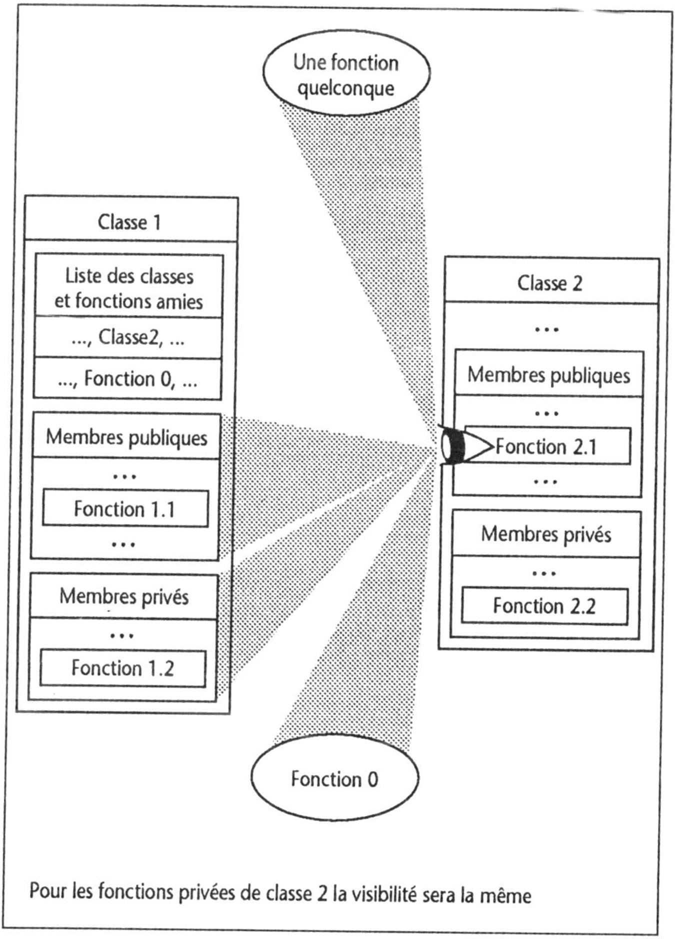

Figure I - 2.2.2.b : Accessibilité classe - classe amie.

D'un point de vue fonctionnel, lorsqu'une classe *Y* hérite d'une classe *X*, la classe ***héritière*** (ou classe ***fille***), *Y*, possède toutes les fonctions offertes par la classe ***parente*** (ou classe ***mère***), *X*.

En ce qui concerne les données, la classe héritière possède toutes les données de la classe mère.

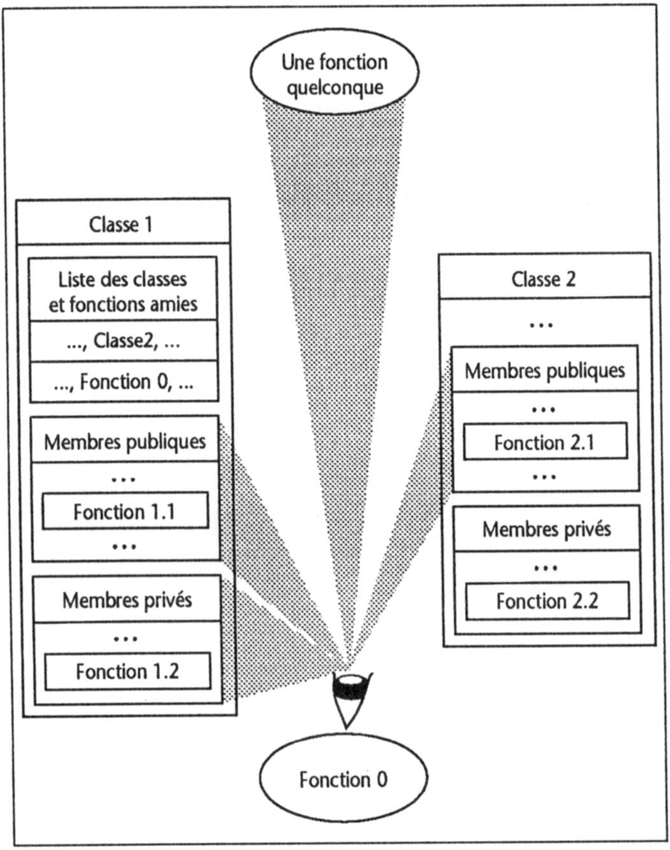

Figure I - 2.2.2.c : Accessibilité classe - fonction amie.

Pratiquement, lorsqu'une classe hérite d'une autre, l'héritière possède tous les ***membres*** (ou ***attributs***) de la classe héritée (mère).

Les différents membres hérités peuvent éventuellement être redéfinis et proposer une nouvelle implémentation mieux adaptée à la spécialisation de l'héritière.

Du point de vue des types, le type de la classe hérité est une variante du type de la classe. On dira, par conséquent, que

toute instance de la classe fille peut aussi être considérée comme une instance de la classe mère.

La Figure I - 2.2.3.a synthétise ces différentes terminologies.

Reprenons l'exemple précédent de calcul du périmètre et considérons qu'on veuille, de plus, pouvoir positionner dans l'espace ce rectangle en fixant les coordonnées du point supérieur gauche, puis obtenir les coordonnées des trois autres sommets. La Figure I - 2.2.3.b explicite ces différents éléments en choisissant une orientation des axes qui respecte celle utilisée pour les écrans graphiques d'ordinateur. C'est-à-dire, origine (0, 0) en haut à gauche, abscisse (axe des x) horizontal croissant de gauche à droite, et ordonnée (axe des y) vertical croissant de haut en bas.

On a considéré de plus que la longueur correspondrait aux côtés horizontaux, et la largeur aux côtés verticaux. La structure de donnée précédente associée au rectangle est :

```
class rectangle
{   protected :
        float Long, larg ;
    public :
        float nouv_perim ()
        {   float perimetre ;
            perimetre = 2 * ( Long + larg ) ;
            return perimetre ;
        }
} ;
```

Une seule modification à remarquer : le mot **struct** a été remplacé par **class**, qui permet alors d'employer les propriétés d'héritage pour définir de nouvelles classes. On peut noter également que le mot clef **private** a été changé en **protected** afin de permettre au futures classes héritières d'avoir accès aux membres privés de la classe mère. La nouvelle classe que l'on voudrait construire contient tous les éléments de **rectangle** auxquels sont adjoints : un point d'origine et la définition des trois autres sommets. La première étape est de définir le type **point**. Par exemple, par :

```
class point { public : float x, y ; } ;
```

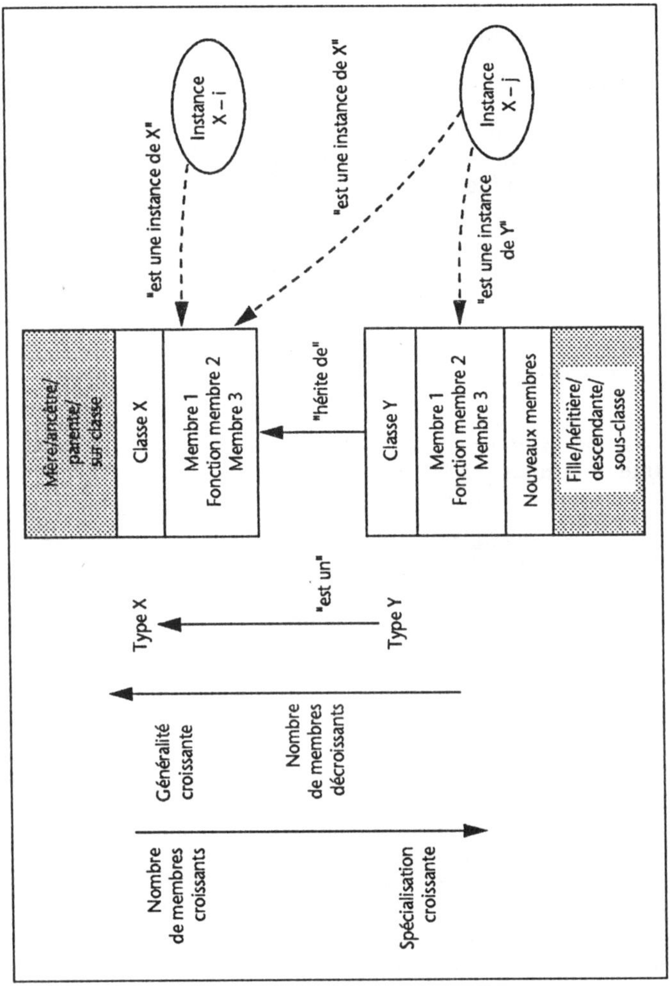

Figure I - 2.2.3.a : Classes filles et classes mères.

La nouvelle structure associée à un rectangle du plan pourrait être :

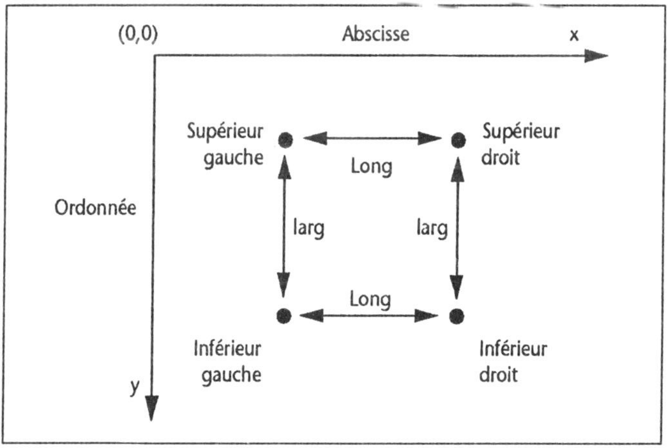

Figure I - 2.2.3.b : Un rectangle dans le plan.

```
class rect_plan : public rectangle
{   public :
        point sup_gauche ;
        point sup_droit ()
        {   point sp_drt ;
            sp_drt.x = sup_gauche.x + Long ;
            sp_drt.y = sup_gauche.y ;
            return sp_drt ;
        }
        point inf_droit ()
        {   point inf_drt ;
            inf_drt.x = sup_gauche.x + Long ;
            inf_drt.y = sup_gauche.y + larg ;
            return inf_drt ;
        }
        point inf_gauche ()
        {   point inf_gch ;
            inf_gch.x = sup_gauche.x ;
            inf_gch.y = sup_gauche.y + larg ;
            return inf_gch ;
        }
} ;
```

La première ligne signifie que la classe **rect_plan** hérite des membres de la classe **rectangle**, il n'est donc pas nécessaire de les redéfinir. La spécification **public** devant la classe mère précise que les statuts des membres de **rectangles** sont hérités sans modification.

L'héritage de l'accessibilité est un point délicat. En général les spécifications d'accessibilité s'héritent, mais différentes variantes (**private**, **protected**, etc.) peuvent exister, aussi seront-elles abordées en détail ultérieurement au chapitre II - 3.3.

Les lignes suivantes décrivent les éléments qui ont été adjoints à la classe **rectangle** pour définir la nouvelle classe **rect_plan**.

On remarquera que le point d'origine du rectangle, **sup_gauche**, est un membre de donnée, alors que les trois autres membres sont des fonctions qui calculent les coordonnées des trois autres sommets, uniquement lorsqu'on en a besoin. Ces fonctions auraient dû, de toute façon, être définies car les coordonnées des trois autres sommets ne peuvent s'obtenir que par calcul. Définir des membres de donnée pour ces points aurait donc obligé à ajouter trois membres supplémentaires, alors que cette définition suffit.

Supposons maintenant que l'on veuille manipuler des carrés dans le plan et reformuler la fonction de calcul de leur périmètre en tenant compte du fait que les quatre côtés sont égaux. Il suffit de spécifier une nouvelle classe héritière qui se contente de redéfinir ce membre. Cela s'écrit :

```
class carre_plan : public rect_plan
{   public :
        float nouv_perim ()
        {   float perimetre ;
            perimetre = 4 * Long ;
            return perimetre ;
        }
} ;
```

Si maintenant on voulait définir un triangle rectangle dans le plan, deux choix s'offrent à nous :

- Le définir par héritage de **rect_plan** en redéfinissant seulement la fonction membre **nouv_perim**, mais alors un des quatre sommets ne servirait à rien.

- Le définir à partir de **rectangle**, redéfinir la fonction membre **nouv_perim** et adjoindre les trois membres correspondant à ses sommets.

La dernière solution présente plus de travail, mais est plus précise ; c'est celle que nous choisirons. On obtient :

```
class triangle_plan : public rectangle
{    public :
            float nouv_perim ()
            {   float perimetre ;
                perimetre = Long + larg +
                              racine ( carre ( Long ) +
                                        carre ( larg ) ) ;
                return perimetre ;
            }
            point sup_gauche ;
            point sup_droit ()
            {   point sp_drt ;
                sp_drt.x = sup_gauche.x + Long ;
                sp_drt.y = sup_gauche.y ;
                return sp_drt ;
            }
            point inf_gauche ()
            {   point inf_gch ;
                inf_gch.x = sup_gauche.x ;
                inf_gch.y = sup_gauche.y + larg ;
                return inf_gch ;
            }
} ;
```

Remarque : On suppose ici que les fonctions **racine** et **carre** sont des fonctions de la bibliothèque mathématique qui renvoient respectivement la racine carrée et le carré de leur argument.

Dans tout ce qui précède, les formes d'héritage qui ont été abordées concernent l'héritage simple, éventuellement enchaîné sur plusieurs niveaux, comme entre **rectangle** et **carre_plan**, ou avec plusieurs embranchements comme entre **rectangle, rect_plan** et **triangle_plan.**

Cette démarche peut se généraliser en autorisant à une même classe d'être définie par héritage de plusieurs classes mères (ou ***ancêtres***).

Considérons par exemple qu'on ait déjà défini le tracé d'un segment à l'écran, et à partir de celui-ci le tracé d'un polygone à quatre sommets quelconque. Supposons qu'on cherche maintenant à tracer les contours de nos carrés. Il peut être intéressant de récupérer cette fonction de tracé déjà définie en l'adaptant, si besoin, à nos données.

Soit la définition suivante du tracé d'un segment :

```
class point { public : float x, y ; } ;

class point_ecran : public point
{   public :
        void trace_seg ( point_ecran p )
        { draw ( x, y, p.x, p.y ) ; }
        void init_point ( point p ) { x = p.x ; y = p.y ; }
} ;
```

On suppose que la fonction **draw** est une fonction de la bibliothèque graphique qui reçoit en argument les quatre coordonnées donnant le point de début et le point de fin du tracé. Les fonctions **trace_seg** et **init_point** ont été déclarées comme renvoyant une valeur de type **void** : ce type signifie en fait que, contrairement aux conventions standard de C/C++, ces fonctions ne renvoient aucune valeur. Le membre **init_point** a pour charge d'affecter une valeur aux deux membres **x** et **y** qui définissent les coordonnées d'un point. Le texte suivant définit un polygone à quatre sommets, traçable à l'écran.

```
class poly_4s
{   protected :
        point_ecran p1, p2, p3, p4 ;
    public :
        void init_p1 ( point p ) { p1.init_point ( p ) ; }
        void init_p2 ( point p ) { p2.init_point ( p ) ; }
        void init_p3 ( point p ) { p3.init_point ( p ) ; }
        void init_p4 ( point p ) { p4.init_point ( p ) ; }
        void trace ()
```

```
            {   p1.trace_seg ( p2 ) ; p2.trace_seg ( p3 ) ;
                p3.trace_seg ( p4 ) ; p4.trace_seg ( p1 ) ;
            }
    } ;
```

On peut redéfinir une classe de carrés traçables à l'écran par :

```
    class carre_ecran : public carre_plan, public poly_4s
    {   public :
            void init_p1 () { p1.init_point( sup_gauche ) ; }
            void init_p2 () { p2.init_point( sup_droit () ) ; }
            void init_p3 () { p3.init_point( inf_droit () ) ; }
            void init_p4 () { p4.init_point( inf_gauche () ) ; }
    } ;
```

On remarque que la transformation du carré dans le plan en carré traçable à l'écran ne demande que la redéfinition de l'initialisation des points du polygone à l'aide des quatre sommets du carré.

Cette solution présente quelques maladresses, mais il s'agit ici surtout d'introduire la notion d'héritage multiple.

La structure globale de l'héritage à laquelle on aboutit avec cet ensemble de classes est présentée en Figure I - 2.2.3.c.

L'héritage multiple soulève différents problèmes lorsqu'une classe hérite plusieurs fois d'un même ancêtre par des chemins différents, ce qui peut générer des conflits sur l'identité des membres hérités. Ce point sera discuté en détail au chapitre III - 4.3 (volume 2).

Lors des différentes définitions de classes par héritage, plusieurs redéfinitions de fonctions membres ont été réalisées. Cette possibilité de redéfinir les fonctions membres dans les classes héritières, sans provoquer d'ambiguïté lors de l'appel des fonctions, s'appelle ***polymorphisme***. Il apparaît aussi en C++ sous le nom de ***surcharge*** de fonctions ou d'opérateurs. Le paragraphe suivant précise cette notion.

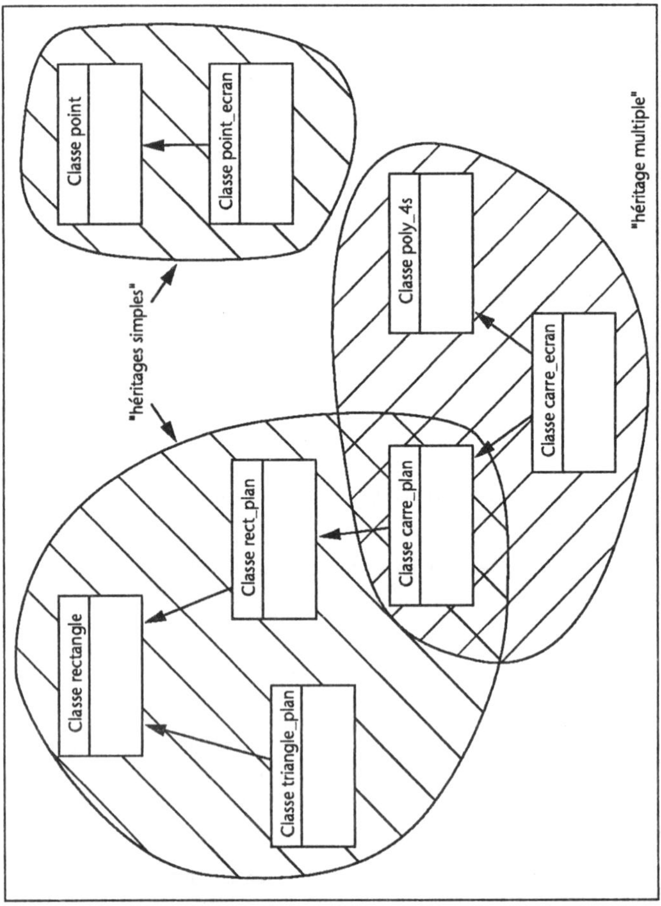

Figure I - 2.2.3.c : Structure d'héritage des différentes figures.

I - 2.2.4. La surcharge ou polymorphisme — *C++*

La ***surcharge*** (ou ***polymorphisme***) est la faculté de donner le même nom à des fonctions ou opérateurs différents.

L'exemple le plus simple et le plus courant est celui des opérateurs arithmétiques. En effet, sans que cela soit vraiment explicité, ces opérateurs sont surchargés puisque le même symbole est utilisé pour représenter une séquence d'instructions machine différentes. Par exemple, il est clair que l'addition de deux nombres entiers s'effectue par une séquence d'instructions différente de celle employée pour l'addition de deux nombres réels, puisque les représentations internes des réels et des entiers n'ont rien à voir.

Ce que proposent les langages objets, c'est de pouvoir exploiter cette possibilité dans la programmation même, afin d'augmenter la lisibilité des programmes et leur extensibilité.

Dans l'exemple précédent, la surcharge de fonction a été utilisée implicitement à plusieurs reprises. En particulier, lors de la définition de classes par héritage, chaque fois qu'une fonction membre héritée était redéfinie. Plus précisément :

- **nouv_perim** dans **carre_plan**,
- **nouv_perim** dans **triangle_plan**,
- **init_p1**, **init_p2**, **init_p3**, **init_p4** dans **carre_ecran**.

Et même **trace** dans **poly_4s** par rapport à **point_ecran**.

En fait, là où apparaît clairement la surcharge de fonction, c'est lorsque plusieurs fonctions membres d'une même classe sont définies de manières différentes, mais portent le même nom. Cela n'est toutefois possible que s'il existe un critère discriminant, comme un nombre différent d'arguments, ou des types différents sur les arguments (C++ ne prend pas en compte à ce niveau le type de la valeur de retour des fonctions pour les discriminer...).

Par exemple, on pourrait vouloir initialiser la valeur d'un point de type **point_ecran** à une valeur par défaut, lorsqu'on n'a pas de valeur particulière à lui donner, ou encore prendre le milieu de deux points lorsqu'on hésite entre les deux, ou enfin, passer directement les coordonnées du point. Cela s'exprime facilement en C++, par exemple dans la nouvelle définition de la classe **point_ecran** :

```
class pt_ecr_nv : public point_ecran
{   public :
        void init_point () { x = 0 ; y = 0 ; }
        void init_point ( point p1, point p2 )
        { x = (p1.x + p2.x) / 2 ; y = (p1.y + p2.y) / 2 ; }
        void init_point ( float coord_x, float coord_y )
        { x = coord_x ; y = coord_y ; }
} ;
```

Une instance de la classe **pt_ecr_nv** possède alors quatre fonctions membres distinctes de nom **init_point**. On dit encore qu'elle possède quatre implémentations différentes des ***méthodes*** correspondant au ***message*** **init_point**.

En fait, le compilateur considère que le nom réel des fonctions est constitué du nom de la fonction, du nom de la classe à laquelle elle appartient et du type de chacun de ses arguments. Ici, symboliquement on a en fait :

- "***pt_ecr_nv-init_point-point***" (par héritage de **point_ecran**),
- "***pt_ecr_nv-init_point***",
- "***pt_ecr_nv-init_point-point-point***",
- "***pt_ecr_nv-init_point-float-float***".

Le même type de surcharge peut être réalisé pour des fonctions définies comme en programmation classique, indépendamment de toute classe.

La surcharge d'opérateur qui s'effectue sur le même principe est présentée aux chapitres II - 3.2.2 et III - 2 (volume 2).

Le lien vers la fonction correcte peut être effectué lors de la compilation ou en dynamique. Le premier cas correspond à la notion de surcharge qui vient d'être présentée, on parle alors d'***édition de liens préalable***, ou de ***polymorphisme statique***. Dans le second cas, on parle de ***polymorphisme dynamique***, ou d'***édition de liens retardée***. Cette faculté est implémentée en C++ à travers les ***fonctions virtuelles***. Cet aspect, un peu trop délicat pour une introduction, sera discuté en détail au chapitre III - 4.2 (volume 2).

II

Programmer en C++

Cette partie est consacrée à la programmation proprement dite en C++. Plutôt que d'aborder immédiatement la syntaxe, le chapitre II - 1 est réservé à la réalisation de programmes simples. Ceux-ci permettront au lecteur de réaliser quelques opérations de prise en main de l'environnement de développement Borland C++ ou Turbo C++, et de réaliser des opérations simples d'entrée-sortie. En effet, sans la maîtrise préalable de l'environnement et de quelques principes permettant de lire des données au clavier et d'afficher des résultats à l'écran, il est très difficile d'aborder la syntaxe à proprement parler.

Le chapitre II - 1.2 est consacré à la présentation des bases de C/C++ : mots clés, déclarations de types, opérateurs et boucles. A part quelques détails de syntaxe, ces points sont identiques à ceux du C. Il aurait été possible de les supprimer, mais le lecteur n'ayant pas une grande maîtrise de C aurait été désorienté, aussi a-t-on préféré faire le point sur tous ces éléments de base. Le lecteur connaissant déjà bien le langage C pourra directement passer au chapitre suivant. Toutefois, le premier paragraphe consacré à l'environnement de développement offert par Borland C++ ou Turbo C++ sera utile à chacun et il est donc recommandé de le lire avant de passer à la suite.

Le chapitre II - 2 est quant à lui consacré aux fonctions en C++. Comme précédemment, celles-ci reposent sur les bases du C, le lecteur averti pourra donc passer directement au chapitre II - 2.2, les premiers paragraphes pouvant être considérés comme des rappels de l'usage des fonctions en C. Il faut souligner toutefois qu'il existe plusieurs styles de programmation en C ; celui qui a été retenu est associé à la norme ANSI. Un programmeur connaissant le C mais peu familiarisé avec cette norme aura alors intérêt à parcourir la section II - 2.1.4.

C'est dans le second chapitre II - 2 que sont présentées les premières notions de portée ainsi que le concept de pointeur. Ces deux éléments sont inévitables si l'on veut maîtriser réellement la programmation en C (procédurale) et en C++ (objet), toutefois les pointeurs pourront être évités quelque temps et le lecteur pourra se les réserver pour plus tard !

Le chapitre II - 3 aborde la programmation objet à proprement parler. Tous les éléments décrits dans les chapitres précédents seront supposés acquis et la présentation se centrera donc sur l'originalité de la programmation objet, sur ses difficultés, ses ambiguïtés et, bien sûr, sur les facilités qu'elle apporte.

II - 1. Premiers programmes en C/C++

Ce chapitre a pour objectif de poser les bases pratiques de la programmation en C++. Il ne s'agit pas de présenter ici la programmation objet, mais plutôt d'assurer au lecteur une maîtrise des instructions de base contenues dans le langage C et qui sont nécessaires à l'écriture de tout programme, que ce soit en programmation objet ou non.

Le premier point est un bref aperçu de l'environnement de développement offert par Borland C++ ou Turbo C++, avec quelques conventions d'écriture des entrées-sorties (celles-ci n'étant vraiment détaillées qu'ultérieurement).

Le deuxième point décrit les déclarations de types, opérateurs de base et instructions de contrôle du déroulement de programme. C'est à partir de ce chapitre que sont donnés les premiers exemples de programmes à tester sur machine.

Le troisième sujet abordé concerne les différentes définitions de type abstrait disponibles en C/C++. En particulier, les associations de type en structure, les listes de constantes symboliques, la fusion de types et les manipulations de données bit à bit. Bien que la notion de classe englobe l'ensemble, il n'est pas toujours utile ou nécessaire d'y faire référence ; de plus, la maîtrise de ces "types abstraits de base" permettra au lecteur d'assimiler plus rapidement et facilement les concepts associés aux classes, aussi il lui est conseillé de ne pas passer outre ce paragraphe, par ailleurs sans grande difficulté.

II - 1.1. Utilisation de l'environnement Borland C++ ou Turbo C++

Il ne s'agit pas ici de présenter la procédure d'installation de Borland C++ et Turbo C++, mais juste de proposer quelques règles d'emploi qui aident à la prise en main de la programmation en C++. L'installation par elle-même est aisée, il suffit de suivre le mode d'emploi.

II - 1.1.1. Quelques mots sur C++ les entrées-sorties

Avant d'éditer notre premier programme en C++, il est bon de donner quelques explications sur l'affichage de messages à l'écran et l'acquisition de données clavier. À ce stade, le but n'est pas de donner une description complète de ce qui est appelé ***gestion des flux d'entrée-sortie***. Il s'agit seulement de fournir quelques informations permettant un minimum d'opérations sans lesquelles il est impossible de percevoir correctement le fonctionnement d'un programme. A quoi servirait un programme qui réalise correctement un calcul si on ne peut en connaître le résultat !

L'instruction de sortie, affichage à l'écran, à connaître est : **cout** (***out*** indiquant, en anglais, une action dirigée *vers l'extérieur*).

Elle s'utilise pour l'affichage des valeurs de variables d'un des types de base (caractère, entier, flottant) et pour l'affichage de chaînes de caractères.

Ces dernières doivent être placées entre une paire de guillemets (appelés parfois, à tort, ***doubles apostrophes***) : ".

Plusieurs éléments peuvent être affichés par une même instruction. Chaque élément doit alors être séparé du suivant et de l'instruction **cout** par le symbole composé << (deux signes inférieurs < se suivant).

Par exemple, la ligne suivante provoque l'affichage de **Essai** :

```
cout << "Essai" ;
```

De la même manière, en supposant que la variable **i** entière ait la valeur **17**, la variable **f** flottante ait la valeur **34.56**, la ligne suivante affiche : **Valeur de i = 17, valeur de f = 34.567890.**

```
cout << "Valeur de i = " << i << ", valeur de f = " << f ;
```

Une convention particulière permet de provoquer un retour à la ligne sur demande, il faut faire figurer le caractère retour chariot qui s'écrit '**\n**' en C/C++ (les apostrophes ' indiquent une constante de type caractère et la barre oblique inversée \, ***anti-slash***, indique qu'il s'agit d'un caractère de contrôle, **n** signifie ***newligne***, ***nouvelle ligne***). Il peut être utilisé comme valeur isolée, ou inséré au sein d'une chaîne de caractères. Les deux lignes suivantes :

```
cout << "Bonjour !" << '\n' << "    Valeur de i = " << i
    << ",\nvaleur de f = " << f << '\n' ;
```

provoquent alors l'affichage :

```
Bonjour !
    Valeur de i = 17,
valeur de f = 34.56789
```

Le principe est le même pour l'acquisition de valeurs au clavier. Il faut cette fois utiliser **cin** et inverser les chevrons, en les remplaçant par deux signes supérieurs > successifs : >>. Pour affecter une valeur à **i** puis à **f**, on écrira :

```
cin >> i >> f ;
```

La première valeur entière lue sera affectée à **i** et la valeur flottante suivante à **f**.

Enfin, pour que le compilateur reconnaisse les opérations d'entrée-sortie associées à **cout** et **cin**, il faut placer dans le programme l'instruction suivante :

```
#include <iostream.h>
```

C'est une instruction dite de ***précompilation*** sur laquelle nous reviendrons ultérieurement. Elle décrit les caractéristiques essentielles des opérations **cin** et **cout** qui, sinon, ne seraient pas reconnues par le compilateur. Ces quelques éléments nous suffiront pour afficher les résultats des premiers programmes.

II - 1.1.2. Edition du premier programme

Les langages C et C++ sont des langages compilés, c'est-à-dire qui produisent des programmes entièrement autonomes et directement compréhensibles par la machine. Cela signifie que, lorsqu'ils sont compilés, la machine n'a plus besoin du compilateur, ni de l'environnement de développement, pour pouvoir les exécuter. Il est donc nécessaire que soit défini, quelque part dans le programme, où commence l'exécution. Cela se fait, en C/C++, par l'appel systématique (et inévitable) d'une fonction particulière dont le nom est réservé et fixé par le langage : **main** (). Le programmeur définissant pour sa part le contenu de la fonction.

Un programme C/C++ devra donc, pour être exécutable, contenir au moins une fonction : la fonction principale **main**. L'appel de cette fonction sera la première instruction exécutée par la machine.

On peut maintenant commencer à écrire le premier programme C/C++.

L'environnement Borland C++ ou Turbo C++ servant de support aux programmes rédigés dans cet ouvrage, il y sera fait parfois référence. Toutefois le lecteur utilisant un autre environnement pourra facilement faire lui-même la correspondance, tous les programmes présentés étant complètement portables, à de rares exceptions près en fin d'ouvrage et qui seront alors signalées.

Pour utiliser l'éditeur Borland C++ ou Turbo C++, on appelle l'environnement en tapant :

```
tc<CR>
```

S'il n'y a pas de fenêtre d'édition d'ouverte, en ouvrir une en tapant :

```
<Alt><F>
<N>
```

Puis entrer le texte suivant qui représente le plus petit programme C/C++ :

```
main () { }
```

Ne pas oublier les accolades { et } qui indiquent le début et la fin du corps de la fonction ; même si celle-ci ne fait rien, elles doivent être présentes.

Pour demander la compilation et l'exécution du programme, taper :

```
<Alt><R>
<R>
```

Ce programme ne fait rien et doit se compiler, se lier et s'exécuter sans problème. S'il y a un problème à ce niveau, vérifier que l'installation a été bien faite et consulter le manuel associé à votre environnement...

S'il n'y a pas de fenêtre d'édition d'ouverte, en ouvrir une en tapant :

```
<Alt><F>
<N>
```

Puis entrer le texte suivant qui représente le plus petit programme C/C++ :

```
main () { }
```

Ne pas oublier les accolades { et } qui indiquent le début et la fin du corps de la fonction ; même si celle-ci ne fait rien, elles doivent être présentes.

Pour demander la compilation et l'exécution du programme, taper :

```
<Alt><R>
<R>
```

Le programme suivant effectue un affichage à l'écran.

```
#include <iostream.h>
void main ()
{ cout << "Bonjour !\n" << "Ca marche !!!" <<'\n'<<'\n' ; }
```

Remarque : Ici le type de la valeur de retour de la fonction principale, **main**, est déclaré en tant que **void**, cela signifie qu'elle n'a pas de valeur de retour. Par défaut, C/C++ considère qu'elle possède une valeur de retour de type **int**. C'est pourquoi, lors de la compilation des lignes précédentes, il y a eu un message d'alarme :

```
Warning ... : Function should return a value
```

Ce point sera repris en II - 2.1. D'ici là, on utilisera toujours la forme **void main ()** pour éviter ce message.

Pour pouvoir être compilé en tant que programme C++, il faut lui donner la bonne extension : **.cpp** pour Borland C++ et Turbo C++. Sauvegarder le programme, par exemple sous le nom **mini.cpp**. Pour cela, taper :

```
<Alt><F>
<a>
```

Puis taper le nom entier sous lequel sauvegarder le programme.

Vérifier que les options de configuration de l'environnement sont correctes, en particulier pour Borland C++ et Turbo C++, que les mots clefs pris en compte sont non seulement ceux du C mais aussi ceux de C++ (à cause de l'instruction **cout**). Pour cela, vérifier que dans le menu **Option**, le sous-menu **Fullmenus** est à **On**. Puis dans le sous-menu **Compiler**, que le sous-menu **Keywords** est bien positionné sur **Borland C++** ou **Turbo C++**.

En cas de problème, se référer à la documentation Borland C++ ou Turbo C++.

La compilation s'effectue maintenant en tapant :

```
<Alt><C>
<C>
```

Le message de la Figure II - 1.1.2.b (ou tout autre message indiquant ***0 erreur***) est affiché.

```
Main file: MINI.CPP
Compiling: EDITOR -> MINI.CPP

                    Total  File
    Lines compiled: 6      6
          Warnings: 0      0
            Errors: 0      0

Avalaible memory  : 277K
Succes            :    Press any key
```

L'édition de liens s'appelle par :

```
<Alt><C>
<L>
```

Le message doit être comparable à celui de la Figure II - 1.1.2.c.

```
EXE file: MINI.EXE
Linking: \...\LIB\GRAPHICS.LIB

                    Total  Link
    Lines compiled: 0      PASS 2
          Warnings: 0      0
            Errors: 0      0

Avalaible memory  : 337K
Succes            :    Press any key
```

L'exécution produit le message dans la fenêtre de sortie (l'appel se fait comme précédemment par **<Alt><R> <R>**, ou en dehors de l'environnement par l'appel du fichier exécutable produit, de nom **min** en général) :

```
Bonjour !
    Ca marche !!!
```

Remarque : Pour visualiser l'affichage écran une fois le programme terminé dans l'environnement C++, faire **<Alt><W>** (option **Window**) puis **<O>** (sous-option **Output**, ***sortie***).

Le programme suivant donne un exemple d'acquisition et d'affichage de valeurs pour deux variables entières et deux variables réelles.

```
#include <iostream.h>
void main ()
{   int var_entiere1 = 3, var_entiere2 = 36 ;
    float var_reelle1 = 3.456, var_reelle2 = 78.9 ;

    cout << "Valeurs initiales des variables :\n"
         << "    var_entiere1 = " << var_entiere1
         << ", var_entiere2 = " << var_entiere2 << '\n' ;

    cout << "    var_reelle1 = " << var_reelle1
         << ", var_reelle2 = " << var_reelle2 << "\n\n" ;

    cout <<"Entrer une valeur entière pour var_entiere1 : ";
    cin >> var_entiere1 ;

    cout << "Entrer une valeur entière pour var_entiere2\n"
         << "et une valeur réelle pour var_reelle1 : " ;
    cin >> var_entiere2 >> var_reelle1 ;

    cout << "Entrer une valeur réelle pour var_reelle2 : " ;
    cin >> var_reelle2 ;

    cout << "Valeurs acquises pour les variables :\n"
         << "    var_entiere1 = " << var_entiere1
         << ", var_entiere2 = " << var_entiere2 << '\n'
         << "    var_reelle1 = " << var_reelle1
         << ", var_reelle2 = " << var_reelle2 << "\n\n" ;
}
```

Sauvegarder le programme, par exemple sous le nom **aff_acq.cpp**. Avant de le compiler, il est bon de vérifier plus précisément les options de compilation. Typiquement, il s'agit de vérifier que :

- Le programme a bien l'extension spécifiant que le texte source est écrit en C++.
- Les options de compilation correspondent au maximum de vérifications.
- Les bibliothèques standard de C++ sont bien accessibles.

Pour Borland C++ et Turbo C++ cela se fait dans le menu **Option** (accès par **<Alt><O>** : les menus s'obtiennent soit en ***cliquant dessus*** à l'aide de la souris, soit par ***<Alt><lettre en***

majuscule du menu>) en vérifiant les sous-options **Compiler** (soit par la souris, soit en tapant <C>).

Vérifier que les choix correspondent aux options ci-dessous :

```
Full menu on
Compiler
    C++ options      ( . ) cpp extensions only
    Source           ( . ) Borland C++
    Messages (toutes les cases doivent être cochées avec une
croix)
        Portability
        ANSI violations
        C++ warnings
        Frequent errors
Make    ( . ) Errors
Link    [X] Default libraries
        [X] Graphics library
        [X] Warn duplicate symbols
        [X] "No stack" warning
        [X] Case-sensitive link
        [X] Case-sensitive exports
```

Ce sont les choix les plus contraignants et, par là, qui permettent de maîtriser au mieux une programmation correcte en C++. Ce sont ceux qui seront toujours utilisés par la suite pour tous les programmes de l'ouvrage.

L'exécution produit :

```
Valeurs initiales des variables :
    var_entiere1 = 3, var_entiere2 = 36
    var_reelle1 = 3.456, var_reelle2 = 78.900002

Entrer une valeur entière pour var_entiere1 :
```

Puis en entrant la valeur **123**, on a de plus :

```
Entrer une valeur entière pour var_entiere1 : 123
Entrer une valeur entière pour var_entiere2 et
une valeur réelle pour var_reelle1 :
```

Puis en tapant **456** et **7.89**, on a de plus :

```
une valeur réelle pour var_reellel : 456 7.89
Entrer une valeur réelle pour var_reelle2 :
```

En entrant la dernière valeur, **0.12345**, on obtient, au total :

```
Valeurs initiales des variables :
    var_entierel = 3, var_entiere2 = 36
    var_reellel = 3.456, var_reelle2 = 78.900002

Entrer une valeur entière pour var_entierel : 123
Entrer une valeur entière pour var_entiere2 et
une valeur réelle pour var_reellel : 456 7.89
Entrer une valeur réelle pour var_reelle2 : 0.12345
Valeurs acquises pour les variables :
    var_entierel = 123, var_entiere2 = 456
    var_reellel = 7.89, var_reelle2 = 0.12345
```

Les programmes précédents ont fait apparaître l'utilisation de la directive de compilation **#include <iostream.h>**. En fait, cette directive reflète des conventions d'organisation des fichiers source des programmes qui aident à en assurer une bonne lisibilité et qui facilitent leur maintenance et leur réutilisation.

II - 1.1.3. Structure des applications en C/C++

Classiquement, trois niveaux de structuration permettent d'organiser les applications : le fichier ; la fonction ; la donnée.

Dans une optique langage objet, le niveau classe s'insère entre le niveau fichier et le niveau fonction. En fait, dans l'approche objet, une part importante de la structuration s'effectue à travers les spécifications d'héritage d'une part et d'accessibilité d'autre part. Toutefois ce niveau de structuration est un niveau symbolique qui disparaît en général après l'édition de liens.

La structuration et la conception d'applications selon l'approche objet seront abordées en quatrième partie (volume 2) de l'ouvrage lorsque tous les concepts de la programmation objet seront bien maîtrisés par le lecteur.

La description de structure basée sur les trois éléments classiques (fichier, fonction, donnée) conserve toutefois sa pertinence car en fait elle s'adresse à des composants matériels de base incontournables.

Au paragraphe précédent, la présence de la directive de compilation **#include <iostream.h>** a été soulignée. Pratiquement, l'effet est d'insérer au moment de la compilation le contenu du fichier dont le nom est indiqué entre les chevrons < >, en l'occurrence **iostream.h.** Ce fichier, quant à lui, contient l'ensemble de toutes les définitions et déclarations de types utilisées lorsqu'on emploie des fonctions d'entrée-sortie (d'où le nom ***io*** pour ***in** (entrer)* - ***out** (sortir)* et ***stream*** pour indiquer qu'il s'agit de *flux de données*).

Le typage fort des éléments manipulés par C++ impose que le type de tous les éléments manipulés dans un programme soit entièrement connu au moment même de la compilation. Il est donc nécessaire d'insérer ces informations sur les entrées-sorties dans chaque fichier source qui fera référence à un affichage écran ou à une acquisition clavier.

Afin d'éviter d'avoir à répéter un grand nombre de fois ces déclarations, le langage met à disposition cette directive. Il suffit alors de n'écrire ces informations qu'une fois dans un fichier fixé, puis d'inclure le contenu du fichier dans le programme chaque fois que cela apparaît nécessaire, comme cela a été fait pour **cin** et **cout** avec **iostream.h**.

Mis à part le gain de temps représenté par l'économie d'écriture provenant de l'utilisation de ces fichiers de déclaration de types courants, on cherchera toujours à éviter de rédiger des fichiers source de trop grande taille. Il y a plusieurs raisons à cela :

- avoir une meilleure lisibilité du texte source, et donc une meilleure maîtrise du programme ;
- éviter de recompiler tout le code écrit à chaque modification, lorsqu'elle n'est que localisée à un petit sous-ensemble du programme ;
- se construire des modules qui peuvent être réutilisés par d'autres applications.

Dans ce but, l'idée de base est de grouper dans un même fichier les fonctions ayant des points communs très nets, par exemple travaillant sur les mêmes données. On arrive alors au concept de compilation séparée où l'application globale est composée au moment de l'édition de liens par l'association des différents modules. Chacun de ces modules ayant été compilé au préalable indépendamment des autres, d'où le terme ***compilation séparée***.

Dans ce contexte, l'utilisation de directives **include** est précieuse pour assurer, d'un programme à l'autre, une connaissance commune des types et fonctions employés. Ces fichiers inclus sont aussi appelés ***fichiers d'en-tête***, puisqu'en général ils contiennent des informations de types qui doivent être placées en tête des programmes. Mais en fait, bien que ce soit déconseillé pour des raisons de lisibilité et de maintenabilité, ils peuvent contenir n'importe quel texte admissible par la syntaxe du langage.

Schématiquement, la constitution d'une application peut se représenter par la Figure II - 1.1.3.a.

L'un des programmes source, et un seul, doit contenir une fonction principale **main**, qui sera le point d'entrée de l'application.

La production de l'application se fait par :

- Compilation de chaque fichier source avec inclusion du texte des différents fichiers **include** spécifiés dans le texte source. Chaque compilation produit un ***programme objet***[1] contenu dans un ***fichier objet*** (***code objet***), en général avec l'extension **.obj** : ce sont les ***modules***, constituants de base, de l'application. Le compilateur est chargé de la traduction du fichier source dans le langage assembleur de la machine.

1 Ne pas confondre le terme d'"objet" employé ici avec celui des "langages objets". Il représente une traduction du fichier par le compilateur dans le langage de la machine. Toutefois, il manque en général à cette traduction la définition de l'interface du programme avec les matériels et les logiciels, et celui-ci ne peut donc pas vraiment encore être considéré comme exécutable. C'est pourquoi on distingue programme objet de programme exécutable. De plus, cet emploi étant plus ancien que celui lié aux "langages objets", il est difficile de l'éviter.

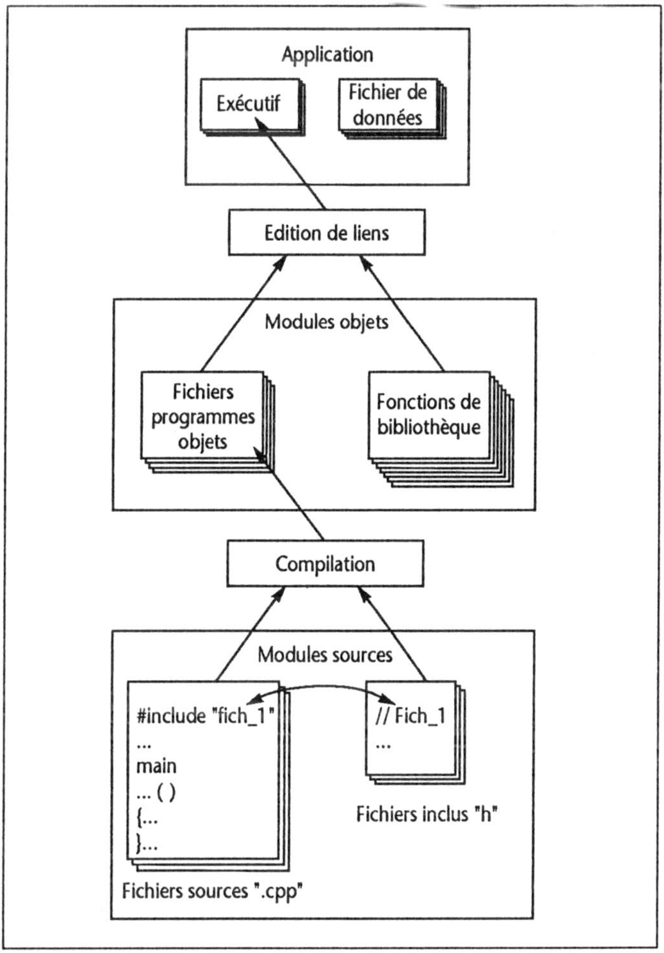

Figure II - 1.1.3.a : Schéma d'organisation d'une application C/C++.

- Edition de liens des différents modules, et éventuellement des fonctions de bibliothèque développées auparavant (par exemple, les fonctions d'entrée-sortie). L'édition de liens permet de regrouper en une seule unité les différents composants qui définissent l'application dans son ensemble. Il y a alors production d'un ***fichier exécutable*** (***code exécutable***) représentatif de l'ensemble des programmes de l'application. Sous DOS ce fichier a l'extension **.exe**, sous UNIX il a l'extension **.out** ou toute autre spécifiée.

Le compilateur et l'éditeur de liens sont des outils qui permettent de mettre en oeuvre le langage, ils sont intrinséquement liés à la machine sur laquelle ils fonctionnent. Autrement dit, le code objet et le code exécutable sont dépendants de la structure matérielle de la machine.

Structurellement, un fichier source en C/C++ se décompose en deux parties :

- Les déclarations qui comprennent :
  - * les directives de compilation pour l'inclusion de fichiers d'en-tête ;
  - * les déclarations de données ou fonctions partagées avec d'autres fichiers ;
  - * les déclarations de types propres au fichier, comprenant prototypes de fonctions et définitions de types abstraits spécifiques ;
  - * les déclarations de données globales du fichier.
- La définition des fonctions du fichier.

Eléments syntaxiques constituant un texte C/C++ C

Un fichier est une suite d'***instructions*** et de ***directives de compilation.***

Parmi ces directives se trouve la directive d'inclusion du texte d'un fichier : **include**. Ces directives doivent toutes être précédées du symbole # et commencer le plus à gauche possible. Il s'agit d'ordres pour le compilateur qui sont exécutés l'un après l'autre lors de la lecture séquentielle du fichier, dès qu'ils sont rencontrés. On peut considérer qu'il s'agit d'un langage de précompilation (par opposition au compilateur C lui-même, on parle du préprocesseur C chargé de traiter ces instructions avant toute autre chose).

Les instructions du langage peuvent être décomposées en :

- ***instructions de type*** ;
- et ***instructions exécutables***.

Toute instruction doit être terminée par un symbole de fin d'instruction, en l'occurrence le point-virgule ;.

Les instructions de types comprennent :

- les définitions de nouveaux types ;
- les déclarations de variables, constantes et fonctions.

Les instructions exécutables sont définies par les opérations à effectuer sur les variables du programme. Elles servent à définir le ***corps*** des fonctions, c'est-à-dire le traitement qu'elles représentent.

Ces instructions (de type ou exécutables) peuvent être regroupées en ensembles traités par la syntaxe comme une seule grosse instruction : c'est la notion de ***bloc***. Un ***bloc*** est défini par une paire d'accolades { et }.

Les variables ou constantes déclarées au sein de ce bloc ne sont connues qu'à l'intérieur du bloc. Ainsi le corps d'une fonction est un bloc. Le bloc où sont déclarés pour la première fois les identificateurs détermine ce qu'on appelle la ***portée*** de l'identificateur. C'est-à-dire, l'ensemble des endroits du texte source où il est possible de parler (*écrire le nom*) de cet identificateur. Cette notion de ***portée*** s'applique à tous les identificateurs déclarés dans le ***bloc*** : variable, constante, type... Le chapitre II - 2.3 reprendra en détail la notion de ***portée***.

En C *pur*, les déclarations doivent toujours être effectuées au début d'un bloc ; en C++, cela peut être fait n'importe où, pourvu que ce soit avant la première utilisation de la variable, ou constante. Un ou plusieurs blocs peuvent être définis à l'intérieur d'un autre bloc. Les blocs sont très utilisés avec les instructions de contrôle du déroulement du programme. En fait presque partout où peut être placée une instruction, celle-ci peut être remplacée par un bloc, c'est-à-dire un ensemble d'instructions. Les exceptions concernent essentiellement les structures de contrôle du déroulement des programmes et seront signalées au fur et à mesure de leur description.

Le ***fichier*** lui-même est considéré par le compilateur comme un ***bloc*** contenant tous les éléments définis dans le texte. Il sera donc nécessaire d'utiliser une forme particulière de déclaration, pour faire référence à des éléments extérieurs, définis dans d'autres fichiers, qui ne sont donc pas censés être connus au sein de ce fichier. Cela permet au compilateur de compiler les fichiers source séparément sans avoir à lire ou relire les fichiers contenant les éléments externes : c'est de la *compilation séparée*.

Les Figures II - 1.1.3.b et II - 1.1.3.c donnent un résumé de l'organisation d'un fichier source C/C++.

L'ordre des différents éléments représentés dans le schéma peut être différent, mais il n'est pas quelconque. Le détail de la syntaxe est donné dans les paragraphes suivants.

Dans une approche purement objet, cette structure ne serait plus vraiment représentative de l'organisation des fichiers entre eux, ni du code à l'intérieur d'un fichier.

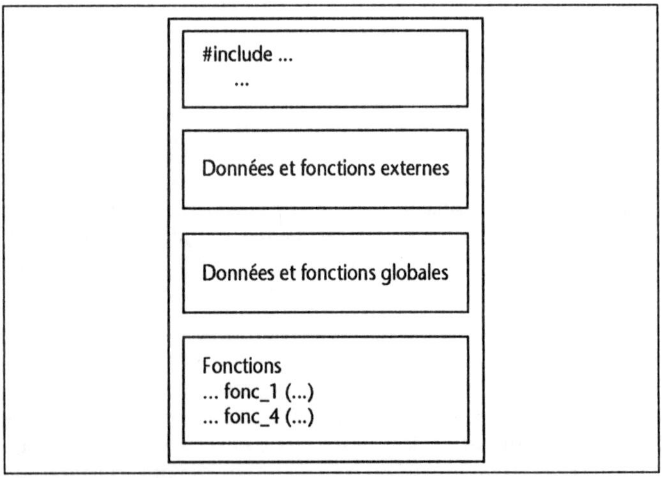

Figure II - 1.1.3.b : Structure générale d'un fichier C/C++.

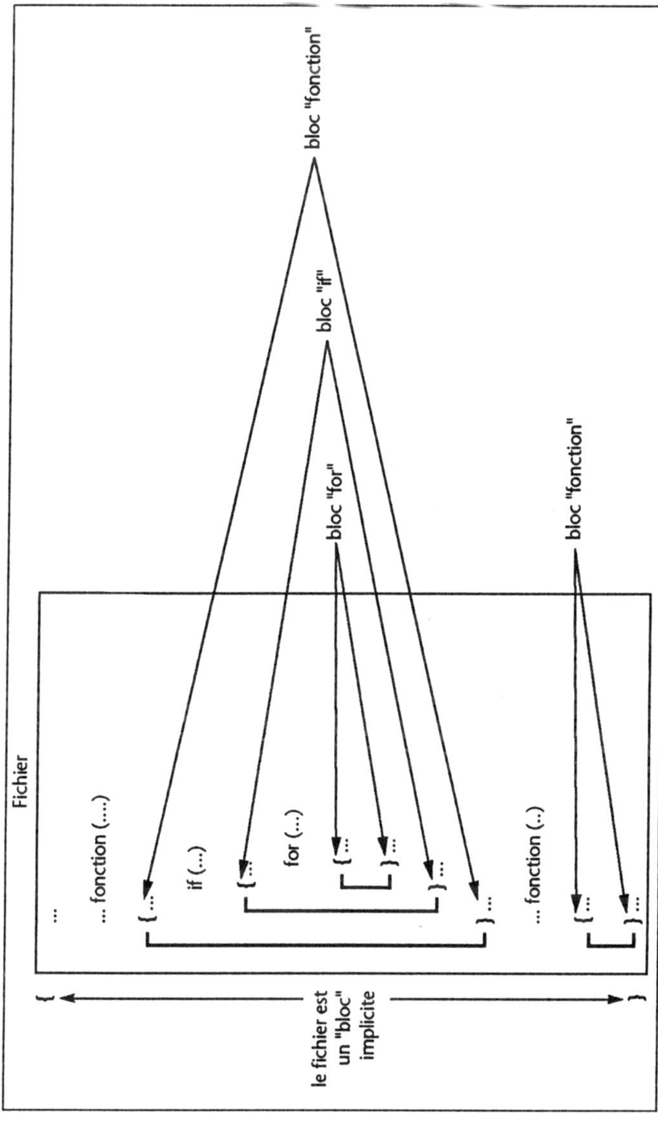

Figure II - 1.1.3.c : Les blocs d'un fichier source C/C++.

II - 1.2. Les bases de C/C++

Les paragraphes précédents ont permis d'effectuer un rappel des bases de la programmation dans le contexte de C/C++. L'étape suivante consiste en l'écriture de programmes un peu plus représentatifs du langage. Pour cela, il n'est plus possible d'éviter de parler des déclarations de types, opérateurs de base, ou instructions de boucle. Il ne s'agit pas de points délicats de la syntaxe ; aussi, les paragraphes suivants essayent d'en donner l'essentiel sur quelques exemples très simples, sans toutefois se ramener à une présentation trop simplificatrice.

Bien que la liste des mots clefs et opérateurs du langage soit donnée et commentée en annexe B, il est bon d'en avoir tout de suite un aperçu.

Les mots clefs — *C, C++*

Ceux-ci, sont toujours définis en minuscules. Pour le C *pur* on a :

asm	**auto**	**break**	**case**	**char**	**const**
continue	**default**	**do**	**double**	**else**	**enum**
extern	**float**	**for**	**goto**	**if**	**int**
long	**register**	**return**	**short**	**signed**	**sizeof**
static	**struct**	**switch**	**typedef**	**union**	**unsigned**
void	**while**				

De plus, le préprocesseur utilise les mots clefs suivants :

#define	**#elif**	**#else**	**#endif**
#error	**#if**	**#ifdef**	**#ifndef**
#include	**#line**	**#pragma**	**#undef**

Avec de plus pour **#if** l'option :

defined

et pour **#pragma** les options particulières :

argsused	**exit**	**inline**	**option**
saveregs	**startup**	**warn**	

Pour C++, sont ajoutés :

catch	**class**	**delete**	**friend**	**inline**	**new**
operator	**private**	**protected**	**public**	**template**	
this	**virtual**	**volatile**			

Pour Borland C++ et Turbo C++, les mots suivants sont également réservés :

cdecl	**_cs**	**_ds**	**_es**
_export	**far**	**huge**	**interrup**
_loadds	**near**	**pascal**	**_regparam**
_saveregs	**_seg**	**_ss**	

Les symboles

Les symboles utilisables dans le langage comme opérateur, séparateur, ou spécifieur d'élément de syntaxe sont pour C *pur* :

- Les symboles d'opérateurs :

  ~ — -- -> ! != % &

  && ( ) * + ++ , . /

  :: < << <= = == > >=

  >> ?: [ ] | ||

Les symboles , ( ) et [ ] sont aussi des symboles séparateurs mais, en les considérant comme opérateurs, C++ autorise leur surcharge et, par là, la définition d'expressions très condensées pour des traitements complexes. Voir à ce sujet la section consacrée à la surcharge d'opérateurs, II - 3.2.2 et III - 2 (volume 2).

- Les symboles séparateurs :

  "" '' \ ; , () [] {}

- Les symboles réservés du précompilateur :

  # ##

Et pour C++ sont adjoints :

->* .* ::*

On remarque que l'association de certains symboles est parfois possible et définit un nouvel opérateur du C.

Chacun de ces symboles est un symbole séparateur, comme les caractères ***blancs*** (***espaces***), ***tabulation*** et ***retour à la ligne*** (***retour chariot***). Ils permettent de distinguer le début et la fin des mots clefs et des identificateurs définis par l'utilisateur.

L'identificateur *C*

L'identificateur est une chaîne de caractères alphanumériques, de taille quelconque dans les limites acceptées par le compilateur. Un identificateur est donc formé d'une suite quelconque de caractère alphabétiques standard et de chiffres, cette suite devant toujours commencer par une lettre. Les caractères spéciaux comme **é**, **è**, **ç**, **à**, **â**, **ê**, **ä**, **ë**, etc., ne sont pas considérés comme des lettres standard. Par contre, le caractère **_**, ***souligné***, est considéré par le compilateur comme un caractère alphabétique. Les minuscules et majuscules sont considérées comme des lettres distinctes. Exemples :

- **Nom_var_1** et **nom_var_1** sont deux identificateurs différents.
- **n1234**, **_1234** et **_abcd** sont des identificateurs autorisés, même s'ils sont à déconseiller car peu lisibles !

  nom_d_une_variable_tres_et_trop_long et **nom_d_une_variable_tres_et_trop_court** sont considérés comme représentant le même identificateur lorsque la taille maximale des identificateurs est de 32 caractères. L'identificateur pris en compte est :

nom_d_une_variable_tres_et_trop_

Avec les options précédentes de l'environnement Borland C++ ou Turbo C++, le nombre maximal de caractères est fixé à 32. C'est en général une valeur minimale.

Les identificateurs servent à donner des noms à divers éléments du langage :

- les variables et instances ;
- les fonctions et méthodes ;
- les constantes symboliques et les éléments d'énumération ;
- les types abstraits et classes.

Les commentaires — *C, C++*

Ce dernier point n'est pas le moins important, car un programme sans commentaire, aussi bien écrit et performant qu'il soit, n'est lisible que par son concepteur, et encore, peu de temps après sa rédaction. Les commentaires sont donc fondamentaux pour la compréhension des programmes et donc la maintenance et la réutilisation des programmes.

Il existe deux formes de commentaires en C++ :

- La forme du C *pur* : délimitation d'un bloc pouvant contenir plusieurs lignes par la séquence /* pour indiquer le début des commentaires et la séquence */ pour en indiquer la fin. Les commentaires imbriqués ne sont pas gérés par le compilateur.
- La forme introduite par C++ : commentaire sur la fin de la ligne dont le début est indiqué par la séquence // et la fin par le retour à la ligne.

Par exemple :

```
/*    Ceci est le début d'un bloc de commentaires
pouvant tenir sur plusieurs lignes.

x = y + z ;
                              Fin du commentaire */

x = y * z/ 2 ;    //    Ceci est un commentaire ligne.

/*    Ceci est le début d'un bloc de commentaires,
          /*    ceci n'est pas considéré comme le début
d'un nouveau bloc mais comme faisant partie du commentaire
lui-même.
                    */
x = y/z ;    //    La séquence '*/' indiquait la fin.
                                              */
```

La ligne 5, **x = y + z ;**, est vue comme un commentaire car elle est dans le bloc **/* ... */**. La ligne 8, **x = y * z/ 2 ;**, est prise en compte, car la fin du bloc de commentaires a été rencontrée. Le second bloc de commentaires commence en ligne 10 et finit en ligne 13. La dernière ligne, 15, est considérée comme une erreur, car tous les blocs de commentaires ont déjà été fermés.

II - 1.2.1. Les déclarations de type C

Toute variable, toute constante symbolique et toute fonction doit être déclarée comme prenant une valeur d'un type spécifié. La forme générale est la suivante :

```
Nom du type Identificateur ;
```

où l'identificateur est le nom de la variable, constante ou fonction.

Le ; (point-virgule) indique la fin de la déclaration de type et est obligatoire.

Les noms des types de base sont :

int pour les entiers standard,

float pour les nombres flottants standard,

char pour les caractères.

Plusieurs identificateurs peuvent être déclarés simultanément s'ils ont le même type. Ils sont alors séparés les uns des autres par des virgules. Par exemple :

```
int i, var_i ; // Déclare deux variables de nom i et var_i.
float var_flot ;  // Déclare une variable de nom var_flot.
char c, car, caract, C, var_car, car0, var_c, v_Car ;
    // Déclare 8 variables de nom : c, car, caract, C,
    // var_car, car0, var_c et v_Car.
```

Aux types de base s'ajoutent des variantes standard obtenues en plaçant une spécification supplémentaire devant le type de base :

- **long** : pour définir des entiers ou réels de grande taille. Pour les flottants, **double** est équivalent à ***long float*** mais cette forme n'est pas acceptée par Borland C++ et Turbo C++ et, quoi qu'il en soit, **double** est préférable. Il s'agit alors de réels couvrant une plus grande plage avec une meilleure précision. **long double** existe aussi et représente des réels encore plus importants (rarement utilisé). **long** peut s'employer tout seul, alors par défaut il s'agit d'un grand entier.

- **short** : permet au contraire de manipuler les entiers les plus petits. S'emploie devant **int** ou tout seul.

- **unsigned** : se place devant les types entiers ou caractères qui doivent être considérés comme étant non signés.

Exemples :

```
long int var0 ; // Déclaration d'un entier long de nom var0.
long var1 ;     // Idem, pour la variable var1.

short int var2 ;  // Déclaration d'un entier court, var2.
short var3 ;      // Idem, pour la variable var3.

unsigned int var4 ;    // Déclaration d'un entier non signé.
unsigned char var5 ;   // Déclaration d'un caractère
                       // non signé.
```

```
unsigned var6 ;          // Déclaration d'un entier, int,
                         // non signé.
unsigned long var7 ;     // Déclaration d'un entier long
                         // non signé.
unsigned short var8 ;    // Déclaration d'un entier court
                         // non signé.
int var9 ;      // Déclaration d'un entier signé standard.
signed int rare0 ;       // Déclaration d'un entier signé, peu
        // utilisé, car équivalent à int rare0 ; peu
        // conseillé pour des raisons de lisibilité !

float fl0 ; // Déclaration d'un flottant standard de nom fl.
double fl1 ; // Déclaration d'un flottant double précision.
long double fl3 ;    // Déclaration d'un flottant
        // "double double précision". Intéressant, lorsqu'une
        // très grande précision est nécessaire.
```

Remarque : Par défaut, les caractères sont considérés comme signés c'est-à-dire que le code ASCII associé va de -127 à +127. Cela vient du fait que pour C/C++ les caractères sont complètement assimilés à leur code ASCII, c'est-à-dire à des entiers. Les entiers étant signés par défaut, les caractères le sont aussi. Cela pose parfois problème, le type **unsigned char** est alors bien utile.

Chaque déclaration de type permet d'allouer aux variables une place mémoire particulière. La Figure II - 1.2.1.a donne les tailles mémoire correspondant aux différents types précédents.

Pour les entiers, le type **int** correspond toujours à la taille du mot mémoire sur la machine, alors que les autres correspondent à des tailles fixes ne dépendant pas des machines. C'est un point à prendre en compte lorsqu'on veut s'assurer qu'un programme puisse fonctionner sur plusieurs machines, on utilise alors de préférence les types entiers **long** ou **short**.

Le type pointeur qui sera présenté plus loin existe sous deux formes en C++ :

- Forme standard, (**near**) : 16 bits.
- Forme étendue, (**far**) : 32 bits.

Schématiquement, les types de base se résument par la Figure II - 1.2.1.b.

Type	char	enum	short	int	long	float	double	long double
Machine à mot de 16 bits	8 bits	16 bits	16 bits	16 bits	32 bits	32 bits	64 bits	80 bits

Figure II - 1.2.1.a : Mémoire allouée aux types C/C++.

Types de base :

caractère
- char: 1 octet, signé.
  - unsigned char: 1 octet, non signé.

entier
- int: 2 octets, signé.
  - unsigned int: 2 octet , non signé.
    - unsigned short int: 2 octets, non signé.
    - unsigned long int: 4 octets, non signé.
  - short int: 2 octet, signé.
  - long int: 4 octets, signé.

réel flottant
- float: 4 octets
- double: 8 octets
  - long double: 10 octets

void - Pas de valeur renvoyée : fonctions.
- Type quelconque : variable, pointeur.

enum - Types symboliques discrets : 2 octets, non signés.

struct - Association particulière des types précédents.

union - Choix de types.

Spécifieurs de types

[ ]	**- Tableaux.**
*****	**- Pointeurs (adresses).**
&	**- Références (adresses).**
( )	**- Fonctions.**

Converstions de types

- Automatique vers un type plus grand pour les numériques ; en suivant l'ordre :

char → int → long / float → **double** → **long double**

- Forcée : (Nouveau_Type)*Valeur_variable_fonction* ; toujours d'un type plus petit vers un type plus grand (suivant le critère de taille mémoire)

Figure II - 1.2.1.b : Schéma des types de base de C/C++.

Les spécifieurs de types définissant pointeurs et références sont un peu plus délicats à manipuler que les types de base et seront présentés ultérieurement, chapitre II - 2.4.

Les tableaux C

Dans les exemples précédents, les éléments manipulés prenaient une seule valeur à un moment donné, il s'agissait de variables simples. Mais parfois, on peut vouloir associer à un même élément plusieurs valeurs. Il est intéressant de faire appel à la notion de ***tableau***.

Le tableau est un type particulier de variables qui permet d'associer sous un même nom un ensemble fini (et de taille fixe) de valeurs du même type. L'accès à une valeur particulière se fait à l'aide d'un numéro d'ordre ou ***indice***. Tous les types de base et tous les types abstraits construits en C/C++ peuvent servir à définir un tableau. La syntaxe est la suivante :

```
Type_valeurs_tableau nom_tableau [taille_tableau] ;
```

où *taille_tableau* représente le nombre de valeurs stockées dans le tableau. Ce nombre est choisi lors de l'écriture du programme et sa valeur ne peut être changée à l'exécution.

Le tableau est représenté par son nom (ici *nom_tableau*), et une valeur (ou un élément) du tableau est représentée par son indice. La syntaxe permettant de parler d'un élément est :

nom_tableau [indice]

qui représente la valeur de l'élément numéro "*indice*" du tableau "*nom_tableau*".

La paire de crochets [ ] indique la dimension du tableau dans une déclaration et le numéro de l'élément lors de la manipulation du tableau.

En C/C++ un tableau est toujours numéroté à partir de **0**. C'est-à-dire que pour un tableau, **tab**, de **n** éléments, le premier est : **tab [0]** et le dernier est : **tab [n-1]**. Le tableau étant alors déclaré sous la forme : *type_tableau nom_tableau [n]*. Attention, une erreur courante est de croire que le tableau commence avec l'indice ***1***.

Exemple d'un tableau de 14 entiers longs et de 36 flottants :

```
long int tableau_entiers_longs [14] ;
float tableau_flottants [36] ;

tableau_entiers_longs [0] = 123456 ;
    // Initialise le premier élément.
tableau_entiers_longs [7] = 7890 ;
    // Initialise le huitième.
tableau_entiers_longs [13] = -123 ;
    // Initialise le quatorzième et dernier élément.

tableau_flottants [0] = 1.23456 ;
    // Initialise le premier élément.
tableau_flottants [23] = 0.7890 ;
    // Initialise le huitième.
tableau_flottants [35] = -1.234 ;
    // Initialise le trente-sixième et dernier élément.
```

Les tableaux précédents sont dits à une dimension car la donnée d'un seul indice permet d'accéder à un élément. Cette structure se généralise en tableaux multidimensionnels dans lesquels il faut plusieurs indices pour repérer un élément. Typiquement, les matrices sont des tableaux à deux dimensions fixées par le nombre de lignes et le nombre de colonnes de la matrice. Un ensemble de points lumineux repérés dans l'espace par trois coordonnées entières pourrait être stocké dans un tableau à trois dimensions, chaque coordonnée définissant un indice, et la valeur l'intensité lumineuse, etc.

Ces deux exemples se déclareraient :

```
float matrice [34][78] ;
    // Une matrice 34 lignes 78 colonnes.

int tab_points [10][10][10] ;
    // Un tableau à trois dimensions, (10 valeurs de
    // coordonnées possibles en x, y et z.)
```

Le nombre de dimensions est quelconque mais fixe. Il existe toujours une taille maximale standard qui dépend de la configuration de l'environnement et des modèles de mémoire utilisés. Pour plus de détails sur cet aspect, se référer aux documentations fournies par les constructeurs.

Les tableaux monodimensionnels ou multidimensionnels sont tous stockés linéairement en mémoire. L'élément **tab [33]** est juste après l'élément **tab [32]**. Les indices variant d'autant plus lentement qu'ils sont plus à gauche (indice le plus rapide : indice le plus à droite ; indice le plus lent : indice le plus à gauche). Par exemple, le tableau **t [2][3][2]** est stocké tel que le montre la Figure II - 1.2.1.c.

Une caractéristique importante de la gestion des tableaux en C/C++ est à retenir : ***il n'y a aucune vérification de débordement de tableau à l'exécution...*** Ce point est la source de bien des erreurs. Lorsque vous faites référence à un élément de tableau qui n'existe pas, le programme fait comme s'il existait et prend en compte la caractéristique de stockage séquentiel (linéaire) pour accéder à l'élément inexistant. La conséquence est que, pour une lecture, vous lirez une valeur qui représente autre chose et n'a a priori aucun sens et, pour une écriture, vous écrirez dans une zone mémoire réservée à un autre usage : au mieux la valeur sera perdue, mais elle pourra aussi écraser la valeur d'autres variables sans aucun rapport, et au pire cela pourra détruire une partie des instructions exécutables du programme ou de la machine et causer des dégâts imprévisibles. En général cela se contente de "planter" le programme et la machine, ce qui n'est déjà pas si mal !

Par exemple, considérons le tableau avec les valeurs d'initialisation précisées dans le fragment de programme qui suit :

```
int t [2][3][2] ;

t [0][0][0] = 0 ;   t [0][0][1] = 1 ;
t [0][1][0] = 10 ;  t [0][1][1] = 11 ;
t [0][2][0] = 20 ;  t [0][2][1] = 21 ;
t [1][0][0] = 100 ; t [1][0][1] = 101 ;
t [1][1][0] = 110 ; t [1][1][1] = 111 ;
t [1][2][0] = 120 ; t [1][2][1] = 121 ;
```

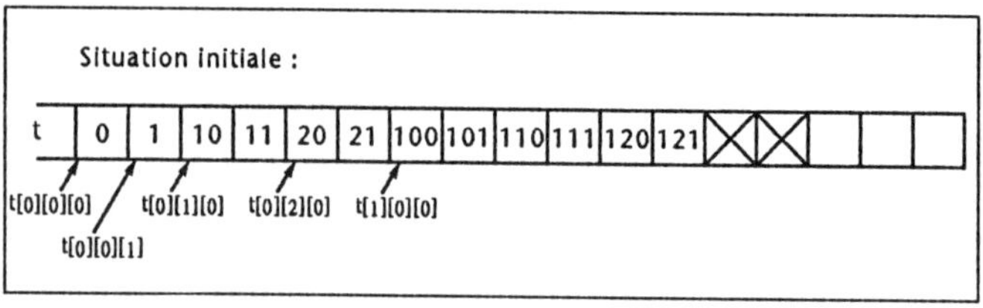

Figure II - 1.2.1.c : Stockage d'un tableau à trois dimensions.

Les instructions suivantes ont pour effet les modifications de mémoire représentées dans la Figure II - 1.2.1.d.

```
t [0][2][0] = 333 ;  // Correct.
t [0][2][2] = 444 ;
    // Incorrect, l'élément n'existe pas. Ces indices
    // représentent un élément qui, s'il existait, serait
    // dans la zone mémoire allouée au tableau,
    // l'erreur sera alors difficile à détecter.
t [1][2][3] = 555 ;
    // Incorrect, l'élément n'existe pas. Ces indices
    // représentent un élément qui, s'il existait, serait
    // en dehors de la zone mémoire allouée au tableau,
    // l'erreur sera alors souvent détectée par un
    // comportement aberrant du programme.
```

Ce type d'erreur difficile à déterminer est malheureusement assez fréquent, aussi est-il nécessaire de toujours vérifier lors d'écriture à des indices calculés en dynamique que les dimensions du tableau sont respectées. La définition de classe tableau en programmation objet permet de sécuriser leur emploi. La contrepartie (car il y en a toujours une) est que les opérations sont alors plus lentes puisque à chaque accès, une vérification est effectuée...

Les constantes — *C, C++*

A chacun des types précédents correspond un ensemble de valeurs fixes possibles, encore appelées ***constantes*** du langage.

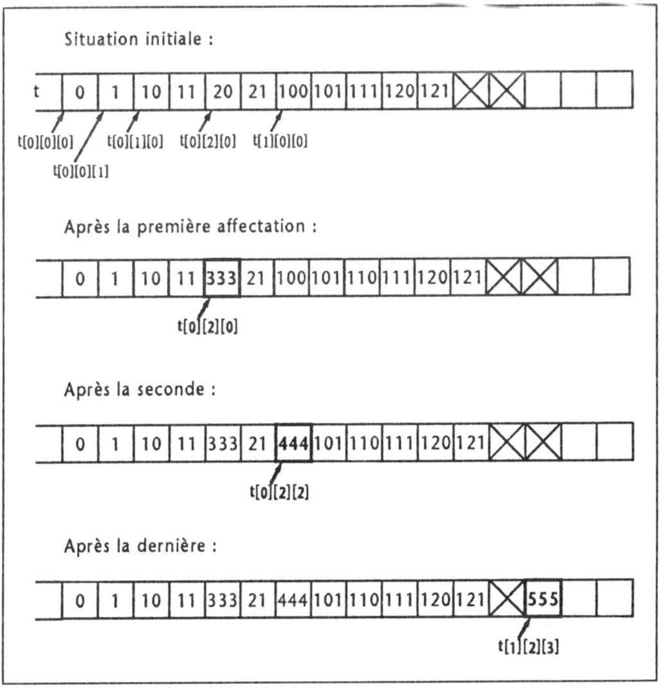

Figure II - 1.2.1.d : Modifications erronées de mémoire.

Les constantes entières C

Elles peuvent être définies avec plusieurs formats, correspondant à des bases de codage différentes :

- Format ***décimal**, base 10* (10 chiffres de **0 à 9**), c'est le format usuel des entiers.

- Format ***octal**, base 8* (8 chiffres de **0 à 7**) ; à part le fait que les chiffres 8 et 9 y sont interdits, il se distingue des autres par l'adjonction du chiffre **0** *au début* de la valeur.

- Format ***hexadécimal**, base 16* (16 chiffres de **0 à 9** plus les lettres **a, b, c, d, e, f** en minuscule ou majuscule) ; il se distingue des autres par l'adjonction de la séquence **0x** (ou **0X**) *devant* la valeur.

De plus, quand il s'agit de constantes représentant une valeur négative, il faut faire précéder la valeur de l'opérateur du signe -. S'il s'agit d'une valeur affectée à un entier **long**, il faut adjoindre à la fin de la valeur la lettre **l** (ou L), et si elle représente un entier non signé (**unsigned**) il faut adjoindre **u** (ou **U**) à la fin. Les trois modifications sont cumulables.

Exemples :

```
12      // Constante entière décimale. La valeur doit être
        // comprise entre -32768 et 32767.
12l     // Même chose lorsqu'elle doit être affectée à un
        // entier long, (long int). La valeur doit être
        // comprise entre -2147483648 et 2147483647.
12u     // Même chose lorsqu'elle doit être affectée à un
        // entier non signé (unsigned int). La valeur doit
        // être comprise entre 0 et 65535.
12lu    // Même chose lorsqu'elle doit être affectée à un
        // entier long non signé, (unsigned long int).
        // La valeur doit être comprise entre 0 et
        // 4294967295.
-12     // Constante entière décimale négative.
014  // Constante entière octale, équivalente à 12 décimal.
014L    // Même chose lorsqu'elle doit être affectée à un
        // entier long, (long int).
0xC     // Constante entière hexadécimale, équivalente à
        // 12 décimal.
0xCUL   // Même chose lorsqu'elle doit être affectée à un
        // entier long non signé (unsigned long int).
```

Les constantes flottantes *C*

Deux notations sont possibles pour les nombres flottants (*nombres décimaux* au sens usuel) :

- notation *littérale*, avec virgule flottante seule, représentée par le caractère . (point) ;

- notation *scientifique* avec virgule flottante et exposant noté e (ou E) et représentant l'*exponentielle en base 10* (c'est-à-dire que $e^x = 10^x$).

Par défaut, les valeurs sont considérées comme étant en *double précision* (**double**). Le suffixe f (ou F) permet de spécifier qu'elles sont *flottantes simples* (**float**), et le suffixe l (ou L) qu'elles sont en *très grande précision* (**long double**). Les exemples suivants explicitent ces notations :

```
12.3456        // Nombre flottant double précision en notation
               // littérale, avec quatre chiffres après la
               // virgule. La valeur doit être comprise entre
               // (+/-)1.7e-308 et (+/-)1.7e+308.
0.123456e+2    // Idem, autre notation.
0.123456e2     // Idem, autre notation.
1234.56e-2     // Idem, autre notation.
12.3456f       // Idem, mais nombre flottant simple précision.
               // La valeur doit être entre (+/-)3.4e-38 et
               // (+/-)3.4e38.
12.3456fl      // Idem, mais nombre flottant très grande
               // précision. La valeur doit être entre
               // (+/-)3.4e-4932 et (+/-)1.1e4932.
-1.23456e+1    // Nombre négatif double précision.
```

Trois valeurs supplémentaires sont gérées par la machine : **0**, **-infini**, **+infini**, **NaN** (*Not a Number* : *n'est pas un nombre*). La première correspond à un dépassement de capacité vers le bas, c'est-à-dire avec l'exposant négatif le plus important quel que soit le signe du nombre. Les deux suivantes correspondent à un dépassement de capacité vers le haut (exposant positif trop grand) ou à des opérations interdites comme *x/0*. Et enfin la dernière correspond aussi à des opérations interdites comme *0/0*. En fait, lorsque de tels nombres sont produits, ils provoquent en général l'arrêt du programme sur une erreur de type mathématique.

Les constantes caractère *C*

Les valeurs de type caractère peuvent s'écrire suivant deux formats :

- Valeur du caractère entre apostrophes ', lorsque celui-ci est imprimable.
- Valeur du code ASCII correspondant en octal ou en hexadécimal, précédé de la barre oblique inversée \ (*anti-slash*), le tout placé entre apostrophes '.

Le C/C++ faisant l'assimilation de la valeur entière du code ASCII avec la valeur du caractère, on peut aussi utiliser directement les valeurs entières du code ASCII qui seront automatiquement converties lors de l'affectation à une variable caractère. Ce n'est pas pour autant à conseiller, car c'est moins lisible et n'apporte rien aux codes exécutables produits.

Exemples :

```
'a'      // Caractère imprimable a.
'\0141'  // Idem, mais avec la valeur octale du code ASCII de
         // la lettre a, son code décimal étant : 97.
'\x61'   // Idem, mais avec la valeur hexadécimale du code
         // ASCII de la lettre a.
```

Un ensemble de caractères spéciaux, dits de contrôle, possèdent un code particulier qui évite d'avoir à indiquer la valeur numérique du code ASCII correspondant. Ils sont libellés sous la forme '*code*' où *code* est un seul caractère. La liste en est donnée ci-après :

Code	**Valeur**	**Caractère**	**Utilisation**
'\a'	0x07	BEL	Emet un *signal sonore*
'\b'	0x08	BS	Fait un *retour arrière* d'un caractère (***Back Space***)
'\f'	0x0C	FF	Provoque un *saut de page* (***Form Feed***)
'\n'	0x0A	LF	Provoque un *saut de ligne* (***Ligne Feed***)
'\r'	0x0D	CR	Retour en début de ligne, ***Retour Chariot***

'\t'	0x09	HT	*Tabulation Horizontale*
'\v'	0x0B	VT	*Tabulation Verticale*
'\\'	0x5c	\	Barre oblique inverse
'\''	0x27	'	Apostrophe
'\"'	0x22	"	Guillemet
'\?'	0x3f	?	Point d'interrogation

Il est possible de définir des constantes qui sont des chaînes de caractères. Ce point est détaillé ci-après, introduisant les tableaux.

Les constantes chaînes de caractères — *C*

L'association de plusieurs caractères sous la forme d'une chaîne de caractères particulière est un élément précieux lors de l'écriture de messages d'entrée-sortie. Il est possible de définir de telles constantes en plaçant la séquence de caractères entre guillemets, ". Des caractères spéciaux de contrôle peuvent être également placés dans cette chaîne, pour y définir directement une pagination. Le caractère nul, '\0' (code ASCII 0, NULL), est placé en fin de chaîne afin de détecter celle-ci. Il n'existe pas d'opérateur sur les chaînes, mais une importante bibliothèque de fonctions de manipulation de chaînes existe et permet d'effectuer toutes les opérations courantes. En particulier, l'instruction **cout** permet d'afficher une chaîne à l'écran.

Quelques exemples :

```
// AFF_CHAI.CPP : Exemple d'affichage de chaînes
// de caractères.

#include <iostream.h>

main ()
{ cout << "Ceci est une chaîne de caractères !..."
       << "Et voici,\n\t\tune chaîne avec formatage...\n"
       << "\n\t\t\tEt encore \"une\" \\ \a\r1234\b5\n!!!\n";
}
```

L'affichage correspondant est :

```
Ceci est une chaîne de caractères !...Et voici.
        une chaîne avec formatage...

1235         Et encore "une" \
!!!
```

Dans cet exemple, après l'affichage de Et encore "**une**" \ un signal sonore est émis. Le caractère **4** est écrasé par le caractère **5** car un caractère *Back Space* provoque un retour arrière d'un caractère après l'affichage du **3**.

En fait, le langage considère une chaîne de caractères comme une constante de type tableau de caractères dont la dimension est celle de la chaîne plus 1 pour le caractère nul placé à la fin du tableau. Cela signifie que ces constantes ne pourront être affectées qu'à des éléments de type tableau, après s'être assuré qu'ils sont suffisamment grands pour stocker la chaîne en entier (attention on oublie souvent de compter le caractère nul de fin de chaîne). Si la chaîne est plus petite, cela signifie qu'il y aura de la place perdue dans le tableau, ce qui n'est pas bien grave. Si elle est plus grande et que cela ne peut être détecté lors de la compilation, alors les caractères supplémentaires seront stockés à la suite du tableau en écrasant ce qui s'y trouvait : autres variables ou même instructions exécutables d'une fonction... Les deux programmes suivants donnent quelques exemples d'affectation de chaînes de caractères à un tableau de caractères :

```
// TAB_CHAI.CPP : Exemples d'affectation de chaînes
// de caractères à un tableau.

#include <iostream.h>

main ()
{   char tab_car_1 [34] =
            "Une chaîne de 34 caractères !...\n",
        tab_car_2 [50] =
            "Une chaîne plus petite que le tableau.\n",
        tab_car_3 [] =
            "Une initialisation plus simple !!!\n",
```

```
        tab_car_4 [] = "Une chaîne définie sur\
 plusieurs lignes.\n Attention, les blancs de début \
de ligne\
            font\n partie de la chaîne.\n" ;

    cout << "\ntab_car_1 : " << tab_car_1
         << "\ntab_car_2 : " << tab_car_2
         << "\ntab_car_3 : " << tab_car_3
         << "\ntab_car_4 : " << tab_car_4 ;

}
```

On notera ici une facilité d'écriture pour les grandes chaînes de caractères qui est le caractère d'échappement \ (*Escape*). Celui-ci permet au compilateur de sauter le caractère suivant, en l'occurrence c'est le caractère de retour à la ligne. Dans cet exemple, le compilateur voit la quatrième chaîne comme si elle n'était écrite que sur une seule ligne. Attention, la suite de la chaîne commence au début de la ligne suivante, s'il y a des blancs ou tabulations ils seront vus comme faisant partie de la chaîne. L'affichage est alors :

```
tab_car_1 : Une chaîne de 34 caractères !...

tab_car_2 : Une chaîne plus petite que le tableau.

tab_car_3 : Une initialisation plus simple !!!

tab_car_4 : Une chaîne définie sur plusieurs lignes.
 Attention, les blancs de début de ligne
 font partie de la chaîne.
```

Borland C++ et Turbo C++ offrent une autre notation pour l'écriture de chaînes longues, c'est tout simplement de décomposer la chaîne en plusieurs chaînes courtes, placées les unes à la suite des autres (mais attention ce n'est *a priori* pas admis par d'autres environnements). Ici, on aurait pu écrire de manière équivalente :

```
        tab_car_4 [] = "Une chaîne définie sur"
    " plusieurs lignes.\n Attention, les blancs de début "
      "de ligne"
         "          font\n partie de la chaîne.\n" ;
```

Il est également possible d'initialiser le tableau caractère par caractère, en dehors de sa déclaration. Par exemple, écrire :

```
char tab_car [9] ;

tab_car [0] = 'B' ; tab_car [1] = 'o' ; tab_car [2] = 'n' ;
tab_car [3] = 'j' ; tab_car [4] = 'o' ; tab_car [5] = 'u' ;
tab_car [6] = 'r' ; tab_car [7] = '!' ; tab_car [8] = '\0' ;
```

Attention, ne pas oublier de mettre le caractère nul de fin de chaîne car ici le compilateur ne le fera pas tout seul ! Cette forme est équivalente à :

```
char tab_car [] = "Bonjour!" ;
```

Le second exemple indique ce qu'il ne faut pas faire !

```
// ERR_TABL.CPP : un exemple à ne pas suivre !!

#include <iostream.h>
#include <string.h>

char t_car_1 [20] = "",  // Initialisation à la chaîne vide.
     t_car_2 [33] = "Une chaîne qui va être écrasée.\n" ;

main ()
{
   cout << "Avant l'affectation :\n"
        << "\nt_car_1 : " << t_car_1 << "\nt_car_2 : "
        << t_car_2 ;

   strcpy ( t_car_1,
   "Une chaîne trop grande qui écrase la suivante !\n" ) ;

   cout << "\nAprès l'affectation :\n"
        << "\nt_car_1 : " << t_car_1 << "\nt_car_2 : "
        << t_car_2 ;

}
```

A noter, l'initialisation du premier tableau de caractères à une chaîne vide, représentée par la séquence "" :

```
char t_car_1 [20] = "" ;
```

Il aurait aussi été possible d'affecter le caractère nul, '**\0**', au premier élément du tableau en écrivant :

```
char t_car_1 [20] ;

t_car_1 [0] = '\0' ;
```

Cela ne peut alors pas se faire en même temps que la déclaration.

La fonction **strcpy ()** a pour effet de copier le contenu d'une chaîne de caractères, passée en second argument, à l'endroit indiqué par le premier argument. L'affichage est alors :

```
Avant l'affectation :

t_car_1 :
t_car_2 : Une chaîne qui va être écrasée.

Après l'affectation :

t_car_1 : Une chaîne trop grande qui écrase la suivante !

t_car_2 : de qui écrase la suivante !
```

L'affectation dans le premier tableau d'un trop grand nombre d'éléments provoque un débordement de la mémoire qui n'est pas géré par le langage. Les états successifs de la mémoire sont visibles en Figure II - 1.2.1.e.

Lors du second affichage, le contenu du tableau est affiché jusqu'à ce que soit rencontré le caractère nul '**\0**', en l'occurrence au milieu du tableau. C'est pour cela qu'on voit à l'écran la chaîne entière. Idem pour l'affichage du deuxième tableau, qui s'arrête dès qu'il rencontre le caractère nul, c'est-à-dire à la fin de la première chaîne. ***La notion de tableau n'indique en fait que le début de la zone mémoire où est stockée l'information.*** Il existe de nombreuses fonctions de bibliothèques qui facilitent et sécurisent la manipulation des chaînes de caractè-

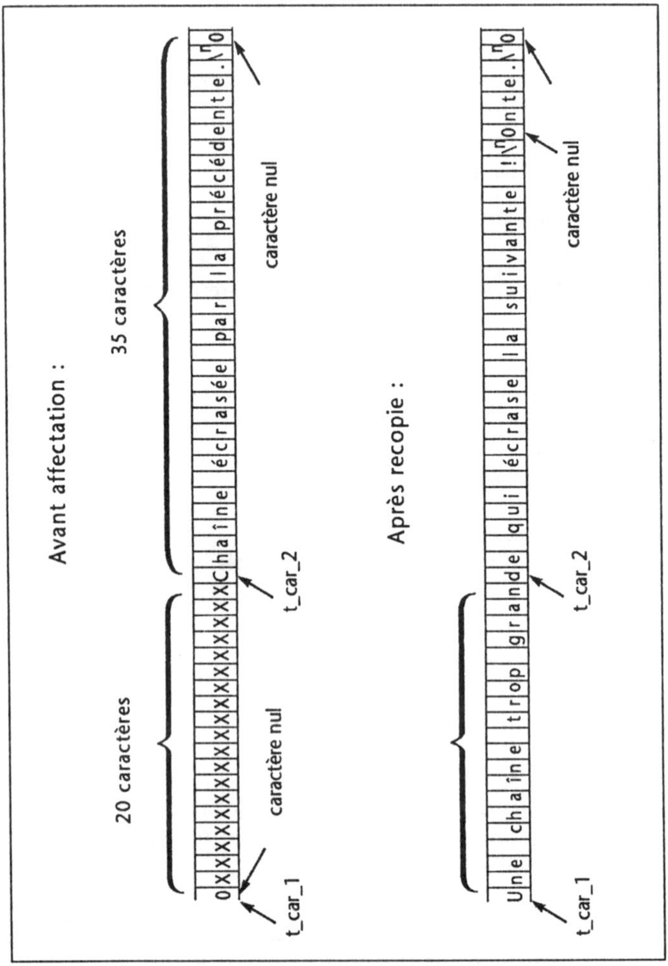

Figure II - 1.2.1.e : Débordement de chaînes de caractères.

res, en particulier la fonction **strlen ()** qui calcule le nombre de caractères de la chaîne (non compris le caractère nul).

L'exemple choisi ne provoque que la perte de données, mais c'est un hasard, les tableaux ne se suivent pas toujours, et le débordement peut provoquer une erreur du programme qui demande d'arrêter complètement la machine et de la réinitialiser...

Les constantes symboliques — C++

Il est possible d'associer à une valeur particulière un nom, identificateur, qui permet de faire référence à cette valeur sous forme symbolique. Pour cela, le C/C++ possède un mot clef particulier, **const**. La constante symbolique se déclare alors comme une variable avec l'adjonction de **const** devant la déclaration de la variable. Formellement cela s'écrit :

```
const type nom_variable1 ;
```

Ou encore :

```
const type nom_variable1 ;
```

Par exemple :

```
const long double PI = 3.1415926535897932381 ;
```

Cette déclaration définit la constante symbolique de nom **PI** comme représentant une valeur flottante de très grande précision.

Cette forme de définition de constantes symboliques peut être utilisée avec n'importe quel type, en particulier avec les types abstraits définis par le programmeur. C'est surtout dans ce dernier cas que cette facilité se révèle précieuse.

Cette syntaxe se généralise avec toute expression qui permet d'obtenir une valeur constante au moment de la compilation, ou de l'emploi de l'identificateur. Par exemple :

```
const int cst_i = ( 12 + 34 ) / 56 * 78 ;
```

De même, si la définition s'effectue à l'intérieur d'une fonction, l'évaluation de la constante peut se faire en dynamique à l'intérieur d'un bloc particulier. Les lignes suivantes donnent un exemple possible :

```
float fonction_1 ( float ) ;

float fonction_2 ( float arg_fl )
{
// ...

    {   const float cst_fl =
                    2.345 * .345e2 / fonction_1 ( arg_fl ) ;

//      ...

    }

// ...

}
```

Ici, la constante symbolique **cst_fl** est évaluée à l'entrée du bloc dans la fonction **fonction_2**. La valeur est calculée à partir de valeurs flottantes constantes, mais aussi à partir de la valeur de l'argument **arg_fl**, passé à la fonction **fonction_2** lors de son appel, à l'aide d'un calcul spécifié dans la fonction **fonction_1**. Cette valeur ne peut donc être évaluée lors de la compilation et peut très bien varier d'un appel à l'autre de la fonction **fonction_2**. Des explications plus détaillées feraient appel à une bonne connaissance de la notion de portée et du fonctionnement des fonctions, aussi seront-elles fournies à la fin des chapitres correspondants.

Tous les types de base et les types construits par le programmeur peuvent définir des constantes. Les lignes suivantes présentent quelques exemples de déclaration de constantes.

On ne peut définir un type comme constant mais seulement des variables.

```
const int cst_i1 = 3, cst_i2 ;  // Deux constantes entières.
            // La première valant 3, et la seconde une
            // valeur par défaut.
```

```
float const cst_f1 = 1.23, var_f = 3.4, const cst_f2 ;
          // Deux constantes flottantes : cst_f1 qui vaut
          // 1.23 et cst_f2 non initialisée. Une variable
          // var_f valant 3.4.

char const cst_tab [30] = "Une chaîne constante", c ;
          // Un tableau de constantes caractères et
          // une variable caractère c.

// Les opérations suivantes sont interdites :

// cst_i1 = cst_i2 ;
// cst_f1 = var_f ;

// cst_tab [2] = c ;
```

Lorsqu'un tableau est déclaré en tant que constante, tous ses éléments sont considérés comme étant des constantes.

Ne pas oublier d'initialiser la valeur des constantes lors de leur déclaration, car après il n'est plus possible de modifier leur valeur, et elles conserveraient une valeur par défaut.

Quelques mots sur les initialisations *C, C++*

Lors des exemples précédents, quelques formes d'initialisation ont été présentées.

La première, la plus simple, mais aussi la plus lourde, consiste à définir explicitement l'initialisation comme une instruction que devra effectuer le programme avant toute autre chose. Par exemple :

```
main ()
{   long i, j ;

    i = 123456 ;
    j = 7890L ;

//...

}
```

Les variables entières sont initialisées respectivement à **123456** et **7890** au tout début du programme.

Ce type d'initialisation peut s'effectuer lors de la déclaration ce qui, d'une part, allège le texte du programme lui-même et, d'autre part, garantit que la variable ne sera jamais utilisée sans être initialisée. L'exemple précédent s'écrit :

```
main ()
{   long i = 123456, j = 7890L ;

//...

}
```

Initialisation des tableaux *C*

En ce qui concerne les tableaux, il est également possible de les initialiser lors de leur déclaration. L'ensemble de leurs valeurs doit alors être listé entre une paire d'accolades **{ }**. Lorsqu'un tableau est multidimensionnel, le C considère qu'il s'agit d'un tableau de tableau, l'initialisation se faisant de manière imbriquée. Par exemple, l'initialisation du tableau tridimensionnel de l'exemple cité précédemment remplace avantageusement les instructions utilisées auparavant :

```
int t [2][3][2] = { { {0, 1}, {10, 11}, {20, 21} },
                    { {100, 101}, {110, 111}, {120, 121} }
                  } ;
```

Lorsque la liste contient moins d'éléments qu'il n'en faut pour le tableau, les valeurs données sont affectées aux premiers éléments, les autres recevant la valeur **0**.

Il n'est pas possible de spécifier plus finement les éléments à initialiser et les autres. Par exemple, *{ , 9 }* est une erreur de syntaxe et n'est pas compris comme "*valeur par défaut au premier et valeur 9 au second*"... De même, on ne peut affecter globalement une même valeur à tous les éléments d'un tableau sans la préciser pour chaque élément. Par exemple, pour affecter la valeur 1 au tableau t [2][3][2] il faut écrire :

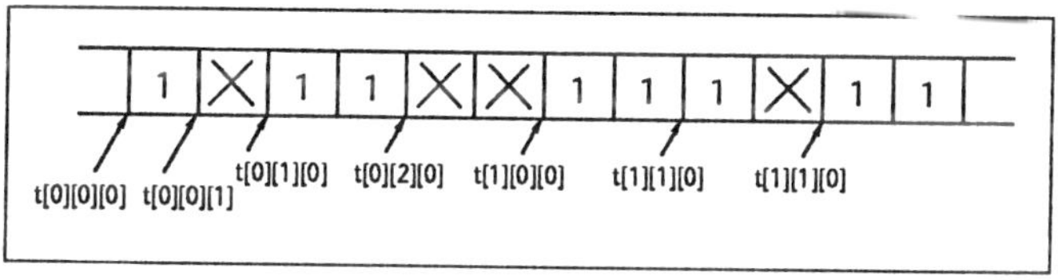

Figure II - 1.2.1.f : Initialisation partielle de tableaux.

```
int t [2][3][2] = { { { 1, 1 }, { 1, 1 }, { 1, 1 } },
                    { { 1, 1 }, { 1, 1 }, { 1, 1 } }
                  } ;
```

La déclaration suivante est autorisée et aurait provoqué l'initialisation indiquée dans la Figure II - 1.2.1.f.

```
int t [2][3][2] = { { { 1 }, { 1, 1 } },
                    { { 1, 1 }, { 1 }, { 1, 1 } }
                  } ;
```

Les éléments **t [0][0][1]**, **t [0][2][0]**, **t [0][2][1]** et **t [1][1][1]** ne sont pas initialisés.

Initialisation par des expressions complexes C++

L'initialisation peut faire référence à un calcul et même à un appel de fonction sous réserve que le résultat du calcul soit connu au moment de la compilation, ou lors de l'appel de la fonction qui utilise cette variable. Par exemple, les déclarations suivantes sont admises :

```
float x = 13.4*12.45/0.7, y = x - 34.6*(.89+x) ;

int i = 23 + fonc ( 56 ) ;
```

Par contre, les trois lignes suivantes sont considérées comme ambiguës et sont donc rejetées :

```
float x = x + 3 ;
int i = fonc ( i ) ;
```

Initialisation des chaînes de caractères — *C*

Pour initialiser une chaîne de caractères, il est possible soit de la considérer comme étant un tableau de caractères, soit d'utiliser les formes syntaxiques spécifiques des chaînes de caractères.

En tant que tableau on écrira alors, pour une initialisation avec explicitation des instructions, un texte de la forme :

```
char t_car [13] ;

t_car [0] = 'B' ; t_car [1] = 'o' ; t_car [2] = 'n' ;
t_car [3] = 'j' ; t_car [4] = 'o' ; t_car [5] = 'u' ;
t_car [6] = 'r' ; t_car [7] = '!' ; t_car [8] = '\0' ;
```

Ici, les quatre derniers éléments du tableau (**t_car [9]**, **t_car [10]**, **t_car [11]**, **t_car [12]**) ne sont pas initialisés. Le caractère nul en **t_car [8]** suffit à indiquer la fin de la chaîne. Ne pas oublier le caractère nul de fin de chaîne, sinon ce ne sera plus une chaîne de caractères mais un tableau quelconque d'éléments de type caractère. Une forme plus succincte aurait été :

```
char t_car [13] =
        { 'B', 'o', 'n', 'j', 'o', 'u', 'r', '!', '\0' } ;
```

En tant que chaîne de caractères, cela s'écrit bien plus simplement, sous la forme :

```
char t_car [13] = "Bonjour!" ; // Strictement équivalent.
```

ou enfin :

```
char t_car [] = "Bonjour!" ; // Equivalent à :
     // char t_car [9] = "Bonjour!" ;
```

Attention, en dehors de la déclaration, il n'est pas possible d'affecter une chaîne de caractères à un tableau. Si cela doit être effectué en dehors de la déclaration, il faut passer par une recopie de chaînes de caractères, par exemple à l'aide de **strcpy**. Ainsi, les lignes suivantes sont rejetées :

```
char t_car [10] ;

t_car = "Bonjour!" ;
```

Une chaîne de caractères nulle se représente par "".

Il est également possible de définir des tableaux de chaînes de caractères, qui sont alors considérés comme des tableaux de caractères à deux dimensions. Par exemple, la déclaration suivante est admise sans problème :

```
char tableau_tableau_caracteres [7][150] =
        { "Une chaîne de 34 caractères !...\n",
          "Une chaîne plus petite que le tableau.\n",
          "Une initialisation plus simple !!!\n",
          "Une chaîne définie sur plusieurs lignes.\
 Attention,\n les blancs de début de ligne\
         font partie de la chaîne.\n",
          "Une chaîne définie sur plusieurs lignes avec une"
          " facilité de TURBO C++.\n Les blancs de début de"
          " ligne ne font pas partie de la chaîne.\n",
          "", // Une chaîne nulle.
          "La septième chaîne.\n"
} ;
```

L'inconvénient de cette écriture est que le tableau doit être dimensionné en fonction de la chaîne la plus longue. En fait, il faudrait un tableau de dimension variable. Cela s'obtient en définissant un tableau pour chaque chaîne puis en indiquant dans un autre tableau le début de chacune de ces chaînes c'est-à-dire l'adresse mémoire de chaque tableau de caractères. Pour l'exemple précédent, la syntaxe serait :

```
char *tableau_chaines [7] =
        { "Une chaîne de 34 caractères !...\n",
          "Une chaîne plus petite que le tableau.\n",
          "Une initialisation plus simple !!!\n",
          "Une chaîne définie sur plusieurs lignes.\
 Attention,\n les blancs de début de ligne\
```

```
            font partie de la chaîne.\n",
            "Une chaîne définie sur plusieurs lignes avec une"
            " facilité de TURBO C++.\n Les blancs de début de"
            " ligne ne font pas partie de la chaîne.\n",
            "", // Une chaîne nulle.
            "La septième chaîne.\n"
} ;
```

Il s'agit en fait d'un tableau de 7 pointeurs contenant chacun l'adresse du début d'une des 7 chaînes, chaque chaîne étant stockée dans un tableau dont la dimension est ajustée à sa taille (fixée lors de la compilation). La notion de pointeur sera abordée plus loin, mais l'utilisation est relativement simple. De manière générale, ce qui identifie les pointeurs c'est le symbole * placé devant l'identificateur. Il faut donc prendre soin de ne pas l'oublier. Le texte suivant donne un exemple d'utilisation.

```
// IMP_CHAI.CPP : exemple d'impression de chaînes.

#include <iostream.h>
#include <string.h>  // Pour la fonction de recopie
                     // de chaînes strcpy.

main ()
{   char * t_chaines [] = // Le compilateur comptera
                          // tout seul le nombre de chaînes.
                          { "Première chaîne\n",
                            "Seconde\n",
                            "Voici la troisième...\n",
                            "Et c'est la dernière !!!\n" } ;

    cout << "         Impression de la chaîne 0 :\n"
         << t_chaines [0]
         << "         Impression de la chaîne 1 :\n"
         << t_chaines [1]
         << "         Impression de la chaîne 2 :\n"
         << t_chaines [2]
         << "         Impression de la chaîne 3 :\n"
         << t_chaines [3] ;

    strcpy ( t_chaines [2], "Nouveau message.\n" ) ;
    cout << "\nRemplacement de la troisième chaîne"
         << " par une autre.\n" ;
    cout << "         Impression de la chaîne 2 :\n"
         << t_chaines [2] ;
```

```
        // Attention, lors de ce type de recopie à ne pas
        // affecter une chaîne plus longue que la
        // précédente, il y aurait alors des débordements
        // de mémoire !!! Comme ci-dessous.

    strcpy ( t_chaines [1], t_chaines [3] ) ;
    cout << "\nRemplacement de la deuxième chaîne par"
        << " la dernière.\nMais celle-ci est trop"
        << " longue...\n" ;
    cout << "        Impression de la chaîne 0 :\n"
        << t_chaines [0]
        << "        Impression de la chaîne 1 :\n"
        << t_chaines [1]
        << "        Impression de la chaîne 2 :\n"
        << t_chaines [2]
        << "        Impression de la chaîne 3 :\n"
        << t_chaines [3] ;

}
```

L'affichage produit par ce programme est le suivant :

```
        Impression de la chaîne 0 :
Première chaîne
        Impression de la chaîne 1 :
Deuxième
        Impression de la chaîne 2 :
Voici la troisième...
        Impression de la chaîne 3 :
Et c'est la dernière !!!

Remplacement de la troisième chaîne par une autre.
        Impression de la chaîne 2 :
Nouveau message.

Remplacement de la deuxième chaîne par la dernière.
Mais celle-ci est trop longue...
        Impression de la chaîne 0 :
Première chaîne
        Impression de la chaîne 1 :
Et c'est la dernière !!!
        Impression de la chaîne 2 :
la dernière !!!
        Impression de la chaîne 3 :
Et c'est la dernière !!!
```

II - 1.2.2. Les opérateurs de base *C, C++*

On trouve en C/C++ la plupart des opérateurs des langages de programmation classique auxquels ont été adjoints quelques opérateurs spécifiques permettant essentiellement des raccourcis d'écriture.

En outre, la manipulation des classes fait appel à quelques opérateurs spécifiques qui seront détaillés lors de leur présentation. L'annexe C propose une table commentée de tous les opérateurs.

Ici, seront présentés successivement :

- les opérateurs arithmétiques ;
- l'opérateur = d'affectation ;
- les opérateurs de bas niveau, sur les bits eux-mêmes ;
- les opérateurs logiques.

Enfin, les opérateurs d'accès aux champs de structure, de définition de portée seront présentés aux chapitres correspondants (respectivement II - 1.3.1 et II - 3) car ils font appel à des concepts un peu plus complexes que ceux utilisés jusqu'à présent. Seule leur liste sera donnée ici.

Les opérateurs arithmétiques *C*

Il s'agit des opérateurs binaires d'***addition***, ***soustraction***, ***multiplication*** et ***division*** entre nombres entiers et/ou flottants. Ils se notent respectivement : +, -, *, /.

A ces opérateurs binaires s'ajoutent les opérateurs unaires de ***signe plus*** et ***moins*** : +, -. Et les opérateurs de parenthésage ( ) spécifiant l'ordre d'évaluation d'une expression complexe.

Une expression est pour sa part constituée par des éléments de donnée connectés par les opérateurs précédents.

Les types de valeurs connus en standard par ces opérateurs sont : les entiers (**int, long, short, unsigned, unsigned long, unsigned short**), les caractères (**char, unsigned char**) et les flottants (**float, long float, double, long double**). Lorsque des éléments sont de types différents, des conversions automatiques sont effectuées. La règle de ces conversions est de transformer le type de l'élément de donnée le plus restrictif en celui le plus large. Le choix s'effectue opérateur par opérateur entre les types des deux opérandes. Par exemple, dans :

```
char c = 'a' ;
int i = 12 ;
float f = 3.4e-5 ;
double d = 6.7 ;
long double l = 12.45L ;

... ( ((c + i)*f - d) / l ) ...
```

les conversions sont les suivantes :

- **c** est remplacé par la valeur entière **int** du code ASCII équivalent (signé) : 97,
- **(c + i)** est remplacé par la valeur flottante **float** correspondante : 109,
- **(c + i)*f** est remplacé par la valeur flottante double précision **double** : 3.706e-3,
- **((c + i)*f - d)** est enfin converti en **long double** : -6.696294.

Si plus de détails s'avèrent nécessaires, ils se trouveront sans problème dans la documentation du constructeur.

Les expressions, quant à elles, sont évaluées de gauche à droite en respectant la priorité des opérateurs entre eux et l'ordre imposé par les parenthèses. Une table complète de priorités est donnée en annexe B.

Les entiers possèdent un opérateur supplémentaire appelé ***modulo*** et noté % qui fournit le reste de la division entière d'un entier par un autre. Par exemple, **17%5** prend la valeur **2** (c'est-à-dire : ***17 - 5*3***).

Aux opérateurs précédents ont été adjoints des opérateurs facilitant l'écriture de certaines opérations courantes. Il s'agit des opérateurs unaires ++ et -- et des opérateurs binaires +=, -=, *=, /=, %=.

Les opérateurs unaires ++ et -- effectuent, respectivement, l'***incrémentation*** et la ***décrémentation*** d'une unité de leur opérande. Ils peuvent s'utiliser ***préfixés*** ou ***postfixés***. Dans le premier cas, cela signifie que l'opération est faite avant l'évaluation de la valeur de l'opérande ; dans le second elle est faite après.

Soit, par exemple, les lignes suivantes :

```
int i = 2, j = 17 ;

i++ ;  // Nouvelle valeur de i : 3.
j-- ;  // Nouvelle valeur de j : 16.

++i ;  // Nouvelle valeur de i : 4.
--j ;  // Nouvelle valeur de j : 15.

k = ++i ;  // Valeur de k : 5, nouvelle valeur de i : 5.
// Mais attention :
k = j++ ;  // Valeur de k : 15, nouvelle valeur de j : 16.
```

Les deux opérateurs ++ et -- font la distinction entre l'évaluation d'un opérande et la modification d'une variable. Cela apparaît clairement dans les deux dernières instructions affectant une valeur à **k**.

Ainsi, l'instruction **k = 12 + ++i** ; doit être comprise sous la forme : *incrémenter la valeur de* **i**, *puis l'additionner à* 12 *et affecter le résultat à* **k**. Elle est équivalente à : { **i = i + 1** ; **k = 12 + i** ; }.

Alors que l'instruction **k = 12 + i++** ; doit être comprise sous la forme : *additionner la valeur de* **i** *à* **12**, *puis affecter le résultat à* **k** *et enfin incrémenter la valeur de* **i**, elle est cette fois équivalente à : { **k = 12 + i** ; **i = i + 1** ; }.

Le programme suivant met en évidence ce comportement. Il utilise l'opérateur < qui renvoie **1** si le test est vrai et **0** sinon.

```
// INCR.CPP : Exemple d'utilisation des opérateurs
// d'incrémentation et de décrémentation.

#include <iostream.h>

main ()
{   int i = 2, j = 17, k = 0 ;

    cout << "i avant i++ : " << i ;
    i++ ;
    cout << ", i après : " << i << "\n" ;

    cout << "j avant j-- : " << j ;
    j-- ;
    cout << ", j après : " << j << "\n" ;

    cout << "i avant ++i : " << i ;
    ++i ;
    cout << ", i après : " << i << "\n" ;

    cout << "j avant --j : " << j ;
    --j ;
    cout << ", j après : " << j << "\n" ;

    cout << "i avant ++i : " << i << ", k avant k = ++i : "
         << k << "\n" ;
    k = ++i ;
    cout << "i après : " << i << ", k après : " << k <<"\n";

    cout << "i avant i++ : " << i << ", k avant k = i++ : "
         << k << "\n" ;
    k = i++ ;
    cout << "i après : " << i << ", k après : " << k <<"\n";

    float x = 12.3, y = 13.0 ;
    int test ;

    test = (x<y) ;
    cout << "x : " << x << ", y : " << y
         << ", test = (x<y) : " << test << "\n" ;

    test = (++x<y) ;
    cout << "x après ++x : " << x << ", y : " << y
         << ", test = (++x<y) : " << test << "\n" ;

    test = (x<y++) ;
    cout << "x : " << x << ", y après y++ : " << y
         << ", test = (x<y++) : " << test << "\n" ;

}
```

L'affichage produit ici est :

```
i avant i++ : 2, i après : 3
j avant j-- : 17, j après : 16
i avant ++i : 3, i après : 4
j avant --j : 16, j après : 15
i avant ++i : 4, k avant k = ++i : 0
i après : 5, k après : 5
i avant i++ : 5, k avant k = i++ : 5
i après : 6, k après : 5
x : 12.3, y : 13, test = (x<y) : 1
x après ++x : 13.3, y : 13, test = (++x<y) : 0
x : 13.3, y après y++ : 14, test = (x<y++) : 0
```

Remarque : Il n'est pas possible d'appliquer les opérateurs d'incrément et de décrément globalement à des expresions. Par exemple **(j++ + --k)++** est interdit.

Les opérateurs raccourcis binaires doivent avoir comme membre gauche un élément de donnée modifiable (***lvalue***) et en membre droit une expression. Ils sont de la forme *val* ***op****= expr* et sont équivalents à *val = val* ***op*** *expr*.

Par exemple, les expressions **x += y** et **x *= y-z** sont strictement équivalentes à : **x = x + y** et **x = x*(y-z)**.

L'opérateur d'affectation *C*

Le point essentiel est qu'il ne doit en aucun cas être assimilé à un opérateur logique signifiant l'égalité de deux expressions. Il s'agit d'une opération qui modifie la valeur du membre gauche en lui affectant celle du membre droit. "X = Y" doit être lu : "X reçoit la valeur de Y". Dans cette expression le membre de gauche ne peut être une expression complexe, ce doit être un élément de donnée dont la valeur peut être modifiée (typiquement : variable, élément de tableau ou membre de structure), tout autre type sera rejeté car l'opération n'aurait *a priori* pas de sens. On appelle ce type de membre ***lvalue*** (*valeur gauche*). Le membre droit peut être une expression complexe quelconque, pourvu qu'elle prenne une valeur de type compatible avec celui du membre gauche.

Une expression comportant l'opérateur d'affectation peut être évaluée et donc faire partie d'une expression plus complexe. Par exemple, les lignes suivantes sont correctes :

```
int i, j, k = 34 ;

i = k + ((j = 3*k) - 10)*2 ;
```

Une affectation lors de la déclaration d'une variable permet son initialisation, comme aux paragraphes précédents. Ces lignes sont strictement équivalentes à :

```
int i, j, k = 34 ;

j = 3*k ;
i = k + (j - 10)*2 ;
```

L'opérateur peut ainsi être enchaîné pour affecter une même valeur à plusieurs variables :

```
float f, g, h, i = 2.34e-2 ;

f = g = h = 1.23e+4/.56e-7 + i*i ;
```

L'expression la plus à droite est évaluée, puis l'affectation s'effectue de la droite vers la gauche. Par contre, ce type d'enchaînement ne peut être effectué dans les déclarations. La ligne suivante est refusée :

```
float i = 2.34e-2, f = g = h = 1.23e+4/.56e-7 + i*i ;
```

Remarquez l'inversion de l'ordre de déclaration des variables, la valeur de **i** devant être connue avant son emploi dans une expression.

Attention, lorsqu'une variable apparaît dans le membre gauche et le membre droit, il faut distinguer *nouvelle valeur* d'*ancienne valeur*. Par exemple :

```
int i = 11, j = 3 ;

i = 10 + i * j ;
```

La seconde ligne doit se lire : "*la variable* **i** *reçoit la valeur de* (10 + *ancienne valeur de* **i** * *valeur de* **j**)". Le programme suivant explicite les différentes valeurs de **i** et **j** :

```
// INIT.CPP : exemple d'initialisations.

#include <iostream.h>

main ()
{   int i = 11, j = 3 ;

    cout << "Valeur initiale de i : " << i << "\n"
         << "Valeur initiale de j : " << j << "\n" ;

    i = 10 + i * j ;

    cout << "Valeur finale de i : " << i << "\n"
         << "Valeur finale de j : " << j << "\n" ;

}
```

L'affichage produit est :

```
Valeur initiale de i : 11
Valeur initiale de j : 3
Valeur finale de i : 43
Valeur finale de j : 3
```

Les valeurs affectées doivent être du même type ; des conversions de types automatiques sont toutefois effectuées dans des expressions arithmétiques où interviennent des entiers et des réels. C'est souvent un avantage, mais cela provoque parfois des erreurs involontaires. Par exemple, le programme suivant ne pose pas de problème :

```
float f ;
int i = 10 ;
```

```
f = i * 2.56 ; // Compris comme "f = 10. * 2.56 ;",
               // le résultat est bien : 25.6
```

La valeur de **i** est convertie en valeur **float** puis la multiplication est effectuée. De même :

```
float f = 6.789012e+2 ;
int i ;

i = f / 10 ;  // Compris comme "i = f / 10. ;", le résultat
              // est : 67
```

Ici, la valeur entière **10** est tout d'abord convertie en valeur flottante **10.**, puis la division est réalisée et enfin le résultat (**6.789012e+1**) est converti en entier en ne retenant que la partie entière sans faire d'arrondi, c'est-à-dire : **67**.

Pour plus de précision se référer aux documentations du compilateur C++ utilisé (par exemple : ***Turbo C++ Guide du programmeur***, *Conversions standard* p. 50).

Pour terminer, il faut signaler qu'en C/C++ il n'est pas possible d'affecter globalement les valeurs d'un tableau à un autre. Il est nécessaire de faire une recopie valeur par valeur. Ce point s'explique par le fait que le langage ne gère pas en dynamique la taille des tableaux et qu'il ne saurait où s'arrêter.

Pour effectuer cette recopie, il est nécessaire d'utiliser les structures de test et de contrôle du langage qui sont présentées au paragraphe suivant.

Les opérateurs sur les bits — *C*

Ces opérateurs travaillent directement sur le codage en binaire des informations, ce sont des opérateurs de bas niveau qui permettent d'effectuer très rapidement certaines opérations simples. Par exemple, diviser par 2 un nombre entier est équivalent à décaler tous ses bits d'une case vers la droite.

Ces opérateurs ne peuvent s'appliquer qu'à des éléments de type entier (**int** ou assimilé : **char**, **short**, ...).

On a :

- L'opérateur unaire de négation bit à bit : ~. Il inverse un à un tous les bits d'un mot machine. Par exemple, pour la valeur signée **-27966** :

  ~-27966 vaut **27965**, **-27966** s'écrivant : **10010010 11000010** ; et **27965** : **01101101 00111101.**

- L'opérateur binaire de ***ET logique bit à bit*** : &. Par exemple, pour les valeurs signées **+3340** et **-29752** :

  +3340 & -29752 vaut **+2312**, **+3340** s'écrivant : **00001101 00001100** ; **-29752** : **10001011 11001000** ; et **+2312** : **00001001 00001000.**

- L'opérateur binaire de ***OU logique bit à bit*** : |. Par exemple, pour les valeurs précédentes :

  +3340 | -29752 vaut **-28724** qui s'écrit : **10001111 11001100.**

- L'opérateur binaire de ***OU logique exclusif bit à bit*** : ^. Cette fois :

  +3340 | -29752 vaut **-31036** : **00001001 00001000.**

- L'opérateur binaire de ***décalage à gauche bit à bit*** : <<. L'opérande droit indique le nombre de décalages (qui doit être positif) et l'opérande gauche est l'élément décalé. Il est équivalent à une multiplication par 2 autant de fois qu'il y a de décalages. Les bits sortants sont perdus, les bits entrants sont à **0**. Que la variable soit signée ou non, le bit de signe est perdu. Par exemple :

  -29752 << 2 vaut **12064**, **-29752** s'écrivant : **10001011 11001000** ; et **12064** : **00101111 00100000.**

Tous les opérateurs précédents sont insensibles au fait que les valeurs soient signées ou non.

- L'opérateur binaire de ***décalage à droite bit à bit*** : **>>.** L'opérande droit indique le nombre de décalages (qui doit être positif) et l'opérande gauche est l'élément décalé. Il est équivalent à une division par 2 autant de fois qu'il y a de décalages. Les bits sortants sont perdus, les bits entrants sont à 0. Cette fois, lorsque la variable est signée, le bit de signe est conservé et propagé, sinon il est perdu. Par exemple :

-29752 >> 2 vaut **-7438**, **-29752** s'écrivant : **10001011 11001000** ; et **-7438** : **11100010 11110010**. On constate que le bit de poids le plus fort (le plus à "gauche") est non seulement propagé mais conservé. L'équivalent en valeur non signé aurait été :

25984u (= ***(unsigned)-29752***) s'écrit toujours : **10001011 11001000**, et **25984u>>2** vaut : **8996u** qui s'écrit : **00100010 11110010**. Le bit de poids le plus fort est propagé mais pas conservé.

Ces opérateurs binaires sont aussi à l'origine d'expressions raccourcies : &=, |=, ^=, <<=, >>=. Elles s'interprètent comme précédemment. Attention, ~= n'existe pas.

Les opérateurs logiques *C*

Il s'agit cette fois d'opérateurs effectuant des comparaisons de valeurs ou les opérations logiques usuelles.

Tout d'abord, précisons que pour C/C++ le type *booléen* n'existe pas en tant que tel. Il est remplacé par la convention suivante :

- ***est faux*** tout élément qui a la ***valeur nulle***, 0 ;
- ***est vrai*** tout élément qui possède une ***valeur différente de 0***.

Cette convention surprend parfois un peu au début mais, au cours du temps, elle s'avère toujours très pratique. Le programmeur pourra de toute façon, s'il le désire, se définir un type particulier de booléens avec les opérations associées.

Les opérateurs logiques et de comparaison renvoient, comme tout opérateur, une valeur. Pour respecter la convention du C, ils renvoient la valeur 0 (entière) pour *FAUX* et la valeur 1 (entière, valeur différente de 0) pour *VRAI*. Ces opérateurs sont :

- < pour la comparaison de deux expressions arithmétiques (entières et/ou flottantes). Il renvoie 1 si la valeur de l'opérande gauche est ***inférieure*** à celle de l'opérande droit. Il renvoie 0 sinon.

- > pour le test ***supérieur.***
- <= pour le test ***inférieur ou égal.***
- >= pour le test ***supérieur ou égal.***
- == pour le test d'***égalité***. Attention, noter que le symbole = est redoublé ; s'il ne l'était pas, il représenterait le symbole d'*affectation*. Comme ce dernier peut être utilisé à peu près n'importe où, une erreur est vite arrivée !
- != pour le test ***différent.***
- && pour le ***ET logique***, *VRAI* si les deux opérandes sont *VRAIS*, *FAUX* sinon.
- || pour le ***OU logique***, *VRAI* si l'un des deux opérandes est *VRAI*, *FAUX* sinon.
- ! pour le ***NON logique***, *VRAI* si son opérande est *FAUX*, *FAUX* sinon.

Soit par exemple deux entiers **i** et **j**, valant respectivement 0 et 3.

- L'expression (i + i) vaut 0 et est donc ***fausse.***
- L'expression (i + j) vaut 3 et est donc ***vraie.***
- i < j renvoie 1.
- i == j renvoie 0.
- i == j || i < j renvoie 1.
- i == j && i < j renvoie 0.
- !(i == j || i < j) renvoie 0.
- i && j renvoie 0.
- i || j renvoie 1.

- !i renvoie 1.
- **i&j** vaut 0 et est donc *faux*.
- ~(i|j) est ***non nul*** et est donc ***vrai***...

Quelques opérateurs particuliers C, C++

L'opérateur ternaire ? : C

Il existe en C/C++ un opérateur ternaire permettant d'écrire certains tests de manière très concise. C'est l'opérateur **? :**. Soit par exemple l'expression **i < j ? k - 2*i : j + i**. Elle teste si la valeur de **i** est inférieure à celle de **j** ; si c'est le cas, elle renvoie la valeur de l'expression **k - 2*i**, sinon elle renvoie la valeur de **j + i**.

Formellement, cet opérateur se comprend sous la forme :

```
test d'une expression ?
        valeur renvoyée si l'expression est vraie :
                                        valeur renvoyée sinon
```

Cet opérateur renvoie une valeur, il peut donc être intégré dans une expression quelconque. Les valeurs renvoyées doivent être entières ou d'un type assimilé (**int, short, long, char, ...**).

L'opérateur virgule (,) C

On le rencontre d'une part dans les instructions de déclaration, où il permet d'enchaîner la déclaration d'éléments du même type sans avoir à rappeler chaque fois le type. Par exemple :

```
float f, g [12], h = 5.678 ;
```

qui déclare la variable de nom **f**, le tableau de **12** éléments de nom **g**, la variable de nom **h** initialisée à **5.678**.

Il intervient aussi dans la partie d'initialisation et de fin de la boucle **for**. Dans cette situation, cet opérateur permet d'enchaîner plusieurs instructions en remplaçant le point-virgule (;) de fin d'instruction par une virgule (,). Il peut intervenir à tout autre endroit d'un programme. La valeur de la dernière expression est alors renvoyée. Exemple :

```
int i, j = 10, k ;
float f, g [12], h = 5.678 ;

f = (i = j + 4, k = i - 12, (g [k] = h / 2.)*3. ) ;
```

On a successivement et dans l'ordre les opérations suivantes :

- **i** reçoit la valeur **10 + 4** ;
- **k** reçoit la valeur **14 - 12** ;
- l'élément d'indice **2** (troisième élément) du tableau **g** reçoit la valeur **5.678 / 2.** ;
- la dernière expression prend la valeur **2.839*3.** ;
- **f** reçoit la valeur **8.517.**

Ici, il aurait été plus lisible d'écrire :

```
i = j + 4 ;
k = i - 12 ;
g [k] = h / 2. ;
f = g [k]*3. ;
```

C'est un raccourci d'écriture qui ne rend pas forcément les programmes plus lisibles...

L'opérateur ( ) *C, C++*

Cet opérateur permet, d'une part, de forcer l'ordre d'évaluation des expressions et, d'autre part, de convertir le type d'une expression en un autre.

Dans le premier cas, son utilisation spécifie la priorité à prendre en compte. Par exemple, **(u/v)*(x + (y - z)/(w*v))** ne peut s'écrire sans parenthèses car la priorité par défaut fixée aux opérateurs donnerait l'équivalence suivante :

```
u/v * x + y - z / w*v <==> (((u/v)*x) + y) - ((z/w)^v)
```

Dans le second cas, l'opérateur permet d'expliciter la conversion de type à effectuer lorsque c'est nécessaire. Cette forme sera très utilisée lors de l'emploi de types définis par l'utilisateur. La syntaxe est la suivante :

```
( nouveau type ) expression à convertir
```

Il est possible également de l'utiliser sous une forme fonctionnelle :

```
nouveau type ( expression à convertir )
```

Toutefois, dans ce dernier cas la description du nouveau type ne doit comporter que des identificateurs (mots clefs et/ou noms de types) et pas de symboles particuliers comme [], *, &, (), etc.

Par exemple :

```
int i = 3, j ;
float f = 5.28, g = 2.2 ;

j = i * (int )(f/g) ;
// Ou encore en notation fonctionnelle : j = i * int (f/g) ;
```

Le calcul est alors : **5.28/2.2** qui vaut **2.4**, **2.4** converti en entier donne **2**, puis **2** est multiplié par **i** (3), on obtient la valeur **6** qui est affectée à **j**.

La conversion explicite de type est importante, elle permet de ne conserver que la partie entière de **f/g**. Si elle n'avait pas été effectuée, il y aurait eu des conversions automatiques, par défaut, mais elles n'auraient pas fourni la même valeur pour **j**. En effet, l'instruction **j = i * (f/g) ;** aurait calculé la valeur et **f/g** en **float**, **2.4**, puis la valeur de **i** aurait été convertie en **float** et multipliée par **2.4**, ce qui donne **7.2** qui aurait été enfin convertie en **int** pour être affectée à **j**. Dans ce cas, la valeur de **j** aurait donc été **7** et non **6**...

De plus, l'opérateur ( ) pourra être redéfini et sera alors considéré en tant qu'opérateur N-aire, comme pour la liste des arguments d'une fonction. De même [ ] pourra être redéfini, mais cette fois seulement en tant qu'opérateur binaire. Ce point sera vu à la section III - 2.5 (volume 2).

L'opérateur sizeof () *C*

Cet opérateur prend en argument un type ou un nom de variable et renvoie la taille en octets de ce type ou de cette variable. La syntaxe est fonctionnelle, mais il n'y a pas d'appel de fonction associé. En fait, cette valeur est calculée dès la compilation du programme. Le programme ci-après en donne quelques exemples :

```
// SIZEOF.CPP : exemple d'emploi de l'opérateur sizeof.

#include <iostream.h>

main ()
{   int i ;
    long tab_l [12] ;

    cout << "Taille d'un entier int :"
         << sizeof ( int ) << "\n" ;
    cout << "Taille d'un entier court short : "
         << sizeof ( short ) << "\n" ;
    cout << "Taille d'un entier long : "
         << sizeof ( long ) << "\n" ;
    cout << "Taille de la variable i : "
         << sizeof ( i ) << "\n" ;
    cout << "Taille d'un tableau de 12 entiers longs : "
         << sizeof ( long [212] ) << "\n" ;
    cout << "Taille de la variable tableau tab_l : "
         << sizeof ( tab_l ) << "\n" ;

}
```

Les valeurs sont :

```
Taille d'un entier int : 2
Taille d'un entier court short : 2
Taille d'un entier long : 4
Taille de la variable i : 2
```

```
Taille d'un tableau de 12 entiers longs : 840
Taille de la variable tableau tab_1 : 848
```

sizeof () est très employé lors de l'allocation dynamique de mémoire, ou pour assurer une bonne portabilité des programmes lorsqu'ils doivent fonctionner sur des machines dont le mot de base n'a pas toujours la même taille.

L'opérateur de référence & — *C*

C'est le même symbole que l'opérateur ***ET*** bit à bit, mais ici il est employé en tant qu'opérateur unaire. Il permet de faire référence à l'adresse d'un élément de donnée plutôt qu'à la valeur de l'élément. Il sera vu plus en détail à la section II - 2.1.4 et au chapitre II - 2.4.

*L'opérateur de déréférencement ** — *C*

Il effectue l'opération inverse du précédent en fournissant la valeur stockée à l'adresse indiquée par l'élément auquel il est appliqué. C'est également un opérateur unaire, qui s'applique à des éléments de données représentant des adresses mémoire, encore appelés pointeurs. Il est décrit plus loin au chapitre II - 2.4.

Les opérateurs ., ->, . et ->** — *C, C++*

Ils permettent l'accès aux éléments constitutifs de types abstraits. Le premier est utilisé pour les variables usuelles de type abstrait, le deuxième pour des pointeurs de types abstraits. Les deux derniers sont employés lorsque le membre accédé est une fonction membre. Voir les chapitres II - 2.4, II - 3.1 et III - 1.3 (volume 2).

L'opérateur de résolution de portée :: — *C++*

Il permet de spécifier à quelle structure fait référence le nom d'une variable lorsque ce nom est utilisé dans plusieurs éléments de structure différents. C'est un opérateur spécifique de C++, qui n'existe pas en C *pur*. Il est présenté aux sections II - 2.3.3. et II - 3.

L'opérateur **new** permet de créer dynamiquement des éléments en mémoire sans passer par les fonctions d'allocation du C qui sont assez lourdes à manipuler.

L'opérateur **delete** permet de libérer dynamiquement des éléments qui ont été alloués dynamiquement en mémoire sans passer par les fonctions du C.

Ces deux opérateurs sont spécifiques de C++, et seront décrits à la section III - 3.3 (volume 2).

II - 1.2.3. Branchements conditionnels et boucles C

Branchement simple if C

Le mot clef **if** permet de définir un branchement conditionnel simple. Sa structure est la suivante :

```
if ( expression testée )
    bloc d'instructions à exécuter
```

Si l'***expression testée*** est ***VRAIE*** (non nulle) alors le programme exécutera les instructions contenues dans le ***bloc d'instructions à exécuter*** ; dans le cas contraire si l'***expression testée*** est ***FAUSSE*** (de valeur nulle) alors le ***bloc d'instructions à exécuter*** est sauté et le programme poursuit son exécution normalement. Schématiquement, le **if** se représente tel qu'en Figure II - 1.2.3.a.

Précédemment, lorsque le test était faux, aucune instruction particulière n'était exécutée. Il est toutefois possible de spécifier un bloc à exécuter, lorsque le test est faux et seulement dans ce cas, par l'adjonction de l'instruction **else** au branchement **if**. La structure devient alors :

```
if ( expression testée )
    bloc à exécuter si vraie
else
    bloc à exécuter sinon
```

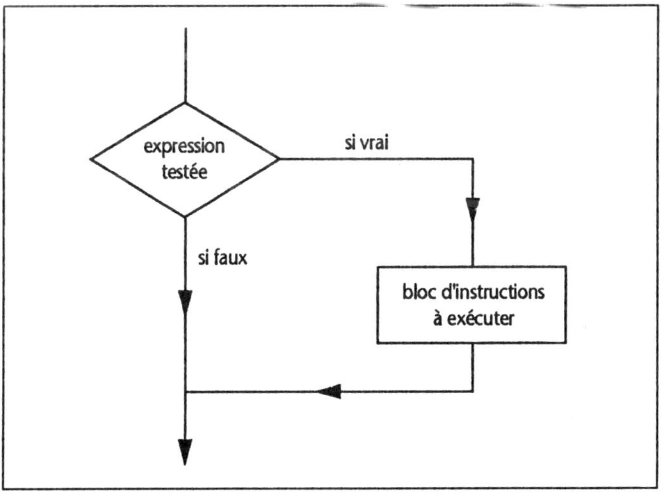

Figure II - 1.2.3.a : Structure du if.

Elle est représentée schématiquement dans la Figure II - 1.2.3.b.

Les blocs d'instructions à exécuter sont tout à fait quelconques, ils peuvent donc contenir d'autres instructions de branchement conditionnel. On a alors toutes les possibilités de structures emboîtées imaginables.

Toutefois, dans la pratique, il est utile de pouvoir enchaîner des tests pour examiner plusieurs valeurs possibles. Ce type de branchement s'écrit, par exemple, en imbriquant les **if else** :

```
if ( expression_1 testée )
    bloc_1 à exécuter si vraie
else
{   if ( expression_2 testée )
        bloc_2 à exécuter si vraie
    else
    {   if ( expression_3 testée )
            bloc_3 à exécuter si vraie
        else
        {   //...
                        else
```

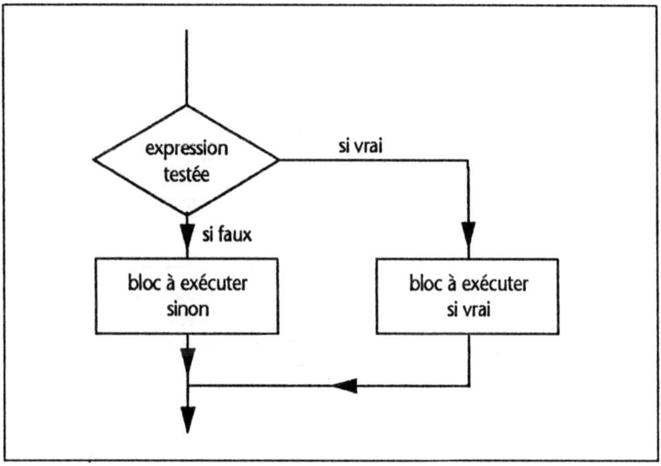

Figure II - 1.2.3.b : Structure du if else.

```
                        {   if ( expression_N testée )
                                bloc_N à exécuter si vraie
                            else
                                bloc_N+1 à exécuter sinon
                        }
                //...
            }
        }
    }
```

En fait, l'instruction **if** ... **else** ... est considérée par le langage comme une seule instruction, les accolades ne sont donc pas nécessaires lorsqu'elles se contentent d'encadrer un bloc du type **if else**. La structure précédente s'écrit plus simplement sous la forme équivalente :

```
if ( expression_1 testée )
    bloc_1 à exécuter si vraie
else if ( expression_2 testée )
    bloc_2 à exécuter si vraie
else if ( expression_3 testée )
    bloc_3 à exécuter si vraie
```

```
else if ...
//...
else if ( expression_N testée )
    bloc_N à exécuter si vraie
else
    bloc_N+1 à exécuter sinon
```

Un exemple d'utilisation de structures **if else if** est proposé dans le programme ci-après. Il consiste à afficher un message de bienvenue différent en fonction de l'âge de l'utilisateur.

```
// IF_ELSE.CPP : exemple d'emploi de if else if.

#include <iostream.h>

main ()
{   int age ;

    cout << "Bonjour, quel est votre age ? " ;
    cin >> age ;

    if ( age < 7 )
        cout << "Alors mon enfant, on touche aux machines"
             << " des grands ?\n" ;
    else if ( age >= 7 && age < 14 )
        cout << "Bienvenue, prêt pour la leçon ?\n" ;
    else if ( age >= 14 && age < 25 )
    {   cout << "Eh bien, jeune homme, toujours prêt ?\n" ;
        cout << "Alors commençons...\n" ;
    }
    else
        cout << "Cher monsieur, je suis à votre
             << " disposition.\n" ;

    cout << "A la prochaine !\n" ;

}
```

Si l'utilisateur tape **3**, l'affichage est :

```
Bonjour, quel est votre age ? 3
Alors mon enfant, on touche aux machines des grands ?
```

et s'il tape **17**, on a :

```
Bonjour, quel est votre age ? 17
Et bien, jeune homme, toujours prêt ?
Alors commençons...
```

Et ainsi de suite.

Branchement conditionnel multiple, switch *C*

La structure de branchement conditionnel multiple précédente est aussi générale que possible. En contrepartie, pour des situations assez simples elle est relativement lourde à manipuler. L'instruction **switch** est un compromis qui autorise de plus une exécution plus performante du programme. Sa restriction est qu'elle ne peut tester que la valeur d'une même expression et la comparer à différentes constantes. De plus, cette valeur et ces constantes doivent être de type entier ou assimilé. La syntaxe générale est :

```
switch ( expression testée )
{   case constante_1 :
        suite_1 d'instructions
        break ;
    case constante_2 :
        suite_2 d'instructions
        break ;
    //...
    case constante_n :
        suite_n d'instructions
        break ;
    default :
        suite d'instructions par défaut
}
```

Les instructions **case** représentent toutes les valeurs prévues de ***expression testée***, et la ***suite d'instructions*** placée après représente le traitement à réaliser si l'***expression testée*** a cette valeur. Tous ces cas sont regroupés au sein d'un bloc délimité par la paire d'accolades. Noter la présence d'un cas par défaut défini par le mot clef **default** et qui doit être placé en dernier dans le bloc du **switch**. Il n'est pas obligatoire, mais est très souvent utile !

Remarque importante : La valeur de la constante, à laquelle est égale l'expression testée, définit le point d'entrée dans le bloc ; toutes les instructions qui suivent seront exécutées. L'instruction **break** placée à la fin que chaque cas (**case**) permet d'éviter l'exécution des instructions des cas (**case**) suivants, en provoquant une sortie immédiate du test **switch**. Elle n'est pas obligatoire, mais lorsqu'elle est absente, toutes les instructions des cas (**case**) suivants seront exécutées même si ceux-ci ne correspondent pas à la valeur testée par le **switch**. Ce comportement est parfois intéressant, mais c'est très rare, aussi il est conseillé de toujours placer l'instruction **break** de sortie de test ou de boucle à la fin de chaque cas (**case**).

Le schéma de fonctionnement peut alors se représenter comme dans la Figure II - 1.2.3.c.

Soit, par exemple, le programme :

```
// SWITCH_1.CPP : exemple d'utilisation du switch.
#include <iostream.h>

void main ()
{   int i ;
    cout << "Entrez la valeur entière 0 ou 1 : " ;
    cin >> i ;

    switch ( i )
    {   case 0 :
            cout << "La valeur est zéro.\n" ;
            break ;
        case 1 :
            cout << "La valeur est un.\n" ;
            break ;
        default :
            cout << "La valeur n'est pas correcte.\n" ;
    }
}
```

Si la valeur acquise est 6, l'affichage sera :

```
Entrez la valeur entière 0 ou 1 : 6
La valeur n'est pas correcte.
```

Si la valeur acquise est **1**, l'affichage sera :

```
Entrez la valeur entière 0 ou 1 : 1
La valeur est un.
```

Autrement dit, toutes les instructions suivant la valeur détectée sont exécutées, et uniquement celles-ci car l'instruction **break** fait sortir du bloc du switch dès qu'elle est rencontrée.

L'exemple suivant indique ce que devient le comportement du programme en l'absence de cette instruction **break**.

```
// SWITCH_2.CPP : exemple d'utilisation du switch.
#include <iostream.h>

void main ()
{   int i ;
    cout << "Entrez la valeur entière 0 ou 1 : " ;
    cin >> i ;

    switch ( i )
    {   case 0 :
            cout << "Une valeur a été entrée...\n" ;
            break ;
            cout << "La valeur est zéro.\n" ;
        case 1 :
            cout << "La valeur est un.\n" ;
        default :
            cout << "La valeur n'est pas correcte.\n" ;
    }
}
```

Si la valeur acquise est **6**, l'affichage n'est pas changé. Si la valeur acquise est **1**, l'affichage devient :

```
Entrez la valeur entière 0 ou 1 : 1
La valeur est un.
La valeur n'est pas correcte.
```

Le programme n'a pas rencontré de **break** à la fin du *cas 1* (**case 1**), il a donc poursuivi sans test l'exécution des instructions suivantes, en l'occurrence celle du cas par défaut.

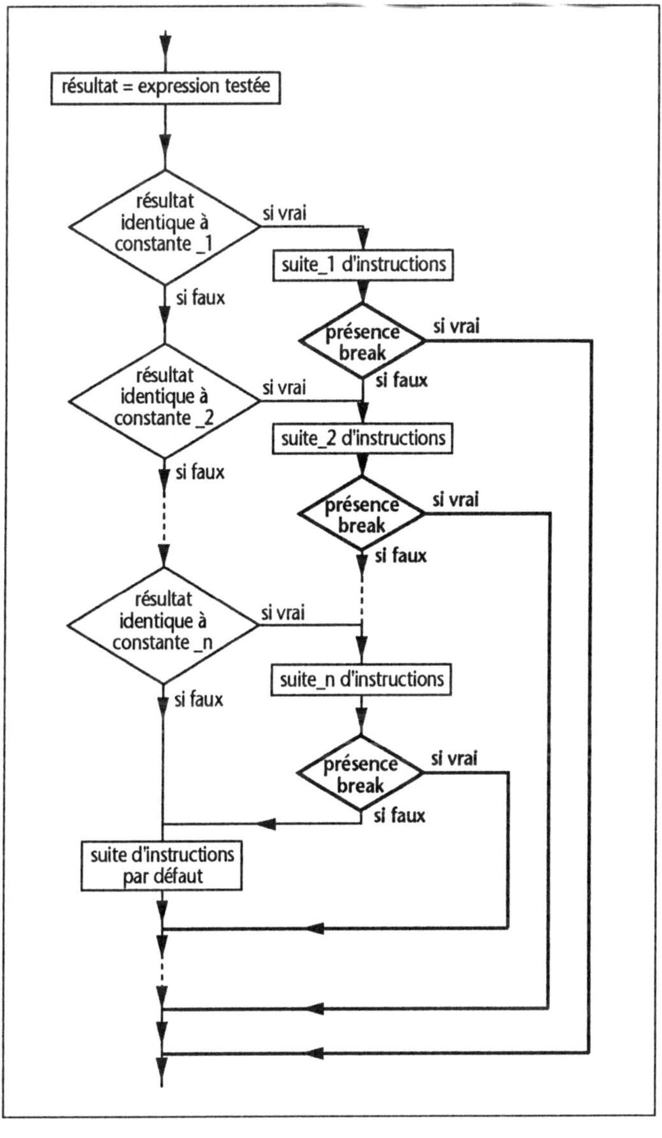

Figure II - 1.2.3.c : Structure du switch.

Si la valeur acquise est **0**, on a :

```
Entrez la valeur entière 0 ou 1 : 0
Une valeur a été entrée...
```

Dès que le programme a rencontré le **break**, il est sorti du bloc et le message **La valeur est 0.** n'a donc pas été affiché. Il faut donc prendre bien soin de placer cette instruction **break** à la fin d'un bloc d'instructions, sinon les instructions qui la suivent sont inutiles. Les dernières versions du compilateurs Borland/ Turbo C++ V3 signalent, toutefois, ce type d'erreur par un message : "unreachable code" (code inatteignable). Dans ce cas le message fera référence à la treizième ligne du programme :

```
cout << "La valeur est zéro.\n" ;
```

D'une manière générale, même si cela n'est pas obligatoire, c'est souvent une erreur de ne pas mettre de **break** dans chaque instruction **case**...

La boucle simple while *C*

La syntaxe est :

```
while ( expression testée )
    bloc d'instructions de boucle
```

Elle a pour rôle d'exécuter le ***bloc d'instructions de boucle tant que*** (**while**) l'***expression testée*** est *VRAIE*. Dès que l'expression est FAUSSE, le programme sort de la boucle.

Au début de chaque cycle de la boucle, l'expression est testée. Par conséquent, si l'expression est fausse, les instructions de boucles ne sont pas exécutées. Par exemple, le programme suivant ne rentre jamais dans la boucle **while** car l'expression testée est toujours fausse :

```
while ( 0 )
{   ...
}
```

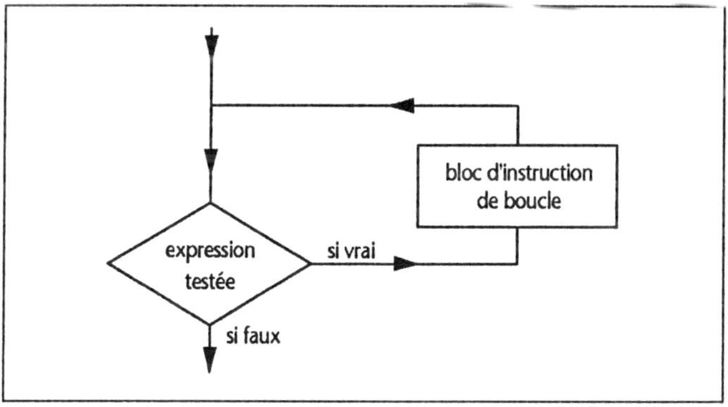

Figure II - 1.2.3.d : Structure du while.

Schématiquement, la boucle **while** se représente telle qu'en Figure II - 1.2.3.d.

Une utilisation caractéristique de la boucle **while** est présentée dans le programme suivant. Il s'agit d'une boucle de "décompte" qui affiche tous les multiples d'un nombre de référence entier, choisi par l'utilisateur, qui sont inférieurs à une valeur maximale également fixée par l'utilisateur. Le programme part de cette dernière valeur, effectue une division entière par le nombre dont on veut les multiples et, si le reste est nul, affiche la valeur. Il s'arrête à 0.

Ce programme peut s'écrire :

```
// WHILE.CPP : un exemple d'utilisation du while.

#include <iostream.h>

main ()
{   unsigned long valeur_maximale, nombre_reference ;
        // Les valeurs sont positives d'où "unsigned"
        // et elles peuvent être grandes, d'où "long".

    cout << "Donnez le nombre dont on recherchera les"
         << " multiples : " ;
    cin >> nombre_reference ;
    cout << "Valeur maximale à partir de laquelle "
```

```
        << "on effectuera la recherche : " ;
    cin >> valeur_maximale ;

    while ( valeur_maximale >= nombre_reference )
    {   if ( 0 == valeur_maximale % nombre_reference )
                        // L'opération modulo, %, fournit le
                        // reste de la division entière.
        {   cout << valeur_maximale << "\n" ;
            valeur_maximale -- ;
        }
        else --valeur_maximale ;
    }

    cout << "C'est fini. Au revoir.\n" ;

}
```

Pour un nombre de référence de **12345** et une valeur maximale de **123456**, l'affichage produit est :

```
Donnez le nombre dont on recherchera les multiples : 12345
Valeur maximale à partir de laquelle on effectuera la recher-
che : 123456
123450
111105
98760
86415
74070
61725
49380
37035
24690
12345
C'est fini. Au revoir.
```

La boucle do while *C*

Il est parfois intéressant d'assurer que les instructions de boucle seront toujours exécutées au moins une fois. Pour cela, il suffit que le test de fin de boucle soit effectué après l'exécution des instructions et non avant comme dans **while**. Cela est possible, avec l'emploi de l'instruction **do while**, dont la syntaxe est :

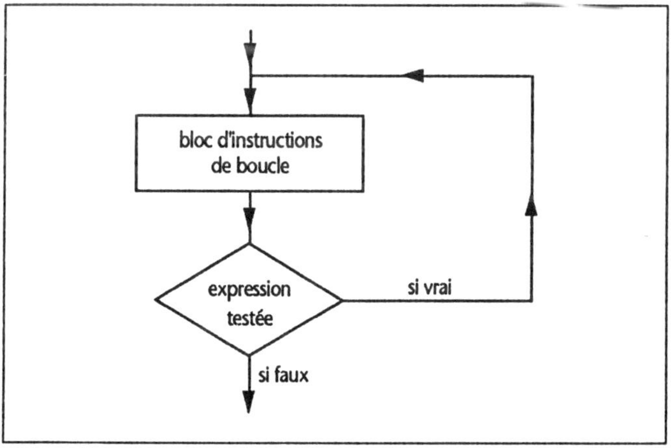

Figure II - 1.2.3.e : Structure du do while.

```
do
    bloc d'instructions de boucle
while ( expression testée ) ;
```

A noter, le point-virgule (;) obligatoire à la fin de la boucle, après l'expression testée.

Cette fois le schéma est tel qu'en Figure II - 1.2.3.e.

Le programme suivant est un exemple typique d'utilisation d'une boucle **do while**. Le problème est de réaliser une boucle qui lise une réponse de l'utilisateur à une question et qui se répète jusqu'à ce que soit proposée une bonne réponse. La première chose à effectuer est de lire le clavier, puis de tester la réponse et de recommencer si elle n'est pas correcte. Le programme peut s'écrire :

```
// DO_WHILE.CPP : un exemple caractéristique d'emploi de
// do while.

#include <iostream.h>

main ()
```

```
{   char c ;

    do
    {   cout << "Voulez-vous continuer ? Taper 'o' si"
             << " oui.\n Taper 'n' si non : " ;
        cin >> c ;
    } while ( c != 'o' && c != 'n' ) ;

    if ( c == 'n' )
        cout << "Alors on s'arrête tout de suite.\n" ;
    else
        cout << "OK, on continue, mais le problème est que"
             << " le programme est\nterminé, alors à la "
             << "prochaine...\n" ;

}
```

Si on tape **t** (quelque chose de différent de **o** et de **n**), l'affichage est le suivant :

```
Voulez-vous continuer ? Taper 'o' si oui.
 Taper 'n' si non : t
Voulez-vous continuer ? Taper 'o' si oui.
 Taper 'n' si non :
```

Si on tape **o** (attention c'est une minuscule qui est attendue) :

```
Voulez-vous continuer ? Taper 'o' si oui.
 Taper 'n' si non : o
OK, on continue, mais le problème est que le programme est
terminé, alors à la prochaine...
```

et si on tape **n** (en minuscule toujours) :

```
Voulez-vous continuer ? Taper 'o' si oui.
 Taper 'n' si non : o
Taper 'n' si non : n
Alors on s'arrête tout de suite.
```

Remarque : Il est possible de déclarer des variables dans le bloc qui constitue le corps de la boucle **do while**. Toutefois, cette variable ne sera connue que dans celui-ci. En particulier, elle ne sera pas reconnue dans l'expression de test. L'exemple suivant précise cette erreur :

```
do
{   int i ;

    //...

} while ( i != 3 ) ;
    // Le compilateur émet un message d'erreur précisant :
    // identificateur i inconnu dans l'expression
    // while ( i != 3 ).
```

La boucle for C

Enfin, la dernière structure de boucle et la plus générale est celle de la boucle **for** dont la syntaxe est :

```
for ( instruction d'initialisation ;
      expression testée ;
      instruction de fin de boucle )
    bloc d'instructions à exécuter dans la boucle
```

Schématiquement, la structure est représentée en Figure II - 1.2.3.f.

Ce type de boucle est typiquement employé avec des compteurs, par exemple :

```
int i ;

for ( i = 0 ; i < 100 ; i++ )
    cout << i << "\n" ;
```

Remarque : En C++, il est possible de déclarer des variables dans l'expression d'initialisation de la boucle (en C *pur* ce n'est pas autorisé). Les lignes précédentes peuvent alors s'écrire :

```
for ( int i = 0 ; i < 100 ; i++ )
    cout << i << "\n" ;
```

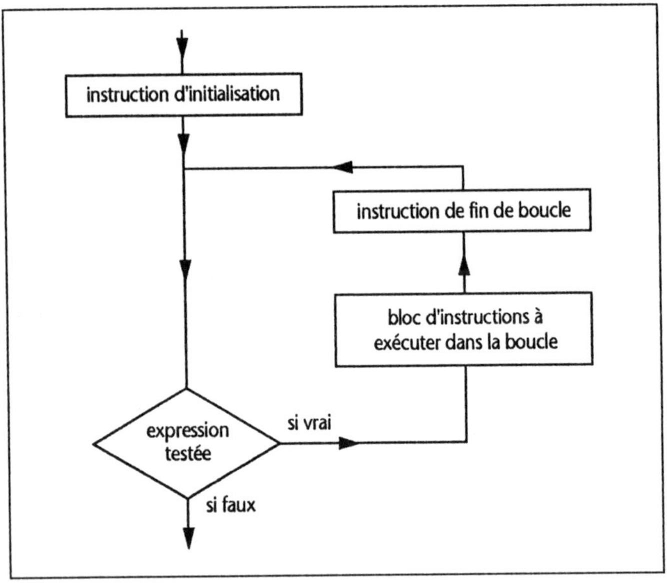

Figure II - 1.2.3.f : Structure du for.

A noter que la définition de **i** n'est pas limitée à l'intérieur de la boucle **for**, mais est valable par la suite dans tout le bloc où est placé la boucle.

Enfin, nous avons signalé précédemment l'opérateur , qui permet d'enchaîner plusieurs instructions en les considérant comme une seule. Il peut être employé dans les instructions d'initialisation et de fin de boucle. On a alors des programmes comme le suivant :

```
// FOR_VIRG.CPP : exemple de boucle for avec opérateur
// virgule.

#include <iostream.h>

main ()
{   float tab_f [4] ;
    int i = 0, j = 4 ;
    float x = 5.5 ;
```

```
for ( // Instructions d'initialisation.
      cout << "i = " << i,
      cout << ", j = " << j,
      cout << ", x = " << x << "\n" ;
        // Fin de "l'initialisation".
      i < 4 ;  // Expression de "condition".
      // Instructions de fin de boucle.
      x+= (j - i)/10.,
      i++,
      j += 3,
      cout << "j = " << j << "\n" )
        // Fin des "ordres de fin de boucle".
{   tab_f [i] = x ;
    cout << "tab_f [" << i << "] = "
         << tab_f [i] << "\n" ;
}
cout << "i = " << i << ", j = " << j << ", x = "
     << x << "\n" ;
}
```

Attention, le test de fin de boucle est bien **i < 4**, car l'indice le plus haut est **3**. Se rappeler que dans un **for** l'initialisation a toujours lieu, même si l'expression est fausse ; l'expression est testée pour la première fois après l'initialisation. Ensuite, elle sera testée après chaque exécution des instructions de fin de boucle. L'affichage produit est alors :

```
i = 0, j = 4, x = 5.5
tab_f [0] = 5.5
j = 7
tab_f [1] = 5.9
j = 10
tab_f [2] = 6.5
j = 13
tab_f [3] = 7.3
j = 16
i = 4, j = 16, x = 8.3
```

On peut également exploiter le fait que l'opérateur , (virgule) renvoie la valeur de la dernière expression en écrivant, par exemple :

```
for ( cout << "i = " << i,
      cout << "j = " << j,
```

```
cout << "x = " << x << "\n" ;
x+= (j - i)/10., i < 4 ; // "Condition" avec virgule.
i++,
j += 3,
cout << "j = " << j << "\n" )
```

Dans ce type d'écriture comme dans le précédent, il faut faire très attention à l'ordre d'écriture des instructions dans les expressions de boucle. Par exemple, l'inversion de **x+= (j - i)/ 10.** et **i < 4** (en **i < 4, x+= (j - i)/10.**) aurait provoqué une boucle infinie, donc un débordement de tableau et tous les ennuis associés. En effet, la valeur renvoyée aurait été celle de **x+= (j - i)/10.** qui n'est jamais nulle !

Se méfier également de l'inclusion d'instructions de fin de boucle dans l'expression de test. Par exemple, les deux premières lignes suivantes sont équivalentes mais la troisième est différente :

```
for (int i = 0 ; i < 10 ; i++) cout << "i = " << i << "\n" ;
for (int i = 0 ; ++i < 10 ;) cout << "i = " << i << "\n" ;
for (int i = 0 ; i++ < 10 ;) cout << "i = " << i << "\n" ;
```

En effet, dans la dernière, la variable **i** est incrémentée après qu'a été utilisée sa valeur pour effectuer le test, alors que dans les précédentes, elle l'était avant. Il y aura donc un passage de plus dans la boucle pour la troisième ligne.

Bien que l'opérateur , (virgule) fournisse une grande flexibilité d'association de plusieurs instructions, celles-ci ne peuvent être remplacées par un bloc d'instructions comme cela peut être fait en général. Par exemple, la ligne suivante est interdite :

```
for ( { i = 0 ; j = 1 ; } ; ; )
```

Enfin il faut noter que si l'opérateur virgule (,) est placé dans l'expression d'initialisation après une déclaration de type, le texte qui suit est considéré comme faisant partie de cette déclaration. Le principe est le même que pour l'emploi d'une virgule dans une déclaration de type usuelle. Ainsi, dans l'exemple suivant, trois nouvelles variables sont déclarées de type flottant et sont initialisées :

```
for ( float var_1 = 1.23,
      var_2 = 4.5e-6, var_3 = 35*0.0789 ;
      var_1 + var_2 < var_3 ;
      var_1 += 4*var_2 )
{
//  ...
}
```

Attention, dans ce cas l'expression initiale ne peut mélanger déclaration de type et instruction usuelle. Ainsi les trois exemples suivants sont des erreurs de syntaxe pour C++ :

```
int i ;

for ( i = 12, int j = 0 ; j < i ; ++j )
    // "Expression non valide < ..., int j ...>
    // dans la boucle for"...
```

```
for ( int i = 12, j = 0, float x = 12.3 ; j < i ; ++j )
    // "Expression <..., float x ...> non valide
    // dans la boucle for..."
```

```
int j ;

for ( int i = 12, j = 13 ; j < i ; ++j )
  // "Multiple définition de j..."
```

Dans ce dernier cas, le compilateur considère qu'il y a deux déclarations de type d'une même variable, ce qui est interdit, même s'il s'agit du même type !

Enfin, lors de boucles imbriquées, certaines écritures sont interdites. Par exemple, dans les lignes suivantes, il n'y a pas de définition de bloc pour la première boucle **for**, la seconde est donc considérée comme une seule instruction simple. Cette dernière ne peut alors contenir une déclaration de type...

```
for ( int i = 12 ; i ; --i )
    for ( int j = 13 ; j < i ; ++j )
```

```
    // "Expression <int j> non valide dans le second for".
      cout << "i : " << i << ", j : " << j << "\n" ;
```

La version suivante est par contre acceptée.

```
for ( int i = 12 ; i ; --i )
{   for ( int j = 13 ; j < i ; ++j )
        cout << "i : " << i << ", j : " << j << "\n" ;
}
```

Dans ce cas, la règle implicite associée à la présence, ou non, des accolades ({ }) n'est pas très naturelle, et il s'agit d'une petite "indélicatesse" de syntaxe qu'il serait bon de voir corrigée dans les versions à venir.

D'une manière générale, il faut se méfier des raccourcis d'écriture. Une programmation claire et explicite produit rarement des codes exécutables plus longs (les compilateurs sachant en général beaucoup mieux optimiser les programmes que nous !), par contre elle assure une bonne compréhension de celui-ci et donc plus de garantie quant à son fonctionnement.

Les instructions break, continue, goto *C*

L'instruction **break** a été présentée dans son utilisation en association avec l'instruction de branchement multiple, **switch**. Elle peut également être utilisée dans toutes les boucles, où elle provoque la sortie immédiate du bloc de la boucle courante.

L'instruction **continue** intervient également pour interrompre l'exécution des boucles, mais, contrairement au **break**, elle ne provoque pas la sortie de la boucle mais sa reprise en début de boucle. Elle permet donc de sauter les dernières instructions d'un bloc.

Leur utilisation est illustrée par l'exemple suivant :

```
// BRE_CONT.CPP : exemple d'utilisation des instructions
// break et continue.

#include <iostream.h>
```

```
main ()
{   char c ;

    // Deux boucles imbriquées.
    for ( char ch = 'O' ; ch == 'O' || ch == 'o' ; )
    {   for ( ; ; )  // Boucle infinie.
        {   cout << "\nDébut de la boucle.\n" ;

            cout << "Entrez b pour arrêter.\nEntrez c pour"
                 << " sauter la suite de la boucle.\nTout"
                 << " autre caractère fait continuer"
                 << " normalement : " ;
            cin >> c ;

            if ( 1 )  // Un test toujours vrai.
            {   if ( c )  // Le test sera aussi toujours
                          // vrai car le caractère nul ne
                          // peut être acquis au clavier
                          // c ne sera donc jamais nul.
                {   if ( c == 'b' )
                        break ;
                    else if ( c == 'c' )
                        continue ;
                }
            }
            cout << "Fin de la boucle.\n" ;
        }

        cout << "O ou o pour continuer, tout autre"
             << " caractère pour arrêter : " ;
        cin >> ch ;
    }

}
```

Lorsque la séquence **a**, **c**, **b** est entrée au clavier, l'affichage produit est :

```
Début de la boucle.
Entrez b pour arrêter.
Entrez c pour sauter la suite de la boucle.
Tapez un autre caractère pour continuer normalement : a
Fin de la boucle.

Début de la boucle.
```

```
Entrez b pour arrêter,
Entrez c pour sauter la suite de la boucle,
Tapez un autre caractère pour continuer normalement : c

Début de la boucle.
Entrez b pour arrêter,
Entrez c pour sauter la suite de la boucle,
Tapez un autre caractère pour continuer normalement : b
O ou o pour continuer, tout autre caractère pour arrêter : x
```

Remarque : Il n'est pas possible d'utiliser **break** ou **continue** si elles ne sont pas placées dans une boucle. Il y a, dans ce cas, émission d'un message d'erreur du compilateur Borland C++ ou Turbo C++.

Lorsqu'elles sont imbriquées au coeur de plusieurs blocs, elles provoquent, respectivement, la remontée jusqu'au niveau du bloc de la boucle la plus proche, pour **continue**, jusqu'au niveau juste supérieur à la boucle la plus proche, pour **break**.

Si plusieurs boucles sont imbriquées, une seule est interrompue.

L'instruction **goto** provoque un branchement immédiat du programme à un endroit prédéfini. Les boucles, tests et autres structures sont interrompues. L'endroit où reprend le programme est défini par une ***étiquette*** suivie du symbole : (deux-points), la syntaxe globale étant :

```
goto nom_etiquette ;
nom_etiquette :
```

L'étiquette peut être placée n'importe où dans le bloc qui définit la fonction où est utilisée l'instruction **goto**, aussi bien au-dessus qu'en dessous.

La boucle infinie de l'exemple précédent peut s'écrire à l'aide de cette instruction, elle a alors la forme suivante :

```
// GOTO_1.CPP : exemple d'emploi de l'instruction goto,
// à oublier instantanément !

#include <iostream.h>
```

```
main ()
{   char c ;

    debut :
        cout << "\nDébut de la boucle.\n" ;

        cout << "Entrez b pour arrêter.\nEntrez c pour"
             << " sauter la suite de la boucle.\nTapez un"
             << " autre caractère pour continuer"
             << " normalement" : " ;
        cin >> c ;

        if ( c == 'b' )
            goto fin ;
        else if ( c == 'c' )
            goto debut ;

        cout << "Fin de la boucle.\n" ;

    fin :
        ;  // Une étiquette doit être suivie d'au moins une
           // instruction. C'est pourquoi une instruction
           // nulle est placée ici.
}
```

L'affichage est le même.

Cette seconde version, même si elle semble plus "simple" à certains, est moins bonne car moins structurée et maîtrisable. **goto** est une instruction qui déstructure complètement l'organisation des programmes, puisqu'elle court-circuite toute notion de bloc. Elle est à éviter coûte que coûte, et, pour peu qu'on se donne la peine de réfléchir un peu et de structurer nos programmes, elle peut toujours être remplacée par des instructions de branchement conditionnel ou de boucle.

D'une manière générale, les instructions **break** et **continue** sont également à éviter, car elles rendent difficile la compréhension des programmes. Toutefois, comme les règles d'interruption se limitent à des remontées d'un bloc, et respectent les autres structures de bloc, leurs effets sont beaucoup moins néfastes que ceux induits par **goto**. Cela étant dit, nous ne reviendrons plus sur cette instruction !

II - 1.3. Définition classique de types en C/C++

Jusqu'à présent, les seuls types manipulés ont été les types de base du langage à partir desquels les autres structures seront construites. Bien que dans l'approche objet la structure prépondérante soit la *classe* qui permet d'associer intimement les données et les traitements qui leur sont spécifiques, l'utilisation de types abstraits statiques reste souvent intéressante. De plus, la manipulation de ces éléments est plus simple que la manipulation de classe, aussi il est choisi de les rappeler avant de passer à la présentation des concepts plus caractéristiques de la programmation objet.

La définition de type pourra consister en association de types de base (***structures***, ***champs de bits***, ***union***), ou en définition d'ensembles de constantes symboliques (appelés aussi ***énumérations***).

Dans tous les cas, il s'agit de la définition d'un type abstrait, il faudra donc toujours commencer par une définition du type (qui associe un nom, un identificateur, à ce nouveau type) ; puis pour utiliser des données de ce type, il faudra les déclarer comme étant de ce type. Les deux opérations sont distinctes et une seule ne peut suffire ! La séquence d'opérations suivante, même si elle peut parfois être écrite en très peu de lignes, devra donc toujours être respectée et rester à l'esprit du programmeur :

- dire comment est défini le nouveau type ;
- lui donner un nom spécifique (un identificateur) ;
- déclarer les éléments de données de ce type au fur et à mesure des besoins (variables, constantes, tableaux, etc.), comme pour les éléments de type de base.

II - 1.3.1. Les structures, unions, champs de bits C

Le langage C/C++ permet l'association de données en structures définies par l'utilisateur et spécifiques à une application. L'association de données peut prendre trois formes générales :

- L'association de plusieurs types de base en ***structure***.
- La décomposition d'un mot machine en sous-ensembles de bits, structure appelée alors ***champ de bits***.
- La fusion de plusieurs types en une structure globale : l'***union***.

Les structures *C*

Le but ici est de regrouper plusieurs variables de types différents qui sont souvent manipulées ensemble et qui doivent par conséquent pouvoir à la fois être utilisées comme un tout mais aussi chacune séparément.

Définition et déclaration

Une ***structure*** est une liste d'éléments de types différents à laquelle est associé un nom global ; de plus, chaque élément de cette structure possède un nom qui lui est propre, afin de pouvoir le distinguer des autres au sein de la structure. Les éléments constitutifs d'une structure sont appelés ***membres***.

La définition du type s'effectue à l'aide du mot clef **struct** en plaçant la liste des types à associer entre accolades, chaque type associé étant pour sa part précisé comme s'il s'agissait de la déclaration d'une variable. En fait, le nom de la variable représente le nom donné au membre correspondant de la structure. Enfin, le nom de la structure est placé juste après le mot clef **struct** et avant la description du type.

Syntaxiquement, la forme est :

```
struct nom_structure
{   type_membre_1 nom_membre_1 ;
    type_membre_2 nom_membre_2 ;
    ...
    type_membre_n nom_membre_n ;
} ;
```

Exemple :

```
struct fiche_signaletique
{   int age ;
    float taille, poids ;
    char nom [32] ;
} ;
```

Le texte précédent définit un nouveau type de nom **struct fiche_signaletique**, constitué de quatre éléments de données (quatre membres) :

- **age** qui est une valeur entière ;
- **taille** qui est une valeur flottante ;
- **poids** qui est une valeur flottante ;
- **nom** qui est une chaîne d'au plus 32 caractères.

On remarquera que rien n'interdit de définir plusieurs membres du même type avec la même déclaration. En fait, toutes les facilités d'écriture des déclarations de type sont autorisées, avec toutefois comme restriction : l'interdiction de définir une initialisation systématique du membre de la structure. Celle-ci devra s'effectuer lors de la déclaration des variables de ce type.

A noter que le nom du type pris en compte par le compilateur est indifféremment **struct fiche_signaletique** ou **fiche_signaletique**.

Attention, bien remarquer que les points-virgules (;) définissant la fin de la déclaration de chaque membre doivent être présents, comme d'habitude. Et surtout : ***la définition du nouveau type doit être terminée par un point-virgule,*** *placé après l'accolade fermante.* C'est un piège classique du langage... En fait, la définition de type a le statut d'instruction élémentaire, comme la déclaration ; les accolades n'étant que des éléments internes, elle doit donc se terminer par un point-virgule comme toute instruction ou déclaration.

La déclaration de variables s'effectue comme s'il s'agissait d'un type de base, le nom du type de base étant remplacé par celui du type défini. Par exemple, pour la structure précédente on écrirait :

```
struct fiche_signaletique individu ;
//...
struct fiche_signaletique table_ind [123], ind ;
//...
const struct fiche_signaletique toto =
                              { 23, 1.78, 67.8, "Toto" } ;

fiche_signaletique indv = { 27, 1.62 } ;
```

Ces quatre lignes déclarent successivement :

- une variable de nom **individu** ;
- un tableau de 123 éléments de nom **table_ind**, et une variable de nom **ind** ;
- une constante symbolique de nom **toto** ;
- une variable de nom **indv**.

On notera la syntaxe définissant la valeur de la constante **toto** et de la variable **indv** : c'est la forme employée pour l'initialisation des structures, tableaux et autres types composés.

Le type des membres d'une structure peut très bien être lui-même une structure ou tout autre type abstrait. Considérons, par exemple, que l'âge soit remplacé par une date de naissance, laquelle est constituée de la valeur du jour, du mois et de l'année de naissance. On pourra avoir les définitions et déclarations suivantes :

```
struct date { int jour, mois, annee ; } ;

struct fiche_individu
{   float taille, poids ;
    struct date date_nais ;
    char nom [32] ;
} ;

struct fiche_individu ind_X ;

struct fiche_individu table_ind [3] =
    { { 1.65, 54.3, { 1, 2, 1987 }, "Toto" },
         // Première personne.
```

```
        { 1.23, 34.5, { 3, 4 }, "Tintin" }
                // Deuxième, année de naissance inconnue.
            // Troisième : aucune information.
    } ;
```

On notera que la définition du type **struct date** doit être effectuée avant le premier emploi de ce type pour déclarer un élément de donnée ou un membre. Les dernières lignes déclarent un tableau de trois éléments de type **struct fiche_individu** avec une initialisation partielle de la structure de donnée : comme pour les tableaux, si les valeurs sont données aux éléments dans leur ordre de définition, et s'il manque des valeurs, les éléments restants ne sont pas initialisés.

La Figure II - 1.3.1.a indique la représentation mémoire des structures précédentes.

Emploi

Reste maintenant à spécifier l'emploi qui peut être fait de ces éléments.

De tous les opérateurs vus précédemment, un seul peut avoir un sens : c'est l'affectation des valeurs d'une structure à une autre. Elle s'effectue sans problème par l'opérateur =. Par exemple, à la suite des déclarations précédentes, on peut écrire :

```
ind_X = table_ind [2] ;
```

Cette instruction a pour effet de donner aux membres de **ind_X** la valeur des membres de **table_ind [2]**.

Les opérations arithmétiques ou logiques n'ont pas de sens sur des types définis par le programmeur. De même, les opérations de comparaison, y compris les tests d'égalité (==) ou de différence (!=), ainsi que les opérations d'entrée-sortie (**cin, cout**) ne sont pas acceptées. Toutefois, C++ permet la redéfinition d'opérateurs pour les types abstraits, l'utilisateur pourra donc s'il le souhaite définir ses propres opérations sur ses propres types. Ce point sera abordé plus en détail à la section II - 3.2.2.

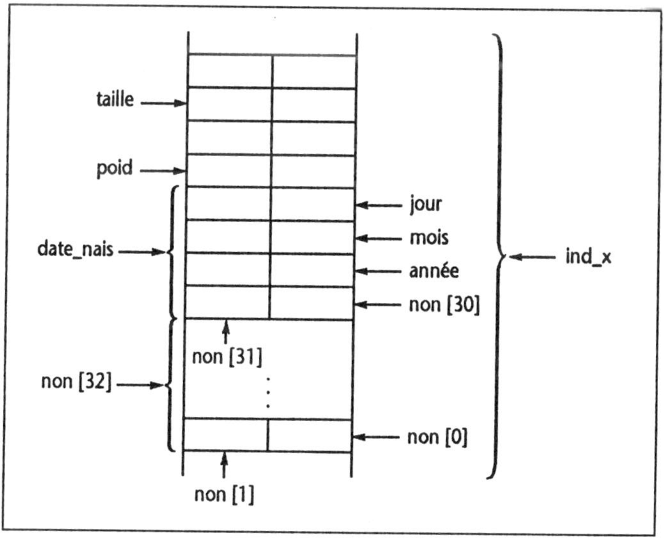

Figure II - 1.3.1.a : Représentation mémoire de structures.

Par contre, il est possible de manipuler individuellement la valeur des membres des structures. Cela s'effectue en spécifiant le nom du membre considéré après le nom de l'élément de donnée, à l'aide de l'opérateur d'accès . (point). Lorsqu'un membre est lui-même une structure, ses propres membres peuvent être atteints à l'aide du même opérateur d'accès en spécifiant leur nom. De plus, lorsque le type des membres est un des types de base, toutes les opérations classiques admises sur ce type de données peuvent lui être appliquées. Par exemple, l'instruction d'affectation précédente aurait pu s'écrire en la décomposant membre par membre :

```
ind_X.taille = table_ind[2].taille ;
ind_X.poids = table_ind[2].poids ;

ind_X.date_nais.jour = table_ind[2].date_nais.jour ;
ind_X.date_nais.mois = table_ind[2].date_nais.mois ;
ind_X.date_nais.annee = table_ind[2].date_nais.mois ;
    //   Cela aurait pu s'écrire de manière
    // équivalente :
```

```
    //    ind_X.date_nais = table_ind[2].date_nais ;

for ( int i = 0 ;
      table_ind[2].nom[i] != '\0' && i < 32 ;
      i++ )
    ind_X.nom [i] = table_ind[2].nom[i] ;

cout << "Nom : " << ind_X.nom << "\n"
     << "Âge : " << (1991 - ind_X.date_nais.annee) << "\n"
     << "Taille : " << ind_X.taille << "\n"
     << "Poids : " << ind_X.poids << "\n" ;
```

Les deux premières lignes présentent un accès simple (un niveau de profondeur) aux membres de **ind_X** et **table_ind [2]**. Les lignes suivantes présentent un accès à deux niveaux de profondeur aux membres du membre **date_nais** de **ind_X** et **table_ind [2]**.

Le membre **nom** étant un tableau, il ne peut être affecté globalement à un autre tableau, puisque l'opération est interdite pour les tableaux en général. C'est pourquoi, ici, il a été nécessaire d'effectuer une recopie élément par élément du tableau **nom** de **table_ind [2]** dans celui de **ind_X**. C'est le rôle de la boucle **for**. A noter que le critère d'arrêt est la présence du caractère nul indiquant la fin de la chaîne. Le test complémentaire (**i < 32**) est un test de sécurité évitant le débordement du tableau **ind_X** dans le cas où **nom** aurait été mal initialisé dans **table_ind [2]**.

Les dernières lignes présentent l'affichage de la valeur de **ind_X** à l'aide de l'opérateur **cout <<**.

L'affichage de la valeur de structures à l'aide de l'opérateur standard de sortie **cout <<** impose de toujours faire référence à un des types de base. Il faut donc afficher la structure membre par membre et descendre dans les membres aussi loin qu'il faut pour retomber sur un type de base.

Le problème de recopie de tableau ne se pose pas lorsqu'il est caché comme, par exemple, dans la première instruction d'affectation :

```
ind_X = table_ind [2] ;
```

En effet, dans ce cas c'est l'ensemble de la zone mémoire qui est recopié, et par conséquent tout le contenu du tableau l'est. L'encapsulation de tableaux dans les structures est un moyen de les manipuler d'une manière globale et de recopier l'ensemble des valeurs d'un tableau dans un autre en une seule instruction.

Le programme suivant donne un exemple d'encapsulation de tableau permettant une recopie en bloc. Il reprend la structure de données précédente en plaçant le tableau au sein d'une structure particulière.

```
// STR_TB_1.CPP : Exemple d'encapsulation de tableau dans
// une structure.

#include <iostream.h>

main ()
{   struct date { int jour, mois, annee ; } ;

    struct fiche_individu
    {   float taille, poids ;
        struct date date_nais ;
        struct    // Le nom de la structure peut être omis.
        {   char nom [32] ;
        } str_nom ;  // Le nom du membre est obligatoire.
    } ;

    fiche_individu ind_X =
                  { 1.78, 67, { 1, 2, 1934 }, { "Toto" } },
                  ind_Y ;

    ind_Y.str_nom = ind_X.str_nom ;

cout << "ind_X\n"
     << "Age : " << (1991 - ind_X.date_nais.annee) << "\n"
     << "Taille : " << ind_X.taille << "\n"
     << "Poids : " << ind_X.poids << "\n"
     << "Nom : " << ind_X.str_nom.nom << "\n"
        // L'affichage doit faire référence à un élément
        // de base, c'est pourquoi on ne peut se contenter
        // de ind_X.str_nom et qu'il faut écrire :
        // ind_X.str_nom.nom.
     << "ind_Y\nNom : " << ind_X.str_nom.nom << "\n" ;
}
```

L'affichage produit est :

```
ind_X
Age : 57
Taille : 1.78
Poids : 67
Nom : Toto
ind_Y
Nom : Toto
```

Attention, pour chaque type de tableau différent (type des éléments ou taille), il faudra définir une structure spécifique. Les affectations de valeurs de structures, lorsqu'elles ne sont pas de même type, ne sont pas autorisées. Il ne sera pas non plus possible de "forcer" l'affectation par une conversion de type explicite. Les affectations des lignes suivantes ne sont pas autorisées.

```
struct tableau_entier_14 { int tab1 [14] ; } ;

struct tableau_entier_10 { int tab2 [10] ; } ;
    // Un nouveau nom est nécessaire puisque la taille
    // n'est pas la même.

tableau_entier_14 t1 ;
tableau_entier_10 t2 ;

//...

t1 = t2 ;  // Est rejeté par le compilateur.

t1 = (tableau_entier_14)t2 ;
        // Est rejeté par le compilateur.

t2 = (tableau_entier_10)t1 ;
        // Est rejeté par le compilateur.

t1.tab1 = t2.tab2 ;  // Est rejeté par le compilateur.
```

Facilités de syntaxe

Le langage C/C++ autorise l'usage de quelques options par défaut :

- Une structure peut être définie sans nom si elle est la seule à ne pas avoir de nom spécifique dans le bloc où elle est définie.

- Une structure peut être définie sans nom à l'intérieur d'une autre, elle n'est alors connue que dans le contexte de celle-ci (par exemple : **struct { char nom [32] ; } str_nom ;**).

- Les éléments de données peuvent être déclarés immédiatement après la définition de la structure, entre l'accolade fermante et le point-virgule.

L'exemple précédent aurait donc pu être écrit :

```
struct    // Pas de nom pour le nouveau type.
{   float taille, poids ;
    struct    // Pas de nom pour le nouveau sous-type.
    { int jour, mois, annee ;
    } date_nais ;    // Déclaration immédiate.
    struct { char nom [32] ; } str_nom ;
        // Pas non plus de nom de défini ici.
} ind_X,    // Déclaration immédiate d'une variable.
  table_ind [3] =    // Déclaration et initialisation
                     // immédiate d'un tableau.
  { { 1.65, 54.3, { 1, 2, 1987 }, { "Toto" } },
    { 1.23, 34.5, { 3, 4 }, { "Tintin" } } } ;
```

Cette écriture n'est pas à conseiller car elle ne favorise pas la clarté du programme ni sa réutilisation dans d'autres contextes.

Enfin, précisons que, lorsqu'une structure est définie avec un nom qui lui est propre, la définition reste valide en dehors de la structure. Par exemple :

```
struct toto
{   struct tata { int i, j ; } ;
    float x ;
} ;

tata ta ;
```

La variable **ta** est déclarée du type **tata** (ou **struct tata**) et ce type est considéré comme connu, car il est déclaré précédemment dans la structure **toto**.

Cela peut alors provoquer des problèmes de redéfinition de type. Par exemple, les lignes suivantes provoquent une erreur :

```
struct toto { struct tata { int i, j ; } ; } ;

//...

struct tata { float x, y ; } ;
   // Définition multiple de tata.
```

Constantes structure *C++*

Il est possible de définir des constantes structure comme pour les autres types de variables. Le seul point à signaler est qu'on a alors la possibilité de spécifier l'ensemble des membres comme étant constants ou uniquement certains d'entre eux.

Les lignes suivantes présentent sur des exemples les différentes possibilités.

```
struct str1 { int i ; char j ; } ;

const str1 s1 = { 3, 4 } ;
str1 const s2 ;

// Les affectations suivantes sont interdites :
//  s1 = s2 ;
//  s1.i = 1 ;
//  s2 = s1 ;
//  s2.i = 1 ;

struct str2 { const int i ; int const j ; int k ; } ;

str2 s3, s4 ;

// Les affectations suivantes sont interdites :
//  s3 = s4 ;
//  s3.i = 1 ;
//  s3.j = 1 ;
```

```
    // Par contre l'instruction suivante est correcte :
        s3.k = 1 ;
```

Enfin, signalons que seules des variables peuvent être spécifiées comme étant en fait des constantes. Un type ne peut pas l'être globalement. Par exemple, pour les structures, la ligne suivante est rejetée :

```
    const struct str3 { int i ; int j ; k ; } ;
```

Toutefois, dans le cas des structures, comme il est possible de spécifier que les membres sont constants chacun indépendamment des autres, s'ils sont tous constants, alors le type de la structure associée représentera toujours des constantes.

Les champs de bits *C*

Le rôle des ***champs de bits*** est proche de celui des structures, mais il s'applique uniquement à des associations de bits au sein d'un mot machine. En ce sens, le concept de champ de bits est à la fois plus limité et plus précis que celui de structure. En effet, l'élément spécifiable le plus petit dans une structure est l'octet (**char**) alors que dans le champ de bits, c'est le bit lui-même. Par contre, le nombre de bits implicitement manipulés dans un champ de bits est toujours celui du mot machine ; deux mots machine ne peuvent être associés en un même champ et, par exemple, lorsque deux bits seulement sont employés c'est un mot entier qui sera alloué.

Définition et déclaration

Le mot clef signalant la définition ou la déclaration d'un champ de bits est également le mot **struct**, le nom du type devant de même être placé juste après, suivi d'une paire d'accolades entre lesquelles est spécifiée la liste d'associations de bits à considérer au sein du mot machine. Chaque association est spécifiée en donnant son nom (un identificateur) suivi du symbole : (deux-points) et du nombre de bits associés. Le symbole , (virgule) sépare deux associations de bits dans la liste. L'ensemble des bits correspondant toujours à un mot machine, il est déclaré de type entier (**int, unsigned, short, long, char**, ...), et le dernier élément de la liste est suivi d'un ; (point-virgule).

Formellement, la syntaxe est :

```
struct nom_champ
{   int nom_assoc_1 : nombre_bits_1,
        nom_assoc_2 : nombre_bits_2,
        ...
        nom_assoc_N : nombre_bits_N ;
} ;
```

Les bits sont associés en partant du bit de poids le plus fort. En Borland C++ et Turbo C++, tous les membres doivent posséder un nom. C'est une petite différence par rapport à certaines versions de C, où des membres inutiles pouvaient ne pas avoir de nom.

L'exemple suivant explicite ce point :

```
struct champ
{   int un_bit     : 1,
        demi_octet : 4,
        quinte     : 5,
        triplet    : 3,
        reste ;
} ;
```

Ces lignes définissent un nouveau type de nom **struct champ** qui est un champ de bits, à cause du symbole : (deux-points) présent dans la liste, et qui est constitué des associations suivantes :

- une association (ou un membre) appelée **un_bit**, constituée du bit de poids le plus faible (numéro 0) ;
- une association appelée **demi_octet**, constituée de quatre bits (numéros 1 à 4 inclus) ;
- une association nommée **quinte**, de 5 bits (numéros 5 à 9 inclus) ;
- une association appelée **triplet**, de 3 bits (numéros 10 à 12 inclus) ;

- les bits suivants sont appelés **reste** (numéros 13 à 15 inclus).

Lorsque les bits restants sont vraiment inutiles, il est possible de ne pas leur donner de nom et donc de ne jamais y faire référence. Il suffit d'omettre le nom de ce dernier membre. L'exemple précédent se réécrit, dans ce sens, sous la forme :

```
struct champ
{   int un_bit     : 1,
        demi_octet : 4,
        quinte     : 5,
        triplet    : 3 ;
} ;
```

La déclaration et l'initialisation d'éléments de données de ce type s'effectuent exactement comme pour les structures.

Par exemple :

```
struct champ var_chp ;  // Déclaration d'une variable.
struct champ tab_chp [3] =
                        // Déclaration d'un tableau de trois
                        // éléments et initialisation.
            { { 0, 11, 0, 7, 0 },
              { 1, 3, 0 }
            } ;
```

Remarque : L'initialisation dans la déclaration demande une valeur pour chaque membre (association de bits), même si celui-ci n'a pas reçu de nom.

Les valeurs affectées aux différents membres d'un champ de bits doivent être entières. Mais attention, ce sont les bits de droite de la valeur (poids le plus faible) qui sont affectés au membre, en même nombre que ceux du membre. Les bits excédentaires sont masqués.

Une autre forme est possible qui permet d'initialiser les membres à l'aide d'autres constantes que les constantes **int**. Elle consiste à remplacer le symbole virgule par un point-virgule (;) et de spécifier devant chaque membre le type auquel on veut rattacher les valeurs qui lui seront affectées. L'exemple précédent pourrait se réécrire de la manière suivante :

```
struct champ_1
{   int           un_bit     : 1 ;
    unsigned      demi_octet : 4 ;
    char          quinte     : 5 ;
    long          triplet    : 3 ;
    unsigned char reste      : 3 ;
} ;
```

Attention, sous cette forme, si on veut que **reste** ne soit pas considéré comme un membre indépendant et stocké dans un mot machine distinct, il faut spécifier le nombre de bits qui lui sont associés.

La déclaration et l'initialisation pourraient alors être :

```
struct champ_1 tab_chp [3] =
                    // Déclaration d'un tableau de trois
                    // éléments et initialisation.
            { { -5, 11u, 'x', 7, 'h' },
              { 1, 3, 'e' }
            } ;
```

Le schéma (Figure II - 1.3.1.b) représente la structure du champ de bits.

Emploi

L'accès aux membres d'un champ de bits s'effectue comme pour les structures.

Les opérations admises sont uniquement l'affectation d'une valeur d'une variable champ de bits à une autre variable de même type et l'accès aux membres du champ. Les opérations admises sur les entiers ne sont pas applicables globalement au champ dans son ensemble. Le compilateur détecte en effet une incompatibilité de type dans ce cas.

Il n'est pas possible de forcer le type pour rendre les opérations entières possibles.

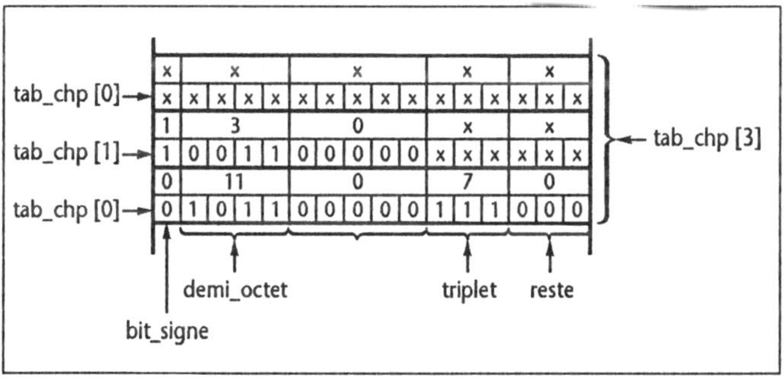

Figure II - 1.3.1.b : Un champ de bits.

Par contre, sur chaque membre, toutes les opérations entières sont admises, les valeurs devant toujours être limitées à des nombres représentables avec le nombre de bits du membre.

Par exemple, avec la structure précédente, les lignes suivantes sont correctes :

```
// CHP_BIT1.CPP : Exemple de définition et d'emploi de
// champs de bits.

#include <iostream.h>

main ()
{   struct champ
    {   unsigned un_bit     : 1,
                 demi_octet : 4,
                 quinte     : 5,
                 triplet    : 3,
                 reste ;
    } ;

    struct champ var_chp ;  // Déclaration d'une variable.
    struct champ tab_chp [3] =  // Déclaration d'un tableau
                                // de trois éléments et
                                // initialisation.
                 { { 0, 11, 0, 7, 0 },
                   { 1, 3, 0 }
                 } ;

    var_chp.triplet = 3 ;  // En binaire : 011.
```

```
    var_chp.demi_octet = 20 ;  // En binaire : 010100,
                               // tronqué en : 0100 (4).
    var_chp.quinte = 11 ;  // En binaire : 01011.
    var_chp.un_bit = tab_chp[1].reste * 3 - 17 ;
        // Seul le bit de poids le plus faible est pris
        // en compte, ce sera 0 si le résultat est
        // pair, 1 sinon.

    for ( int i = 0 ; i < 3 ; i++ )
        cout << "tab_chp [" << i << "] .un_bit = "
             << tab_chp [i] .un_bit << "\n"
             << "tab_chp [" << i << "] .demi_octet = "
             << tab_chp [i] .demi_octet << "\n"
             << "tab_chp [" << i << "] .quinte = "
             << tab_chp [i] .quinte << "\n"
             << "tab_chp [" << i << "] .triplet = "
             << tab_chp [i] .triplet << "\n"
             << "tab_chp [" << i << "] .reste = "
             << tab_chp [i] .reste << "\n\n" ;

    cout << "var_chp.un_bit = " << var_chp.un_bit << "\n"
         << "var_chp.demi_octet = "
         << var_chp.demi_octet << "\n"
         << "var_chp.quinte = " << var_chp.quinte << "\n"
         << "var_chp.triplet = " << var_chp.triplet << "\n"
         << "var_chp.reste = " << var_chp.reste << "\n" ;

}
```

Elles provoquent l'affichage :

```
tab_chp [0] .un_bit = 0
tab_chp [0] .demi_octet = 11
tab_chp [0] .triplet = 7
tab_chp [0] .quinte = 0
tab_chp [0] .reste = 0

tab_chp [1] .un_bit = 1
tab_chp [1] .demi_octet = 3
tab_chp [1] .triplet = 0
tab_chp [1] .quinte = 0
tab_chp [1] .reste = 0

tab_chp [2] .un_bit = 0
tab_chp [2] .demi_octet = 0
tab_chp [2] .triplet = 0
```

```
tab_chp [2] .quinte = 0
tab_chp [2] .reste = 0

var_chp.un_bit = 1
var_chp.demi_octet = 4
var_chp.triplet = 3
var_chp.quinte = 11
var_chp.reste = 9315
```

Un exemple explicitant la possibilité de définir un champ en séparant les membres par des virgules ou des points-virgules sera présenté au paragraphe suivant consacré au type **union**.

Facilités de syntaxe — *C, C++*

De même que pour les structures, le nom de la structure champ peut être omis s'il n'y en a pas d'autre dans le bloc et les déclarations d'éléments de données peuvent être faites directement après la définition du type.

Une ***structure*** peut contenir à la fois un membre ***champ de bits*** et des membres classiques. Il n'est pas alors obligatoire que le champ soit spécifié comme structure interne. Les lignes suivantes sont correctes :

```
struct exemple
{   float f ;  // Définit un membre de type float.
    unsigned demi_octet : 4,
             triplet    : 3,
             quinte     : 5,
             paire      : 2 ;
        // Définit un membre champ de bits. Les bits
        // 1 et 0 ne sont pas employés.
    char table_car [15] ;
        // Définit un membre tableau de caractères.
} ;
```

Attention, dans le cas où le champ est spécifié avec des points-virgules de séparation, dès que le compilateur rencontre un membre sans le symbole : (deux-points), il considère que le champ est terminé. Ainsi, les lignes suivantes définissent un membre c de type **char** indépendant, un champ de bits constitué par les membres **i** (3 bits), **j** (7 bits) et **k** (le reste : 6 bits), puis un membre entier **ii** indépendant, et un second champ de bits constitué par **l** (2 bits), **m** (12 bits) et **n** (1 bit), le reste n'est pas attribué :

```
struct champs
{   char c :
    int i : 3 ;
    int j : 7 ;
    unsigned k : 6 ;
    int ii ;
    int l : 2 ;
    int m : 12 ;
    int n : 1 ;
} ;
```

Le lecteur ayant des doutes quant au comportement de cette structure tordue, pourra aisément tester le contenu des différents éléments et se constituer une nouvelle version du programme **CHP_BIT2.CPP** présenté au paragraphe suivant, en l'adaptant à cette dernière définition.

Comme pour les structures, on peut déclarer des variables champs de bits constants. Mais cette fois il n'est pas toujours possible de déclarer certains membres comme constants et d'autres pas.

En fait, il est possible de les déclarer comme constants lorsqu'ils sont définis séparément avec un point-virgule pour séparer chaque association. Lorsqu'ils sont déclarés sous un seul type, séparés les uns des autres par des virgules, ils sont soit tous constants, soit tous variables. Les lignes suivantes fournissent quelques exemples de déclaration de variables champs de bits constants :

```
struct chpl { int i : 1, j : 2, k ; } ;

chpl c0 = { 1, 2, 3 } ;
chpl const c1 = c0 ;  // Initialisation obligatoire.
const chpl c2 = c0 ;

// Les affectations suivantes sont interdites :
//  c1 = c2 ;
//  c1.i = 1 ;
```

```
// c1.j = c2.j ;

// Définition d'un type champ toujours constant.
struct chp2 { const int l : 3, m : 5, n ; } ;

chp2 c3, c4 ;
// Les affectations suivantes sont interdites :
//  c3 = c4 ;
//  c3.l = 1 ;
//  c3.m = c4.n ;

// Définition d'un champ avec certains membres constants
// uniquement.
struct chp3 { int const i : 1; const char j : 2; int k; } ;
   // i et j sont constants, k est variable.

chp3 c5, c6 ;

// Les lignes suivantes sont illicites :
//  c5 = c6 ;
//  c5.i = 1 ;
//  c5.j = c6.j ;

// L'affectation ci-après est par contre possible :
c5.k = c6.k = 1 ;
```

Enfin, une dernière remarque : il n'est pas possible d'obtenir l'adresse d'un membre d'un champ de bits, car les adresses ne descendent pas en dessous de l'octet et il n'est pas non plus possible de regrouper des membres d'un champ de bits en tableau de membres.

Les unions C

Il ne s'agit plus ici d'associer plusieurs éléments différents, mais d'employer une même zone de données à travers plusieurs types différents. L'***union*** permet donc de définir un seul élément de donnée dont le type est choisi parmi une liste préétablie au moment de son emploi seulement.

Définition et déclaration

Le mot clef spécifiant la définition de ce type est : **union**. Celui-ci doit être suivi par le nom donné au nouveau type (un identificateur) et par la liste des types possibles d'interprétation de la zone de donnée associée, placée entre accolades. Cette liste est constituée de déclarations de types suivies d'un identificateur définissant le membre correspondant, de la même manière que pour la définition de ***structures***.

Formellement, la syntaxe est :

```
union nom_union
{   type_membre_1 nom_membre_1 ;
    type_membre_2 nom_membre_2 ;
    ...
    type_membre_N nom_membre_N ;
} ;
```

La déclaration d'éléments de donnée de ce type s'effectue de manière similaire à celle employée pour les ***structures***.

Considérons l'exemple suivant qui utilise la structure **struct date** définie précédemment :

```
union exemple_union
{   float f ;
    char c ;
    struct date d ;
} ;

union exemple_union var, table [3] ;
```

Ces lignes définissent un nouveau type qui permet d'accéder à un élément de donnée soit comme s'il s'agissait d'un flottant, soit comme un caractère, soit comme un élément de donnée de type **struct date**.

La dernière ligne déclare une variable et un tableau de trois éléments du type **union exemple_union**.

L'allocation mémoire provoquée par la déclaration de ces variables correspond à celle induite par la variable de taille la plus grande, ici : **struct date** qui est formée de trois entiers donc de 6 octets (pour machine à mot de 16 bits).

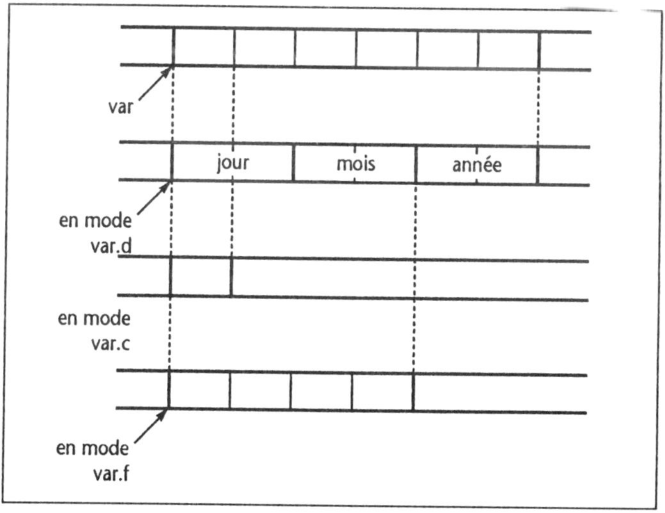

Figure II - 1.3.1.c : Une union de types.

Schématiquement, cette allocation peut se représenter telle qu'en Figure II - 1.3.1.c.

Emploi

Le choix du type et donc du mode d'accès à la zone de donnée s'effectue en spécifiant le nom du membre correspondant au type choisi. Cette spécification s'effectue comme pour les structures, à l'aide de l'opérateur . (point).

Par exemple, pour initialiser la valeur de **var** à 'X' en tant que caractère,on écrira :

```
var.c = 'X' ;
```

Il est possible d'affecter la valeur d'une union à une autre union de même type, mais il n'est pas possible de l'initialiser globalement sans spécifier sous quel type la valeur doit être comprise. Le programme suivant donne quelques exemples d'utilisation.

```
// UNION.CPP : un exemple d'utilisation d'union.

#include <iostream.h>

main ()
{   union exemple_union
    {   float f ;
        char c ;
        struct date d ;
    } ;

    union exemple_union var, table [3] ;

    var.c = 'X' ;  // Est correct.
    cout << "var.c = " << var.c << "\n" ;  // OK !
    table [1] = var ;  // Licite.
    // var = 12.3 ; n'est pas autorisé, il faut écrire :
    var.f = 12.34 ; // La valeur 'X' a été détruite
                    // pour pouvoir stocker 12.34.
    cout << "var.f = " << var.f << "\n" ;  // OK !
    table [1] = var ;  // Licite.
    cout << "table[1].f = " << table[1].f << "\n" ;  // OK !
    /* La ligne suivante est correcte syntaxiquement,
       mais elle n'a pas de sens car la valeur stockée
       n'est pas de type caractère. L'affichage sera
       n'importe quoi ! */
    cout << "var.c = " << var.c << "\n" ;

}
```

L'affichage produit est :

```
var.c = X
var.f = 12.34
table[1].f = 12.34
var.c = ñ
```

En fait, le type union est très utile lorsqu'il est associé à l'allocation dynamique de mémoire et aux pointeurs. Il permet en effet alors de choisir en dynamique le type de la cellule à allouer, en fonction des besoins, tout en y faisant référence d'une manière générale à l'aide d'un type union fusionnant toutes les structures possibles de cellules nécessaires. Des exemples détaillés de son utilisation seront donnés au chapitre de l'allocation dynamique de mémoire (II - 3.2.3).

Les facilités offertes par le langage pour les unions sont les mêmes que pour les structures. A noter, toutefois, que l'initialisation d'éléments de donnée de type union lors de leur déclaration n'est pas possible, car la syntaxe ne permet pas de préciser le type choisi lors de l'initialisation.

Toutefois, l'emploi de constantes symboliques (**const**) de ce type n'est pas interdit. Il est même possible de spécifier que seulement certains membres sont constants, autrement dit que la valeur est constante lorsqu'on la manipule selon une définition et variable selon une autre ! Les lignes suivantes fournissent quelques exemples :

```
const union un1 { int i ; char c ; float f ; } ;
    // C'est une union complètement constante.
    // Il ne sera pas possible de l'initialiser ...

un1 u1, u2 ;

// Les affectations suivantes sont refusées.
    u1 = u2 ;
    u1.i = 23 ;
    u1.c = u2.c ;

union un2 { const int i ; float const f ; char c ; } ;
    // Une union avec deux membres constants : l'accès sous
    // la forme i ou f représente l'accès à une valeur
    // constante, respectivement entière ou flottante,
    // par contre l'accès sous la forme c représente un
    // accès à une valeur caractère variable.

un2 u3, u4 ;

// Les affectations suivantes sont interdites :
//  u3 = u4 ;
//  u3.i = u4.i ;
//  u3.f = 12.34 ;

// Par contre, la ligne ci-après est autorisée :
    u3.c = 'x' ;
```

Enfin, pour conclure ce paragraphe, voici un programme qui exploite la notion d'union pour afficher la constitution interne d'un champ de bits.

En effet, lorsqu'une variable est définie en champ de bits, il n'est pas possible de lui appliquer les opérations de masquage de bits semblables à celles utilisées lors de la présentation des opérateurs bit à bit (II - 1.2.1). Le principe est de placer le champ de bits dans une union avec un membre de type entier classique.

Le membre champ de bits est alors initialisé à des valeurs spécifiques de ce champ. Ensuite, la même zone mémoire est explorée grâce aux opérateurs bit à bit, mais appliqués cette fois sur le membre entier qui est complètement compatible avec ces opérations. Un programme peut être :

```
// CHP_BIT2.CPP : second exemple de champs de bits.

#include <iostream.h>

main ()
{   struct champs_1
    {   int mb_11 : 4,
            mb_12 : 7,
            mb_13 : 5 ;
    } ;

    struct champs_2
    {   int mb_21 : 4,
            mb_22 : 7,  // Pas de nom affecté au reste.
            mb_23 ;     // Un autre mot machine.
    } ;

    struct champs_3
    {   int      mb_31 : 4 ;
        char     mb_32 : 7 ; // Pas de nom affecté au reste.
        unsigned mb_33 ;     // Un autre mot machine.
    } ;

    union chps_1
    {   struct champs_1 chp_1 ;
        int i ;
    } ;

    union chps_2
```

```
{   struct champs_2 chp_2 ;
    int i ;
} ;

union chps_3
{   struct champs_3 chp_3 ;
    int i ;
} ;

chps_1 c1 ;
c1.chp_1.mb_11 = 5 ;    // 0101
c1.chp_1.mb_12 = 73 ;   // 1001001
c1.chp_1.mb_13 = 6 ;    // 00110

chps_2 c2 ;
c2.chp_2.mb_21 = 5 ;
c2.chp_2.mb_22 = 73 ;
c2.chp_2.mb_23 = 6 ;

chps_3 c3 ;
c3.chp_3.mb_31 = 5 ;
c3.chp_3.mb_32 = 73 ;
c3.chp_3.mb_33 = 6 ;

unsigned k ;

cout << "c1 : " ;
for ( k = (1<<15) ; k != 0 ; k >>= 1 )
{    if ( k == (1<<7) )
        cout << " " ;
            // Sépare les deux octets par un blanc.
    cout << ((k&c1.i) != 0) ;
}

cout << "\nc2 : " ;
for ( k = (1<<15) ; k != 0 ; k >>= 1 )
{    if ( k == (1<<7) ) cout << " " ;
    cout << ((k&c2.i) != 0) ;
}

cout << "\nc3 : " ;
for ( k = (1<<15) ; k != 0 ; k >>= 1 )
{    if ( k == (1<<7) ) cout << " " ;
    cout << ((k&c3.i) != 0) ;
}

cout << "\nc1.chp_1.mb_13 : " ;
for ( k = (1<<15) ; k != 0 ; k >>= 1 )
```

```
	{    if ( k == (1<<7) ) cout << " " ;
	     cout << ((k&c1.chp_1.mb_13) != 0) ;
	}

	cout << "\nc2.chp_2.mb_23 : " ;
	for ( k = (1<<15) ; k != 0 ; k >>= 1 )
	{    if ( k == (1<<7) ) cout << " " ;
	     cout << ((k&c2.chp_2.mb_23) != 0) ;
	}

	cout << "\nc3.chp_3.mb_33 : " ;
	for ( k = (1<<15) ; k != 0 ; k >>= 1 )
	{    if ( k == (1<<7) ) cout << " " ;
	     cout << ((k&c3.chp_3.mb_33) != 0) ;
	}
	cout << "\n" ;

}
```

L'affichage obtenu est :

```
c1 : 00110100 10010101
c2 : 00000100 10010101
c3 : 00000100 10010101
c1.chp_1.mb_13 : 00000000 00000110
c2.chp_2.mb_23 : 00000000 00000110
c3.chp_3.mb_33 : 00000000 00000110
```

On constate que, dans le premier champ, tous les membres sont stockés dans le même mot machine :

- mb_11 : 00110100 1001**0101**
- mb_12 : 00110**100 1001**0101
- mb_13 : **00110**100 10010101

alors que, dans les deux autres champs, le troisième membre est stocké dans un autre mot machine :

- mb_21 : 00110100 1001**0101**
- mb_22 : 00110**100 1001**0101
- mb_23 : **00000000 00000110**

Remarque : Lorsqu'on demande l'affichage direct d'un membre, celui-ci est d'abord affecté à un entier et définit les bits de poids le plus faible du mot correspondant. D'où :

```
c1.chp_1.mb_13 : 00000000 00000110
```

Initialisation de structures, unions et champs de bits — *C*

Les structures et champs de bits s'initialisent suivant le principe des types composés, déjà présenté dans le cas des tableaux. Les règles sont :

- La liste des valeurs est donnée entre accolades dans l'ordre de définition des membres.
- Si des valeurs sont manquantes, les valeurs présentes sont affectées en priorité et dans l'ordre aux premiers membres, et lorsqu'il n'y en a plus, les membres restants sont initialisés à 0, c'est-à-dire que chaque octet est mis à zéro.
- Lorsqu'un type fait appel à d'autres types et qu'il y a définition de structures imbriquées, la syntaxe est récursive c'est-à-dire que la valeur d'un membre peut être définie par l'ensemble des valeurs de chacun des sous-membres placées entre accolades.
- Il ne peut y avoir de définition imbriquée au sein d'un champ de bits !

Enfin, rappelons que l'initialisation des éléments de type union ne peut s'effectuer lors de la déclaration car il faudrait savoir sous quelle forme lire et stocker ces valeurs. Elle devra donc toujours s'effectuer par programmation explicite dans le corps d'une fonction.

II - 1.3.2. Les énumérations — *C*

Les énumérations représentent un type supplémentaire offert par le langage. Il permet de définir un ensemble de constantes symboliques, dans lequel certains éléments de données devront toujours prendre leur valeur. Il est assimilable au type entier car chaque constante symbolique est associée à un numéro entier.

La définition s'effectue à l'aide du mot clef **enum**. Celui-ci doit être suivi du nom donné à l'ensemble de valeurs symboliques, puis de la liste des valeurs de cet ensemble placée entre accolades. Chaque valeur symbolique est définie par un identificateur qui lui est propre (choisi par le programmeur) et est séparée de la suivante par un symbole , (virgule).

Formellement, la syntaxe est :

```
enum nom_enumeration
{   nom_valeur_1,
    nom_valeur_2,
    ...
    nom_valeur_N
} ;
```

Chaque valeur de l'énumération est associée à son numéro d'ordre dans la liste : la première ayant la valeur entière **0**, la deuxième la valeur **1**, et la dernière, la $N^{ième}$, la valeur N-1.

Toutes les opérations sur des entiers sont alors possibles sur des éléments de données de type énumération.

Il n'y a pas de vérification de débordement et, lorsque le résultat sort de l'ensemble, aucune erreur particulière n'est générée.

L'exemple suivant présente l'emploi d'une énumération qui définit la liste des jours de la semaine. Le programme acquiert un numéro de jour et le convertit en la valeur d'énumération correspondante. Ensuite, il affiche la liste des activités prévues jour par jour, à partir du jour spécifié et sur une durée de sept jours.

```
// ENUM_1.CPP : un exemple d'énumération.

#include <iostream.h>

main ()
{   enum jours { Lundi, Mardi, Mercredi, Jeudi,
                                 Vendredi, Samedi, Dimanche } ;
```

```
enum jours jr ;

cout << "Entrez le numéro du jour : " ;
cin >> jr ;
cout << "Menu des sept prochains jours :\n" ;

enum jours j = jr ;
  // La variable j doit être définie en dehors du corps
  // de la boucle, car, sinon, elle ne serait reconnue
  // que dans celle-ci et, par conséquent, incomprise
  // dans le test de fin de boucle : while ( ... ).
do
{   switch ( j )
    {   case Lundi :
            cout << "Cours C++ !!!\n" ; break ;
        case Mardi :
        case Mercredi :
            cout << "Piscine.\n" ; break ;
        case Jeudi :
            cout << "Cinéma.\n" ; break ;
        case Vendredi :
            cout << "Tante Hortense ?\n" ; break ;
        case Samedi :
        case Dimanche :
            cout << "Repos...\n" ; break ;
        default :
            cout << "Erreur ce jour n'existe pas!\n" ;
    }
} while ( jr != ( j==Dimanche ? j=Lundi : ++j ) ) ;

}
```

Si le numéro entré au clavier est 5, l'affichage obtenu est le suivant :

```
Entrez le numéro du jour : Menu des sept prochains jours : 5
Repos...
Repos...
Cours C++ !!!
Piscine.
Piscine.
Cinéma.
Tante Hortense ?
```

En fait, les valeurs d'énumération sont manipulées ici comme des valeurs entières, représentant un code dont le sens est explicité par la valeur correspondante de l'énumération. Par exemple, le code **3** (valeur entière 3) correspond à la valeur de l'énumération **Jeudi** (**0** pour **Lundi** et **6** pour **Dimanche**).

Les instructions de la boucle **do while** méritent quelques commentaires :

- L'utilisation d'une seconde variable **j** permet de ne pas modifier la valeur de **jr**, afin de définir la fin de la boucle.
- Après avoir effectué la boucle, la valeur de **j** est incrémentée par l'instruction **(j==Dimanche ? j=Lundi : ++j)**, avec les conventions suivantes :
    - si **j** est égal à **Dimanche**, la valeur suivante est **Lundi** ;
    - sinon **j** est incrémenté d'une unité.
- Après incrémentation, la valeur est comparée à la valeur initiale conservée dans **jr** ; si elles sont égales c'est que les sept jours ont été affichés, sinon on continue.

L'initialisation de variables de type énumération s'effectue de la même manière que pour les variables de base, comme indiqué dans l'exemple ci-après :

```
enum couleur { blanc, noir, gris } ;

enum couleur cl = noir ;
```

Pour affiner encore cette association avec les valeurs entières, il est possible de spécifier les valeurs à affecter aux différents éléments de l'énumération ; ces valeurs doivent respecter l'ordre spécifié dans la déclaration et donc être croissantes du premier élément de l'énumération au dernier. Par exemple, on peut décider que **blanc** vaut **4**, **noir** vaut **8** et **gris** vaut **89**. Cette spécification s'effectue, dans la liste de définitions, à l'aide de l'opérateur d'affectation. Pour cet exemple, on écrirait :

```
enum couleur { blanc = 4, noir = 8, gris = 89 } ;
```

Ces valeurs ne sont plus modifiables par la suite.

Il est possible de ne préciser que certaines valeurs, les suivantes étant alors construites par incrémentation de la valeur, et les précédentes à l'aide des valeurs par défaut. Par exemple, on peut définir l'ensemble des jours de la semaine par :

```
enum jours { Lundi, Mardi = 7, Mercredi, Jeudi,
                            Vendredi = 90, Samedi, Dimanche } ;
```

Ici, **Lundi** vaut **0**, **Mardi** vaut **7**, **Mercredi 8**, **Jeudi 9**, **Vendredi 90**, **Samedi 91**, **Dimanche 92**.

L'intérêt des définitions de type énumération réside essentiellement dans les deux points suivants :

- cela améliore la lisibilité des programmes ;
- cela permet des vérifications de types supplémentaires lorsque des variables à valeurs entières ne représentent pas la même chose et ne doivent pas être mélangées.

En fait, ce dernier point peut également être obtenu d'une autre manière lorsque l'ensemble des valeurs d'une variable n'est pas fini ou connu, ou qu'elles ne sont pas entières : c'est l'instruction **typedef** présentée ci-après.

Il est également possible de définir des constantes de type énumération. Les lignes suivantes en donnent un exemple :

```
enum en1 { a, b, c } ;

const en1 e1, e2 ;

// Les affectations ci-après sont interdites :
//  e1 = e2 ;
//  e1 = b ;
```

II - 1.3.3. L'instruction typedef C

L'instruction **typedef** permet d'associer à un type particulier un nouveau nom.

Le rôle est double :

- expliciter de manière synthétique le sens de certains types ;
- introduire un typage qui évite l'emploi d'éléments de même structure mais de rôles différents dans des opérations erronées.

Supposons, par exemple, un programme qui manipule des données concernant des quantités de choux-fleurs et de carottes. Il est alors souhaitable d'éviter que soient additionnés par mégarde des choux-fleurs et des carottes. On définit alors un type entier spécifique pour les choux-fleurs et un autre pour les carottes.

Cela peut s'écrire en C/C++ :

```
typedef int Chou_fleur ;
typedef int Carotte ;
```

Formellement, la syntaxe de définition d'un nouveau nom pour un type est :

```
typedef nom_type_connu nouveau_nom_type ;
```

La déclaration de variables de ce nouveau type s'effectue comme les déclarations usuelles.

Pour l'exemple précédent, on peut déclarer un tableau de nombre de choux-fleurs et un tableau de nombre de carottes par :

```
Chou table_chou_fleur [123] ;
Carotte table_carotte [34] ;
```

Les opérations sur des éléments de ces nouveaux types sont autorisées lorsqu'elles le sont sur le type de base. Ici toutes les opérations arithmétiques, logiques, etc., sont possibles avec les éléments de **table_chou_fleur** ou de **table_carotte**.

Par contre, il n'est pas possible d'additionner des éléments de **table_chou_fleur** et de **table_carotte** car ils ne sont pas du même type :

```
table_chou_fleur [23] = 1234 ;
table_carotte [56] = 12 + table_carotte [34] ;
//  table_chou_fleur [1] = table_carotte [2] ; L'affectation
est illicite.
table_chou_fleur [1] = (Chou_fleur )table_carotte [2] ;
```

La dernière ligne est autorisée car elle contient une conversion de type explicite qui transforme l'élément de type **Carotte** en une valeur de type **Chou_fleur**. Ce type de conversion est toujours suspect car contre nature, mais puisqu'en C++ elle doit toujours être explicite, les conversions sont facilement localisables et maintenables.

Cette définition de type peut être aussi bien appliquée à tous les types de base qu'à ceux définis par l'utilisateur. Attention à ne pas redéfinir des types standard. Par exemple, redéfinir le type **int** comme étant un équivalent du type **long** par : ***typedef long int ;***. Heureusement, ce serait rejeté par le Borland C++ et Turbo C++, sinon cela pourrait causer de graves problèmes de portabilité.

II - 2. Les fonctions de C++

Jusqu'ici, seules les instructions de base ont été abordées. Elles permettent d'effectuer des définitions de types, des déclarations de variables, des opérations élémentaires, d'écrire des branchements conditionnels et des boucles. En fait, dans une application C++, ces différentes instructions sont regroupées au sein de fonctions et/ou de classes. Dans ce chapitre, il est fait abstraction des concepts propres à la programmation objet, afin d'assurer une maîtrise initiale des éléments plus classiques du langage. Ainsi, dans un programme C *pur*, la notion de classe n'apparaît pas et toutes les instructions sont intégrées à des corps de fonctions. Le chapitre II - 3 reprendra la question lorsque les concepts de programmation objet seront exploités.

Dans les exemples précédents, toutes les instructions ont été placées à l'intérieur d'une même fonction : **main ()**. Toutefois, pour pouvoir structurer plus finement des programmes moins triviaux que ceux des exemples précédents, il sera nécessaire que le programmeur définisse ses propres fonctions. De plus, la notion de fonction permet de traiter des problèmes qui ne pourraient l'être à l'aide des seules instructions de base.

Par ailleurs, pour pouvoir être exécuté, un programme doit toujours contenir la fonction **main ()**, appelée ***fonction principale.*** En effet, celle-ci constitue le point d'entrée du programme, c'est-à-dire que la première instruction qui sera exécutée sera l'appel de cette fonction. **main** est donc un mot réservé. Pour l'instant, cette information suffit, aussi les caractéristiques propres à cette fonction ne seront pas plus détaillées. Enfin, un programme peut parfois être conçu non pas pour fonctionner de manière isolée, mais plutôt pour fonctionner en liaison avec d'autres, comme une des composantes d'un groupe de programmes ; dans ce cas, il ne doit exister qu'un seul point d'entrée pour toute l'application, certains fichiers ne posséderont donc pas de fonction principale, **main ()**. Ce point sera repris dans le cadre de la compilation séparée, au chapitre IV - 2.3 (tome 2).

A ce stade, il s'agit donc de décrire comment sont définies puis utilisées les fonctions.

Il existe plusieurs styles possibles d'emploi des fonctions. Notamment la syntaxe employée peut être celle du C de base, celle de la norme ANSI du C, ou celle de C++. L'objectif de cet ouvrage étant de présenter la programmation objet en C++, cela n'aurait aucun intérêt de présenter le style du C de base. En effet, celui-ci a déjà été présenté dans de nombreux ouvrages, et, de plus, il n'est pas conseillé par les promoteurs de la norme actuelle de C et future de C++, car cet ancien style n'aide pas à l'obtention de programmes de qualité.

Dans la suite de cet ouvrage, on s'appuiera autant que possible sur les recommandations de la norme ANSI et sur toutes les possibilités offertes par C++ pour mieux garantir un comportement sans faille des fonctions et programmes.

En particulier, le passage d'arguments adoptera un style plus proche du Pascal que du C, mais ce style choisi a l'avantage d'éviter l'emploi des pointeurs. En effet, l'emploi des pointeurs présente parfois des difficultés pour les débutants qui pourront ainsi aborder le problème du passage d'arguments séparément de celui de l'emploi des pointeurs. Le concept et l'emploi de pointeurs seront présentés à la fin de ce chapitre, lorsque les fonctions auront été bien maîtrisées.

Les pointeurs sont parfois ressentis comme étant un peu délicats, mais, sans eux, il est difficile de programmer en C. Bien qu'il soit nécessaire de les maîtriser pour bien percevoir les différences entre C et C++, il reste souvent possible en C++ de ne pas les utiliser explicitement. Le lecteur pourra donc, s'il le souhaite, sauter momentanément ce chapitre et passer directement aux fonctions C++.

II - 2.1. La base des fonctions en C++

Comme précédemment pour les éléments de données on distinguera deux aspects :

- la définition et la déclaration de fonctions ;
- l'emploi (ou appel) des fonctions.

Une fonction est définie par quatre éléments :

- son type (type de la valeur renvoyée) ;
- son nom (un identificateur) ;
- la liste de ses arguments ;
- le corps de la fonction (séquence d'instructions à exécuter lorsqu'elle est appelée).

On remarquera la convention *a priori* de C/C++ : une fonction renvoie toujours une valeur. Un type particulier sera utilisé lorsqu'on veut qu'elle ne renvoie aucune valeur.

La conséquence de cette convention est que, lors de l'appel d'une fonction, l'appel s'assimile à l'obtention de sa valeur, le type de la fonction doit alors être compatible avec le type des autres éléments de données manipulés et surtout il doit être connu.

Il est donc nécessaire de s'assurer qu'une fonction a toujours été déclarée avant son emploi.

Cette déclaration s'effectue en plaçant avant son premier emploi dans le fichier soit la définition elle-même de la fonction, soit juste une déclaration de type. La première solution n'est pas toujours possible, en particulier lors de définitions croisées de fonctions. En général, la seconde solution est considérée comme plus appropriée, plus systématique et plus lisible. C'est celle qui sera adoptée tout au long de cet ouvrage.

Une déclaration de type de fonction s'appelle ***prototype de fonction***.

Soit par exemple le programme suivant qui utilise la fonction **perim_rect** de la première partie.

```
// PERIM_R1.CPP : une définition de la fonction périmètre.

#include <iostream.h>

float perim_rect ( float Long, float larg ) ;
   // Déclaration du type de la fonction de nom perim_rect.

main ()
{  float L, l ;

   cout << "Entrez la valeur de la longueur"
        << " puis de la largeur : " ;
   cin >> L >> l ;
   cout << "Périmètre : " << perim_rect ( L, l ) << "\n" ;
      // Appel de la fonction de nom perim_rect.
}

// Définition de la fonction de nom perim_rect :
float perim_rect ( float longueur, float largeur )
{  float perimetre ;
   perimetre = (longueur + largeur)*2 ;
   return perimetre ;
}
```

On notera que la déclaration d'une fonction doit comporter la description complète de l'interface de cette fonction avec l'extérieur. C'est-à-dire :

- son nom ;
- son type (le type de la valeur de retour) ;
- la liste des types des arguments passés.

Cette dernière liste permet de connaître le nombre d'arguments et le type de chacun.

L'affichage issu de ce programme est :

```
Entrez la valeur de la longueur puis de la largeur : 34 23
Périmètre : 114
```

Pratiquement, connaître le prototype d'une fonction suffit pour savoir comment l'appeler et l'utiliser dans un programme. Le reste de la définition de la fonction correspond à sa structure interne qui ne concerne que celui qui a la charge de programmer cette fonction.

Si le prototype de la fonction n'avait pas été placé avant son appel dans la fonction principale, le compilateur aurait émis le message d'erreur suivant :

```
.Error C:\...\ECRAN.CPP 14: Function 'perim_rect'
should have a prototype in function main()
```

Il est possible de donner un nom aux arguments d'une fonction lors de sa déclaration ; dans ce cas, le nom est complètement ignoré par le compilateur et ne sert que de commentaire pour le lecteur du programme.

C'était le cas ici, le premier argument ayant le nom **Long**, et le second **larg**. Le seul but était de permettre par simple lecture du prototype de déterminer le rôle des arguments.

On aurait aussi pu écrire :

```
float perim_rect ( float, float ) ;
```

ou :

```
float perim_rect ( float Longueur, float largeur ) ;
```

ou encore :

```
float perim_rect ( float toto, float abcdefg ) ;
```

Ce qui dans le dernier cas n'aurait été d'aucun intérêt, car ces derniers noms perturbent plus qu'ils n'expliquent !

On remarquera que ce prototype est rappelé lors de la définition de la fonction. En effet, C++ autorise la définition de plusieurs fonctions portant le même nom mais qui se distinguent les unes des autres par le nombre et le type de leurs arguments. C'est ce qui est appelé la surcharge de fonctions, elle sera présentée au chapitre II - 2.2.

Pour identifier totalement une fonction, il faut donc connaître son prototype dans sa totalité : type, nom, nombre et type des arguments de la fonction.

Attention, le type de la valeur de retour n'est pas discriminant : *deux fonctions dont les prototypes diffèrent uniquement par le type de la fonction seront considérées comme identiques et provoqueront un message d'erreur.*

La version suivante du programme économise la déclaration préalable de la fonction :

```
// PERIM_R2.CPP : deuxième version de la fonction périmètre.

#include <iostream.h>

float perim_rect ( float longueur, float largeur )
{   float perimetre ;
    perimetre = (longueur + largeur)*2 ;
    return perimetre ;
}

main ()
{   float L, l ;

    cout << "Entrez la valeur de la longueur puis de la "
         << "largeur : " ;
    cin >> L >> l ;
    cout << "Périmètre : " << perim_rect ( L, l ) << "\n" ;
}
```

Cette version est correcte, mais n'est pas à conseiller. En effet, lorsque le programme est un peu significatif, il est précieux de pouvoir retrouver rapidement une description succincte de toutes les fonctions employées. La donnée de leur prototype en tête du programme s'avère alors très pratique. Typiquement, le programme précédent s'écrirait sous la forme :

```
// PERIM_R3.CPP : Troisième version de la fonction
// périmètre.
```

```
#include <iostream.h>

float perim_rect ( float, float ) ;

main ()
{   float L, l ;

    cout << "Entrez la valeur de la longueur puis de la "
         << "largeur : " ;
    cin >> L >> l ;
    cout << "Périmètre : " << perim_rect ( L, l ) << "\n" ;
}

float perim_rect ( float longueur, float largeur )
{   float perimetre ;
    perimetre = (longueur + largeur)*2 ;
    return perimetre ;
}
```

Le type void — *C*

Il est possible de spécifier que la fonction ne renvoie aucune valeur, d'aucun type, en la déclarant de type **void**. C'est un type particulier qui peut avoir plusieurs interprétations. En anglais il veut dire ***vide***, et, dans le cas des fonctions, il faut le comprendre comme signifiant *vide de valeur et vide de type.*

Soit, par exemple, une fonction dont le seul rôle est d'effectuer un décompte en affichant les valeurs à l'écran. On peut la définir sans aucune valeur de retour et avec un seul argument : la valeur initiale à partir de laquelle elle doit décompter jusqu'à 0. Son prototype sera alors :

```
void decompter ( int ) ;
```

Et le programme pourrait être :

```
// DECOMPTE.CPP : un exemple de fonction de décompte.

#include <iostream.h>

void decompter ( int valeur_init ) ;

main ()
```

```
{   int init ;

    cout << "Décompte, entrez la valeur initiale : " ;
    cin >> init ;
    cout << "Attention ça va décompter...\n" ;
    decompter ( init ) ;
}

void decompter ( int val )
{   for ( ; val ; --val )
        cout << val << "\n" ;
}
```

Enfin, lorsqu'une fonction n'a aucun argument il suffit de la déclarer, la définir et l'appeler avec une liste vide, comme cela a été fait jusqu'ici pour la fonction **main ()**. Cela n'interdit pas pour autant qu'elle renvoie une valeur.

Il est également possible de spécifier qu'elle n'a pas d'argument en plaçant le mot **void** dans la liste d'arguments. Par exemple, les deux lignes suivantes représentent la même chose :

```
void fonction_1 () ;
void fonction_2 ( void ) ;
```

Elles déclarent, respectivement, que les fonctions de nom **fonction_1** et **fonction_2** ne renvoient pas de valeur et ne reçoivent aucun argument à l'appel.

II - 2.1.1. La définition de fonctions C, C++

Lors de la définition de la fonction, le prototype doit être rappelé afin d'identifier la fonction, mais cette fois un nom doit être donné aux arguments : c'est le nom sous lequel ils seront représentés au sein de la fonction. Une fois le prototype rappelé, le corps de la fonction, c'est-à-dire les instructions qui la représentent, est défini par un bloc d'instructions placé entre accolades.

La structure syntaxique de définition d'une fonction est alors la suivante :

```
type_fonction nom_fonction ( type_argument_1 nom_arg_1,
                             type_argument_2 nom_arg_2,
                             ...
                             type_argument_N nom_arg_N )
{
    Corps de la fonction
}
```

Une fonction ne peut jamais être définie à l'intérieur d'une autre fonction.

Cela signifie qu'il n'est pas possible de limiter l'emploi de telles fonctions à une ou plusieurs autres fonctions. Toutes les fonctions définies dans un même fichier ont le même statut et sont appelables depuis le corps de n'importe laquelle d'entre elles.

Sinon, hormis les remarques précédentes concernant la déclaration préalable des fonctions, la définition peut être effectuée en tête, au milieu ou à la fin du fichier.

Lors de l'appel de la fonction, les instructions contenues dans le bloc sont exécutées les unes après les autres jusqu'à ce que l'accolade fermante du bloc soit rencontrée ou bien jusqu'à la rencontre d'une instruction **return.**

Cette instruction peut être associée à une valeur, elle indique alors au programme d'arrêter l'exécution du bloc et de renvoyer cette valeur.

Toutes les instructions de base et déclarations peuvent être employées dans ce bloc. Une fonction peut être définie en faisant appel à d'autres fonctions. C'était d'ailleurs le cas dans l'exemple précédent où la fonction **main** () était définie avec un appel à la fonction **perim_rect** (). Une fonction peut être définie avec des appels à elle-même, il s'agit alors d'une définition récursive. Mais il faut alors faire attention à spécifier un critère d'arrêt des appels, sinon c'est la boucle infinie.

Par exemple, la fonction de décompte suivante est une forme récursive :

```
void decompter ( int val )
{   if ( val )
```

```
        {   cout << val << "\n" ;
            decompter ( val-1 ) ;
        }
    }
```

Si la valeur de **val** est non nulle, elle est affichée et la fonction est rappelée avec la valeur décrémentée d'une unité.

Sinon, la fonction ne fait rien et s'arrête. L'appel de la fonction pour la valeur 3 provoque l'exécution suivante :

```
//...

decompter ( 3 ) ;

//...

void decompter ( 3 )
{   if ( 3 )  // Vrai.
    {   cout << 3 << "\n" ;
        decompter ( 2 ) ;

        void decompter ( 2 )
        {   if ( 2 )  // Vrai.
            {   cout << 2 << "\n" ;
                decompter ( 1 ) ;

                void decompter ( 1 )
                {   if ( 1 )  // Vrai.
                    {   cout << 1 << "\n" ;
                        decompter ( 0 ) ;

                        void decompter ( 0 )
                        {   if ( 0 )  // Faux.
                                {}  // Fin if (0).
                        }  // Fin decompter (0).
                    }  // Fin if (1).
                }  // Fin decompter (1).
            }  // Fin if (2).
        }  // Fin decompter (2).
    }  // Fin if (3).
}  // Fin decompter (3).
```

La version suivante n'a pas de test d'arrêt pour les appels récursifs et est donc une erreur de programmation qui ne se verra pas lors de la compilation mais qui provoquera une boucle infinie à l'exécution :

```
void decompter ( int val )
{   if ( val )
    {   cout << val << "\n" ;
    }
    decompter ( val-1 ) ;
}
```

Première notion de portée C

Puisqu'il est possible de déclarer des variables à l'intérieur d'une fonction, il est nécessaire de définir une convention concernant l'emploi des noms lorsque l'on passe d'une fonction à l'autre. Cette convention définit ce qui est appelé la portée des identificateurs en C/C++, c'est-à-dire la partie du texte source où l'identificateur sera connu.

Les éléments de données définis et déclarés dans le corps d'une fonction ne sont connus qu'à l'intérieur de la fonction.

De même, les noms des arguments de la fonction, employés lors de la définition de celle-ci, sont connus dans toute la fonction et seulement dans celle-ci.

Idem pour la définition éventuelle de type dans la fonction. Si ce type doit être utilisé dans plusieurs fonctions, il doit alors soit être redéfini à l'intérieur de chacune d'elles, soit être défini globalement pour toutes les fonctions du fichier. En particulier si la valeur de retour est d'un type défini par le programmeur, elle doit être connue globalement dans tout le fichier, la rappeler dans chaque fonction du fichier ne suffirait pas.

De son côté, le nom de la fonction est connu et est associé à son prototype dans l'ensemble du fichier. Une fonction quelconque peut donc être appelée depuis n'importe quelle autre fonction du fichier.

La Figure II - 2.1.1.a explicite sur un exemple les différentes conventions de portée.

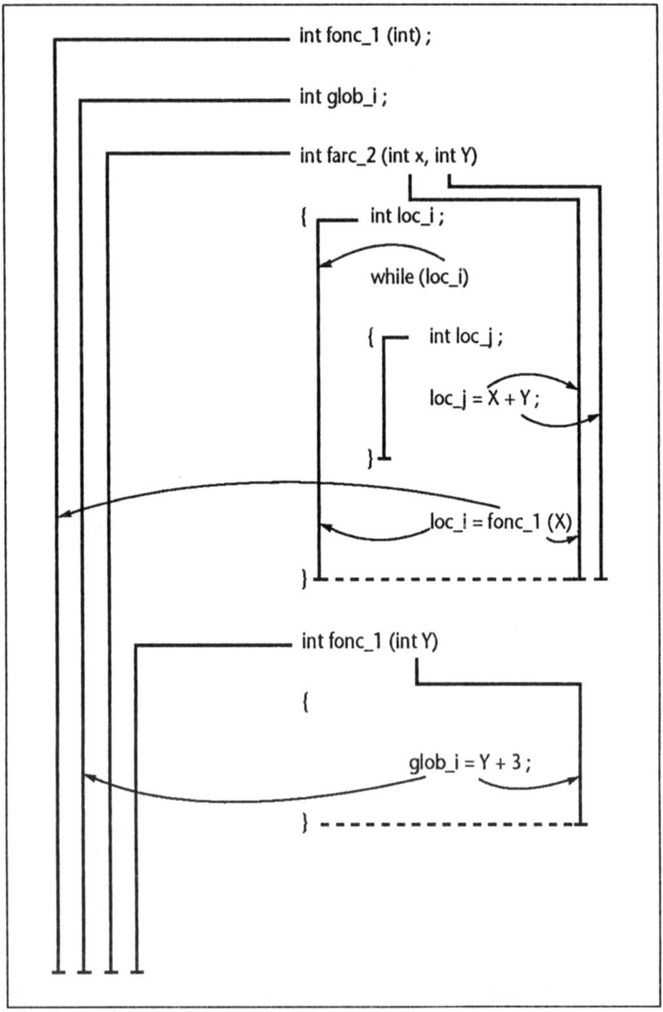

Figure II - 2.1.1.a : Exemple de portées.

Au paragraphe précédent, il a été signalé qu'*a priori* une fonction renvoie toujours une valeur.

Le type de la valeur renvoyée est fixé une fois pour toutes : c'est le type spécifié dans le prototype de la fonction et/ou dans sa déclaration. C'est un type quelconque qui peut être construit et défini par le programmeur, mais il doit être connu par le compilateur au moment de la compilation, par conséquent il doit être spécifié dans le fichier où est définie la fonction et dans tout fichier où elle est utilisée (Cf. : "Les possibilités de compilation séparée", chapitre IV - 2.3 (volume 2).

Il n'est pas possible de définir des fonctions dont la valeur de retour serait un type générique déterminé à l'exécution seulement.

Pour pouvoir déterminer quelle est la valeur à renvoyer, le langage utilise un mot clef : **return**. Il s'agit d'une instruction qui évalue la valeur de l'expression placée après et renvoie sa valeur. Formellement, la syntaxe est :

```
return ( expression_evaluee ) ;
```

L'expression est placée entre parenthèses, et l'instruction doit être ponctuée par ; (un point-virgule). En fait, les parenthèses sont facultatives, mais elles apportent souvent une meilleure lisibilité du programme.

Si le type de l'expression n'est pas celui défini pour la fonction, le compilateur émet un message d'erreur. Si cette instruction n'apparaît pas dans le corps de la fonction, il y a de même envoi d'un message d'erreur.

Cette instruction peut être placée à n'importe quel endroit du corps de la fonction. Dès qu'elle est rencontrée, elle est exécutée, la valeur de retour est calculée, l'exécution de la fonction est arrêtée et la valeur renvoyée.

Soit, par exemple, une fonction qui lit un caractère au clavier tant que celui-ci est différent de 'O' et de 'N', puis qui renvoie sa valeur. Le programme pourrait être :

```
// LIT_CLV1.CPP : Exemple de lecture de caractères
// au clavier.

#include <iostream.h>

char test_oui_non ( void ) ;
    // Déclare une fonction de nom test_oui_non qui renvoie
    // une valeur de type char et qui n'a pas d'argument.

main ()
{   char c ;

    do
    {   c = test_oui_non () ;
        if ( c == 'O' )
            cout << "Vous avez répondu : Oui !\n    On"
                 << " continue...\n" ;
    } while ( c == 'O' ) ;

    cout << "Vous avez répondu : Non.\n    C'est fini !\n";
}

char test_oui_non ( void )
{   char c ;

    do
    {   cout << "Pour continuer, taper O, suivi de "
             << "<Retour Chariot> ;\n sinon, taper N.\n" ;
        cin >> c ;
        if ( c != 'O' && c != 'N' )
            cout << "Erreur ! Recommencez.\n" ;
    } while ( c != 'O' && c != 'N' ) ;

    return c ;  // Renvoie la valeur de la fonction.
}
```

L'affichage produit par une exécution est, par exemple :

```
Pour continuer, taper O, suivi de <Retour Chariot> ;
 sinon, taper N.
O
Vous avez répondu : Oui !
    On continue...
Pour continuer, taper O, suivi de <Retour Chariot> ;
 sinon, taper N.
X
```

```
Erreur ! Recommencez.
Pour continuer, taper O, suivi de <Retour Chariot> ;
 sinon, taper N.
N
Vous avez répondu : Non.
    C'est fini !
```

Ce programme peut s'écrire de manière plus condensée (mais pas forcément plus claire), par exemple comme ci-après :

```
// LIT_CLV2.CPP : autre version d'une fonction de
// lecture clavier.

#include <iostream.h>

char test_oui_non ( void ) ;

main ()
{
    for (;;)  // Version de la boucle for sans contrainte,
              // c'est une boucle infinie.
    {   if ( 'N' == test_oui_non () )
            break ;  // Provoque la sortie immédiate du for.

        // Si on n'est pas sorti de la boucle c'est que la
        // réponse était O.
        cout << "Vous avez répondu : Oui !\n    On"
             << " continue...\n" ;
    }

    cout << "Vous avez répondu : Non.\n    C'est fini !\n";
}

char test_oui_non ( void )
{   char c ;

    while ( 1 )  // Autre forme de boucle infinie.
    {   cout << "Pour continuer, taper O, suivi de "
             << "<Retour Chariot> ;\nsinon, taper N.\n" ;
        cin >> c ;
        if ( c == 'O' || c == 'N' )
            return c ;  // Retour immédiat de la fonction.

        // Si on est encore dans la fonction, c'est qu'une
        // valeur incorrecte a été entrée.
        cout << "Erreur ! Recommencez.\n" ;
```

```
    } while ( c != 'O' && c != 'N' ) ;

    cout << "Ce message ne sera jamais affiché.\n" ;
        // En effet, soit on reste dans la boucle while,
        // soit on sort directement de la fonction.
}
```

On remarquera que l'emploi de l'instruction **return** au sein même de la boucle sert à la fois :

- à interrompre la boucle ;
- à arrêter l'exécution de la fonction ;
- à spécifier la valeur renvoyée.

Ainsi, la dernière instruction de la fonction ne sera jamais atteinte.

Dans la définition de la fonction principale, **main ()**, on remarquera que l'appel de la fonction est assimilé à la valeur qu'elle renvoie, d'où l'expression **'N' == test_oui_non ()** qui est tout à fait correcte. Cette forme économise la déclaration de la variable intermédiaire, **c**.

Enfin, rappelons que si la valeur de retour d'une fonction peut être de n'importe quel type (type de base ou type abstrait défini par le programmeur), il n'est pas possible de définir des fonctions dont la valeur de retour serait un type générique déterminé à l'exécution seulement.

L'exemple suivant, très simple, présente le renvoi d'une valeur de type structure.

```
// RV_STR_1.CPP : Exemple de renvoi de structure par une
// fonction.

#include <iostream.h>

struct rect
{   unsigned Lo ;
    unsigned la ;
} ;

struct rect init_rect ( void ) ;  // Prototype de init_rect.
```

```
main ()
{   struct rect r ;

    r = init_rect () ;
    cout << "r.Lo = " << r.Lo << ", " << "r.la = "
         << r.la << "\n" ;
}

struct rect init_rect ( void )
{   struct rect rt ;

    cout << "Entrez la longueur : " ;
    cin >> rt.Lo ;
    cout << "Entrez la largeur : " ;
    cin >> rt.la ;

    return rt ;
}
```

Dans cet exemple, la fonction **init_rect** renvoie une valeur de type **struct rect**. Compte tenu des règles de portée signalées au premier paragraphe, la définition de ce type a été effectuée en dehors de toute fonction et avant son premier emploi lors de la spécification du type de la valeur de retour de **init_rect** dans son prototype.

Une exécution peut être :

```
Entrez la longueur : 23
Entrez la largeur : 12
r.Lo = 23, r.la = 12
```

II - 2.1.3. Passage d'argument par valeur C

Il existe deux modes de passage d'argument. Le premier, le plus courant et le plus simple, est le passage par valeur. Cela signifie que la valeur des arguments au moment de l'appel est recopiée dans des éléments de données locaux à la fonction (rappelons que les noms des arguments d'une fonction ne sont connus qu'à l'intérieur du bloc définissant celle-ci).

Considérons une fonction qui réalise le calcul de la valeur moyenne des trois valeurs qui lui sont passées. Le programme pourrait être :

```
// MOYENNE1.CPP : Exemple de passage d'arguments par valeur.

#include <iostream.h>

float moyenne ( float, float, float ) ;

main ()
{   float v1, v2, v3 ;

    cout << "Entrez trois valeurs flottantes : " ;
    cin >> v1 >> v2 >> v3 ;

    cout << "Moyenne = " << moyenne ( v1, v2, v3 ) << "\n" ;
}

float moyenne ( float val1, float val2, float val3 )
{ return ( val1 + val2 + val3 )/3. ; }
```

Remarque : Les noms des arguments **val1, val2, val3** auraient pu être **v1, v1, v3** car, compte tenu des règles de portée sur les identificateurs, il s'agit d'éléments de données différents puisque déclarés dans deux fonctions différentes.

L'affichage produit par une exécution pourrait être :

```
Entrez trois valeurs flottantes : 12.34 56.78 90.12
Moyenne = 53.080002
```

Supposons maintenant que l'on veuille remplacer la valeur d'un nombre quelconque par sa valeur absolue. Le programme doit s'écrire :

```
// VAL_ABS1.CPP : exemple de calcul de valeur absolue.

#include <iostream.h>

float val_absolue ( float ) ;

main ()
{   float v ;
```

```
    cout << "Entrez un nombre : " ;
    cin >> v ;
    v = val_absolue ( v ) ;

    cout << "Valeur absolue : " << v << "\n" ;
}

float val_absolue (float val )
{   if ( val < 0 ) return -val ;
    else return val ;
}
```

Ce programme fonctionne. On a par exemple l'exécution suivante :

```
Entrez un nombre : -23.4567890
Valeur absolue : 23.456789
```

Par contre, une erreur fréquente est d'écrire :

```
// VAL_ABS2.CPP : version erronée du calcul de la valeur
// absolue.

#include <iostream.h>

void val_absolue ( float ) ;

main ()
{   float v ;

    cout << "Entrez un nombre : " ;
    cin >> v ;
    val_absolue ( v ) ;

    cout << "Valeur absolue : " << v << "\n" ;
}

void val_absolue ( float v ) { if ( v < 0 ) v = -v ; }
```

Cette fois, on a :

```
Entrez un nombre : -23.4567890
Valeur absolue : -23.456789
```

En effet, le remplacement du nombre par sa valeur absolue est bien effectué, mais seulement sur la variable **v** déclarée à l'intérieur de la fonction **val_absolue** ; cette variable n'a comme seul lien avec la variable **v** de **main** le fait qu'elle est initialisée à la valeur de cette dernière lors de l'appel de la fonction. Lorsque la fonction se termine, la variable est détruite et la valeur absolue est donc perdue.

Pour que ce programme fonctionne, il aurait fallu :

- soit définir la fonction **val_absolue** comme renvoyant une valeur réelle, et renvoyer la valeur absolue ;
- soit utiliser un passage d'argument par référence comme décrit au paragraphe suivant.

II - 2.1.4. Le passage par référence *C++*

Le passage des arguments par valeur permet d'isoler les variables dont les valeurs sont passées à la fonction lors de leur manipulation dans le corps de la fonction.

La fonction apparaît en quelque sorte comme un client qui a le droit de lire les valeurs qu'on lui donne, d'effectuer dessus toutes les opérations qu'il veut, mais en aucun cas ne peut modifier les valeurs des variables du programme appelant. C'est une forme, par défaut, de protection des variables d'une fonction à une autre qui va dans le sens de la maîtrise des logiciels.

Toutefois, l'autorisation d'accès en écriture sur des variables du programme appelant est bien souvent utile, si ce n'est nécessaire. Pour cela, C/C++ autorise un passage des valeurs dit par ***référence***.

Dans ce cas, toute modification effectuée dans le corps de la fonction, sur la variable représentant l'argument de la fonction, est répercutée automatiquement sur la variable correspondante dans la fonction appelante.

Ce type de passage d'argument est spécifique de C++, et n'est pas imposé par la norme C actuelle.

La déclaration d'un passage par référence s'effectue en adjoignant au type de la variable le symbole &. Formellement, la structure est :

```
type_fonction nom_fonction ( type_argument_1,
                                  ...
                                  type_argument_i &,
                                  ...
                                  type_argument_N ) ;
```

Ici, le $i^{ième}$ argument est déclaré comme étant passé par référence.

L'exemple précédent s'écrit alors :

```
// VAL_ABS3.CPP : Exemple de passage d'argument par
// référence.

#include <iostream.h>

void val_absolue ( float & ) ;

main ()
{   float v ;

    cout << "Entrez un nombre : " ;
    cin >> v ;
    val_absolue ( v ) ;

    cout << "Valeur absolue : " << v << "\n" ;
}

void val_absolue ( float &val ) { if (val<0) val = -val ; }
```

Une même fonction peut avoir des arguments passés par valeur et d'autres passés par référence.

Dans les versions initiales de C, le passage par référence n'existait pas en tant que tel, il fallait explicitement passer l'adresse de l'argument et utiliser des pointeurs. L'intérêt de cette obligation peut se discuter, car s'il oblige à expliciter à chaque utilisation de l'argument le fait qu'il s'agit d'un pointeur, et par conséquent que la variable correspondante du programme appelant va être modifiée, cela rend, en contrepartie, les programmes moins évidents, et impose une bonne maîtrise des pointeurs avant toute programmation.

II - 2.1.5. Passage et renvoi de tableaux C

Les tableaux ne sont pas assimilés aux variables usuelles lors de leur passage en argument de fonction ou lors de leur renvoi.

En effet, ils sont toujours considérés comme des variables qui seront manipulées par référence.

En particulier il n'est pas possible de passer simplement un tableau par valeur, il sera toujours passé par référence.

Cela est justifié par la surcharge mémoire que cela causerait s'il fallait recopier tout le contenu d'un tableau à chaque appel de la fonction.

Ainsi, le programme suivant remplace la valeur des éléments d'un tableau par leur valeur absolue, sans qu'il soit besoin de spécifier que le passage s'effectue par référence :

```
// ARG_TAB1.CPP : Exemple de passage de tableau en argument
// de fonction.

#include <iostream.h>

void val_abs_tab ( float [5] ) ;

main ()
{   float tableau [5] ;

    for ( int i = 0 ; i < 5 ; ++i )
    {   cout << "Entrez un nombre : " ;
        cin >> tableau [i] ;
    }

    val_abs_tab ( tableau ) ;

    for ( i = 0 ; i < 5 ; ++i )
    {   cout << "Valeur absolue : "
             << tableau [i] << "\n" ;
    }
}
```

```
void val_abs_tab ( float tab_val [5] )
{   for ( int i = 0 ; i < 5 ; ++i )
        if ( tab_val [i] < 0 )
            tab_val [i] = -tab_val [i] ;
}
```

Cette fois un affichage d'exécution serait, par exemple :

```
Entrez un nombre : -1
Entrez un nombre : 2
Entrez un nombre : -3
Entrez un nombre : 4
Entrez un nombre : -5
Valeur absolue : 1
Valeur absolue : 2
Valeur absolue : 3
Valeur absolue : 4
Valeur absolue : 5
```

Remarques :

- En fait le nom d'un tableau est assimilé à une constante pointeur dont la valeur est l'adresse mémoire du début du tableau. Lors du passage par valeur, c'est la valeur de cette adresse qui est donc passée, c'est pourquoi l'accès au $i^{ième}$ élément stocké à partir de cet adresse correspond effectivement au $i^{ième}$ élément du tableau initial. Ce point sera repris lorsque les pointeurs auront été décrits.

- Dans le programme précédent, la taille doit être connue pour que la boucle **for** s'arrête à la fin du tableau !... Mais cette taille n'est connue que par le compilateur, et n'est plus manipulée lors de l'exécution ; ainsi, pour les tableaux monodimensionnels, elle peut ne pas être spécifiée dans le prototype de la fonction. Par contre, elle ne peut pas apparaître comme un paramètre variable de définition de la fonction. Par exemple, il est correct de déclarer **val_abs_tab** sous la forme :

  ```
  void val_abs_tab ( float [5] ) ;
  ```

  Mais il n'est pas possible de la déclarer sous la forme :

```
void val_abs_tab ( int i, float tab [i] ) ;
```

En effet, ici, la taille du tableau ne peut être définie qu'à l'exécution, lorsque la valeur de **i** sera connue.

Lorsqu'une expression de la forme **tab_val [i]** apparaît, le compilateur évalue la taille en octets d'un élément du tableau (à partir de son type) et calcule la valeur de l'adresse de l'élément à partir de l'adresse de début de tableau (**tab_val**) et du nombre d'éléments à sauter (**i**). Le calcul de l'adresse de l'élément i est : *tab_val + i*sizeof(type_tab_val)*. La dimension du tableau ne sert donc à rien.

- Pour les tableaux multidimensionnels, toutes les dimensions doivent être spécifiées pour que le compilateur sache calculer l'adresse d'un élément. Par exemple, pour un tableau d'entiers à trois dimensions, on aurait :

```
void fonc ( int [12][34][56] ) ;

//...

main ()
{   int tab [12][34][56] ;

//  ...

    fonc ( tab ) ;

//  ...

}

void fonc ( int tb [12][34][56] )
{
//  ...

    cout << tb [7][8][9] ;

//  ...

}
```

- Le calcul de l'adresse de l'élément **tab[i][j][k]** se fait par : *tab + ((i*34 + j)*56 + k)*sizeof(float)*. La première dimension peut donc être omise, mais cela ne nuit pas de préciser !

Enfin, lorsqu'il faut passer tout le contenu d'un tableau à une fonction, il faut soit effectuer une recopie, soit encapsuler le tableau dans un élément de donnée qui, lui, sera intégralement recopié.

L'exemple suivant présente une recopie "manuelle" de tableau :

```
void fonc_ex1 ( int [12] ) ;
        // int [12] fonc_ex1 () est interdit.

main ()
{   int tableau [12] ;

//  ...

    fonc_ex1 ( tableau ) ;

//  ...

}

void fonc_ex1 ( int tab [12] )
{   int table [12] ;

//  ...

    for ( int i = 0 ; i < 12 ; ++i )
        table [i] = tab [i] ;

//  ...

}
```

L'encapsulation peut s'effectuer en définissant le tableau comme étant un membre d'une structure. L'ensemble du contenu est alors recopié lors du passage d'argument. Le programme suivant en donne un exemple :

```
struct tableau { int tab [12] ; } ;

struct tableau fonc_ex2 ( struct tableau ) ;

main ()
{   struct tableau tab1, tab2 ;

//  ...

    tab2 = fonc_ex2 ( tab1 ) ;

//  ...

}

struct tableau fonc_ex2 ( struct tableau t )
{
//  ...

    return t ;
}
```

Ici, non seulement un tableau est passé entièrement par valeur par encapsulation dans une structure, mais de plus il est renvoyé par valeur, par le renvoi de la valeur de la structure.

L'intérêt d'un passage par valeur est de pouvoir modifier la valeur de chaque élément du tableau, sans corrompre les valeurs du tableau initial. Il est assez rare qu'on en ait vraiment besoin, il est donc prudent, avant de le programmer, d'y réfléchir à deux fois.

Attention : dans tous les cas, cette recopie n'a d'existence que pendant la durée de l'appel de la fonction **fonc_ex2**, à son retour les valeurs stockées dans la recopie sont détruites. Par conséquent, seul le renvoi de la totalité des valeurs par l'encapsulation dans une structure permet de récupérer ces valeurs dans la fonction appelante.

Il n'est pas possible de déclarer une fonction comme renvoyant un tableau, elle ne peut tout au plus que renvoyer un pointeur sur le tableau. Dans le premier exemple de recopie, seule l'adresse du tableau où s'est effectuée la recopie peut être renvoyée, et cette procédure est dangereuse car, au retour de la fonction, la zone mémoire correspondante est libérée et disponible pour d'autres fonctions.

II - 2.1.6. Emploi d'arguments constants *C++*

Il est possible de déclarer les arguments d'une fonction comme étant des constantes pour cette fonction. C'est un point très positif pour la sécurisation des programmes, une valeur n'est alors modifiable que si elle n'a pas été déclarée comme constante.

La déclaration d'arguments constants s'effectue de la même manière que la déclaration de variables constantes. On pourra ainsi avoir des variables simples, des tableaux, des structures et des variables de références déclarées constantes.

En particulier, lorsque la valeur de structures de grosse taille doit être passée, l'usage est d'employer un passage par référence mais avec un argument constant.

Le passage par référence permet de ne recopier que l'adresse de la structure (ou de la classe) lors de l'appel de la fonction. Cela utilise le volume mémoire d'un entier uniquement au lieu de recopier l'ensemble des valeurs de la structure. La déclaration de la référence comme constante permet alors d'interdire la modification des valeurs de la référence et d'annuler ainsi les risques amenés par son emploi. Le programme suivant reprend la structure **fiche_individu**, vue au premier chapitre, et donne un exemple de passage d'argument par référence constante.

```
// ARG_CST1.CPP : exemple de passage d'argument constant.

#include <iostream.h>

struct date { int jour, mois, annee ; } ;

struct fiche_individu
{   float taille, poids ;
    struct date date_nais ;
    char nom [32] ;
} ;

date acquisition_date ( void ) ;
```

```
void affichage ( date dt, fiche_individu const &,
                                    fiche_individu & ) ;

main ()
{   fiche_individu ind_X = { 1.75, 65., { 16, 4, 1989 },
                                              { "Gudulle" } },
                   ind_Y ;

    affichage ( acquisition_date (), ind_X, ind_Y ) ;

    cout << "Nom de ind_Y : " << ind_Y.nom << "\n" ;

}

date acquisition_date ( void )
{   date dt ;

    cout << "Entrez la date : le jour, le mois et"
         << " l'année : " ;
    cin >> dt.jour >> dt.mois >> dt.annee ;

    return dt ;
}

void affichage ( date d, fiche_individu const & ind_1,
                                 fiche_individu &ind_2 )
{   cout << "La date est : " << d.jour << ", "
         << d.mois << ", " << d.annee << "\n"
         << "ind_1 : \n" << "    Age : "
         << (1991 - ind_1.date_nais.annee) << "\n"
         << "    Taille : " << ind_1.taille << "\n"
         << "    Poids : " << ind_1.poids << "\n"
         << "    Nom : " << ind_1.nom << "\n" ;

    ind_2 = ind_1 ;
    cout << "Donner un nom de moins de 30 caractères : " ;
    cin >> ind_2.nom ;

}
```

Le programme précédent cumule dans la fonction **affichage** les trois types de passage d'arguments :

- Le premier est passé par valeur. On notera ici l'appel imbriqué de **acquisition_date** dans celui de **affichage**. **acquisition_date** renvoie une valeur de type **date**, la syntaxe est donc correcte. Il s'agit d'une structure de petite taille, on s'est donc permis de la passer directement par valeur.

- Le deuxième argument est passé par référence mais avec le statut de constante. En effet, seule la valeur était utile donc **const** convient mais, comme la donnée était volumineuse, la référence est plus intéressante.

- Le troisième argument est passé par valeur car il doit être modifié en partie. Il ne pouvait donc avoir un statut de constante, c'est une simple référence.

Un affichage d'exécution pourrait être :

```
Entrez la date : le jour, le mois et l'année : 25 7 91
La date est : 25, 7, 91
ind_1 :
    Âge : 2
    Taille : 1.75
    Poids : 65
    Nom : Gudulle
Donner un nom de moins de 30 caractères : Ernestine
Nom de ind_Y : Ernestine
```

Dans la suite de l'ouvrage, des arguments seront passés conformément aux choix suivants :

- Si l'argument a un type dont la taille est de l'ordre de celle des entiers :

    - Si sa valeur dans la fonction appelante ne doit pas être modifiée, il sera passé par valeur. De plus :

        - Si sa valeur ne doit pas non plus être modifiée dans la fonction appelée, il aura le statut de constante.

    - Si sa valeur dans la fonction appelante doit être modifiée, il sera passé par référence.

- S'il a un type dont la taille est plus grande que celle des entiers, il sera passé par référence. De plus :

La valeur dans la fonction appelée / de la fonction appelante	ne doit pas être modifiée	doit être modifiée
ne doit pas être modifiée	passage par valeur en constante	passage par valeur
doit être modifiée	~~pas cohérent~~	passage par référence
est de grande taille (structure, classe, etc)	passage par référence en constante	passage par référence

Figure II - 2.1.6. : Conventions pour le passage d'arguments.

- Si sa valeur dans la fonction appelante ne doit pas être modifiée, la référence aura le statut de constante.

Ces conventions se résument dans la Figure II - 2.1.6.

II - 2.2. Les facilités de C++

A partir des principes précédents, C++ offre, par rapport à C, des possibilités nouvelles de définition et d'emploi des fonctions. Il s'agit de :

- La ***surcharge*** de fonctions, c'est-à-dire la possibilité de donner un même nom à des fonctions dont le nombre et/ou le type des arguments sont différents.

- La capacité de définir des fonctions à nombre d'arguments variable.

- La spécification de valeurs par défaut pour les arguments, lorsque ceux-ci ne sont pas précisés lors de l'appel.

- Et enfin, la possibilité de remplacer l'appel d'une fonction par l'exécution séquentielle de son code à l'endroit où serait effectué son appel. Il s'agit des fonctions

inline, principe proche de celui de la macrodéfinition en C.

Ces facilités offertes par C++ sont à considérer surtout comme des facilités d'écriture des programmes, plus que comme l'introduction de concepts nouveaux des langages objets, comme la classe, l'héritage ou le polymorphisme.

II - 2.2.1. La surcharge *C++*

Comme cela a été signalé au chapitre II - 2.1, l'identification complète d'une fonction s'effectue par la donnée de :

- son nom (un identificateur) ;
- du nombre de ses arguments ;
- et du type de chacun d'eux.

Ainsi, les quatre prototypes de fonctions suivants désignent quatre fonctions distinctes :

```
// Première fonction :
float moyenne_3_val ( float, float, float ) ;

// Deuxième fonction :
float moyenne ( float, float, float ) ;
    // Le nom est différent de la première.

// Troisième fonction :
float moyenne ( float, float ) ;
    // Le nombre d'arguments est différent de celui
    // de la deuxième.

// Quatrième fonction :
float moyenne ( float, int, float ) ;
    // Le type du deuxième argument est distinct de celui
    // spécifié dans la deuxième fonction.
```

Il est bien sûr nécessaire que chacune de ces fonctions soit définie séparément des autres, pour pouvoir être utilisée.

On peut considérer que le nom de la fonction vu par le compilateur est en fait de la forme :

```
nomfonction_typearg1..._typeargn
```

C'est-à-dire, pour l'exemple précédent :

```
// Première fonction :
moyenne_3_val_float_float_float

// Deuxième fonction :
moyenne_float_float_float

// Troisième fonction :
moyenne_float_float

// Quatrième fonction :
moyenne_float_int_float
```

Par contre, le type de la valeur de retour d'une fonction n'est pas considéré comme discriminant. Par exemple, le texte suivant provoquera l'émission d'un message de définition multiple de la fonction :

```
float moyenne ( float, float, float ) ;
  // Nom : moyenne_float_float_float. Renvoie un flottant.

int moyenne ( float, float, float ) ;
  // Le nom est également : moyenne_float_float_float.
  // Renvoie un entier.
```

Remarque : En Turbo C++, le statut **const** permet de définir un nouveau type pour l'argument. Ainsi, les deux déclarations de fonctions suivantes définissent bien deux fonctions différentes pour C++ :

```
void exemple ( int ) ;

//...

void exemple ( int const ) ;
```

Par contre, là où ça se gâte, c'est lors de l'appel de la fonction. En effet, il n'est pas possible de déterminer au moment de l'appel si la fonction à appeler est la fonction **exemple (int)** ou la fonction **exemple (int const)**. L'instruction sera donc refusée par le compilateur. C'est une petite incohérence : le compilateur commence par accepter ces déclarations et il refuse ensuite l'appel des fonctions...

Un autre point à signaler est que le statut de référence pour les arguments d'une fonction ne spécifie pas un type particulier. Par exemple :

```
void exemple ( int ) ;

//...

void exemple ( int & ) ;
```

sont considérés comme deux versions différentes du même prototype de fonction. Le compilateur refusera donc ces lignes.

En général, la surcharge de fonctions est utilisée lorsqu'il est nécessaire de définir plusieurs variantes d'implémentation d'une même fonction, dont globalement le traitement conserve le même sens. Cela permet d'alléger la lecture d'un programme et de concentrer l'attention du lecteur sur les points vraiment essentiels.

II - 2.2.2. Surcharge d'opérateurs *C++ !*

Sur le même principe que la surcharge de fonctions, il est possible de surcharger des opérateurs. Le type des arguments de ces opérateurs étant alors l'élément discriminant.

En fait, en C, certains opérateurs sont déjà surchargés. Tous les opérateurs arithmétiques, par exemple, sont définis aussi bien pour des arguments de type **int** ou **float**, et l'opérateur = (égal) est valide pour tous les types. Pourtant, les opérations correspondantes sur la machine ne seront pas les mêmes.

C++ offre en plus la possibilité de surcharger certains opérateurs pour les adapter à ses besoins, en particulier pour pouvoir les utiliser avec ses propres types.

Formellement, la définition d'un nouvel opérateur s'effectue à l'aide du mot clef **operator** et en redéfinissant l'opérateur comme s'il s'agissait d'une fonction. La syntaxe est la suivante :

```
type_resultat operator Symbole ( type_arg1 nom_arg1,
                                 type_arg2 nom_arg2,
                                 ...
                                 type_argn nom_argn )
{
    Corps de la fonction...
}
```

Avec toutefois les restrictions suivantes :

- Le nombre d'arguments (appelé encore l'*arité*) des opérateurs redéfinis doit être le même que celui des opérateurs de base.
- L'ordre des arguments doit également être respecté (c'est-à-dire que, pour les opérateurs binaires, le premier argument représente l'argument gauche, et le second l'argument droit).
- Le type des arguments doit être différent de ceux déjà gérés par les opérateurs standard du langage.

C'est-à-dire, en pratique, qu'ils doivent rester à un ou à deux arguments suivant l'opérateur d'origine. La commutativité n'est pas conservée *a priori*, même si l'opérateur de base est commutatif. Tout dépend de la manière dont est définie la fonction représentant la nouvelle version de l'opérateur. Par exemple, on verra au chapitre II - 3.2.2 une surcharge de l'opérateur * qui ne conserve pas la propriété de commutativité de celui-ci : le résultat de **A*B** sera différent de **B*A** (ce qui sera normal car il s'agit de la multiplication de matrices).

Par contre, la priorité des opérateurs est fixée une fois pour toutes et ne peut pas être modifiée par surcharge.

Tous les opérateurs peuvent être surchargés à l'exception de . .* :: ::* ?: et **sizeof** qui sont strictement réservés à l'usage standard défini par C++.

Le texte suivant réalise la surcharge des deux opérateurs + (addition) et - (soustraction) afin qu'ils puissent être employés avec des arguments de type complexe.

```
// OP_SRG_1.CPP : Exemple de surcharge des opérateurs
// + et -.

#include <iostream.h>

struct complexe
{   float reel ;
    float imag ;
} ;

// Addition de deux complexes :
struct complexe operator + ( struct complexe x,
                                        struct complexe y )
{   struct complexe z ;

    z.reel = x.reel + y.reel ;
    z.imag = x.imag + y.imag ;

    return z ;
}


// Opposé d'un complexe :
struct complexe operator - ( struct complexe x )
{   struct complexe z ;

    z.reel = - x.reel ;
    z.imag = - x.imag ;

    return z ;
}


// Soustraction de deux complexes :
struct complexe operator - ( struct complexe x,
                                        struct complexe y )
{   struct complexe z ;

    z.reel = x.reel - y.reel ;
    z.imag = x.imag - y.imag ;

    return z ;
}
```

```
main ()
{   struct complexe z, x1 = { 12, 34 }, x2 = { 56, 78 } ;

    z = x1 + x2 ;

    cout << "x1.reel = " << x1.reel << ", x1.imag = "
         << x1.imag << "\n" ;
    cout << "x2.reel = " << x2.reel << ", x2.imag = "
         << x2.imag << "\n" ;
    cout << "z.reel = " << z.reel << ", z.imag = "
         << z.imag << "\n" ;

}
```

L'affichage sera alors :

```
x1.reel = 12, x1.imag = 34
x2.reel = 56, x2.imag = 78
z.reel = 68, z.imag = 112
```

Il aurait aussi été possible de surcharger les opérations d'affichage pour traiter globalement les valeurs complexes. Toutefois, **cout** étant un membre de la classe **ostream** définie dans **iostream.h**, la syntaxe aurait été légèrement différente, c'est pourquoi nous avons préféré ne pas nous en préoccuper et attendre d'avoir abordé le chapitre sur la programmation objet.

De même, les opérateurs ( ) et [ ] peuvent être surchargés, et un exemple sera proposé en III - 2.5 et III - 2.6 (volume 2).

Enfin, rappelons que les opérations standard ne peuvent pas être transformées. Par exemple, l'opérateur + (addition) ne peut être redéfini avec des arguments **int**, **float**, ou **char**. Si cela apparaît nécessaire, c'est que les types manipulés ont en fait des comportements différents des types de base et il faudrait alors les renommer en définissant un type équivalent.

Une redéfinition par **typedef** ne suffit pas à Borland C++ et Turbo C++ pour considérer le type comme étant un type vraiment nouveau. Ainsi, les lignes :

```
typedef int nouvel_int ;
```

```
//...

nouvel_int operator + ( nouvel_int, nouvel_int ) ;
```

provoquent un message d'erreur du compilateur spécifiant que l'opérateur + ne peut être redéfini si ses arguments ne sont pas du type "classe". En fait, un type structure suffit. Les lignes précédentes peuvent alors être remplacées par :

```
struct nouvel_int { int entier ; } ;

//...

nouvel_int operator + ( nouvel_int, nouvel_int ) ;

nouvel_int operator + ( nouvel_int arg_gauche,
                        nouvel_int arg_droit )
{

//  ...

}
```

On a ainsi redéfini un type "entier" sur lequel l'addition peut être réalisée différemment.

Les opérateurs rencontrent les mêmes problèmes d'ambiguïté de surcharge lorsque les types des arguments ne se distinguent les uns des autres qu'à l'aide des spécifications de statut **const**, ou du passage par référence, &. Le programme **SURCHARG.CPP** présente ces problèmes sur deux exemples simples.

```
// SURCHARGE.CPP : Un problème d'identification de
// fonctions surchargées.

#include <iostream.h>

void fonction ( int i ) { cout << " Globale int\n" ; }

void fonction ( int const i )
{ cout << " Globale int const\n" ; }

// void fonction (int & i) { cout << " Globale int &\n" ; }
```

```
// Confusion avec fonction ( int ) ;

// void fonction ( int const & i )
// { cout << " Globale int const &\n" ; }
// Confusion avec fonction ( int const ) ;

void fonction ( int * i ) { cout << " Globale int\n" ; }


struct exemple {} ;

void operator + ( exemple e )
{ cout << " Global exemple\n" ; }
void operator + ( exemple const e )
{ cout << " Global const exemple\n" ; }

// void operator + ( exemple & e )
//{ cout << " Global & exemple\n" ; }
// Confusion avec operator+ ( exemple ) ;

// void operator + ( exemple const & e )
// { cout << " Global const & exemple\n" ; }
// Confusion avec operator+ ( exemple const ) ;

main ()
{   int i ;

//     fonction ( i ) ; Instruction refusée, car les deux
// fonctions se distinguent par leur prototype, mais pas
// par leur appel.

    exemple e ;
//    +e ; Idem.

}
```

Il existe de nombreuses exceptions et modifications des règles usuelles de surcharge, lorsqu'il s'agit d'opérateurs. Toutefois, comme en pratique la surcharge intervient surtout en liaison avec l'utilisation des classes de la programmation objet, il a été choisi de présenter en détail ces différentes exceptions au chapitre consacré à la programmation objet proprement dite. D'ici là, il suffira de savoir que les opérateurs suivants ont des règles particulières de surcharge : << >> ++ -- , = * -> ->* [ ] ( ) **new delete**.

II - 2.2.3. Nombre d'arguments variable *C++ !!*

Il apparaît parfois utile de définir des fonctions dont le nombre d'arguments n'est pas fixé lors de leur définition. C'est à l'intérieur de la fonction même qu'est alors réalisée la détermination du nombre d'arguments. Formellement, la déclaration d'une telle fonction s'effectue en remplaçant une partie de la liste d'arguments par ..., cette séquence de symboles points étant réservée à cet usage dans la syntaxe.

Toute la liste peut être remplacée par ..., mais dans ce cas, il n'y a pas de moyen standard pour accéder aux différents arguments, ce qui présente en général peu d'intérêt. Formellement, la syntaxe est :

```
type_valeur_retour nom_fonction
    ( liste premiers arguments, ... ) ;
```

ou, sans placer la dernière virgule :

```
type_valeur_retour nom_fonction
    ( liste premiers arguments ... ) ;
```

Considérons par exemple une fonction qui calcule la moyenne d'un ensemble de valeurs. Supposons de plus que ce nombre soit susceptible de varier, il serait alors fastidieux et même impossible de définir une fonction différente pour chaque nombre d'arguments possible. On définira donc en une seule fois une fonction moyenne dont le nombre d'arguments est variable.

Pratiquement, la récupération des arguments à l'intérieur de la fonction fait appel à des instructions prédéfinies : **va_start**, **va_arg**, **va_end**.

La liste des arguments doit être récupérée dans une variable de type **va_list**.

- **va_start** récupère la liste des arguments passés à la fonction. Elle s'emploie avec deux arguments : le premier est la liste, le second est le nom du dernier argument connu de la liste. La fonction devra donc être définie avec au moins un argument connu avant le symbole .... Son "prototype" est :

void va_start (va_list, *nom_argument* **).**

- **va_arg** renvoie le premier argument de la liste et l'enlève. Deux arguments sont nécessaires : la liste et le type de l'argument qui va être lu. Ce type doit donc être connu ! Le prototype est :

  type_arg **va_arg (va_list,** *type_arg* **).**

- **va_end** permet de remettre tout en état. Le nom de la liste lui est passé. Sa forme est :

  void va_end (va_list).

En fait, il ne s'agit pas vraiment de fonction mais de macro-instructions : c'est une facilité d'écriture, qui autorise l'utilisation de types variables. Pour plus de détails, voir au chapitre IV - 2.1 (volume 2) l'emploi des macro-instructions, un exemple présentera les instructions précédentes.

Pour pouvoir utiliser ces pseudo-fonctions, il est nécessaire d'inclure leur définition. Cela se fait en incluant le fichier d'en-tête standard **stdarg.h**.

L'exemple suivant indique un emploi de fonction à nombre d'arguments variable :

```
// ARG_VAR1.CPP : Exemple de définition et d'emploi d'une
// fonction à nombre d'arguments variable.

#include <iostream.h>
#include <stdarg.h>

double moyenne ( int, ... ) ;
    // On peut aussi écrire : moyenne ( int ...).

main ()
{
    cout << "Moyenne de 5 nombres : "
         << moyenne ( 5, 1., 2., 3., 4., 5. ) << "\n" ;
```

```
    cout << "Moyenne de 8 nombres : "
         << moyenne ( 8, 1., 2., 3., 4., 5., 6., 7., 8. )
         << "\n" ;
    cout << "Moyenne de 3 nombres : "
         << moyenne ( 3, 1., 2., 3. ) << "\n" ;
}

double moyenne ( int nb_arg, ... )
    // Ou encore : moyenne ( int nb_arg ... ).
{   va_list lst ;

    va_start ( lst, nb_arg ) ;

    double m = 0. ;
    for ( int i = 0 ; i < nb_arg ; i++ )
        m += va_arg ( lst, double ) ;

    va_end ( lst ) ;

    return m/(double )nb_arg ;
}
```

Dans ce programme, chaque appel de la fonction **moyenne** contient un nombre différent d'arguments. Ces appels sont acceptés, car ils sont cohérents avec la définition **moyenne (int, ...)**.

L'affichage produit par le programme **ARG_VAR1.CPP** est :

```
Moyenne de 5 nombres : 3
Moyenne de 8 nombres : 4.5
Moyenne de 3 nombres : 2
```

Attention, dans ce type d'utilisation, il semble que Borland C++ et Turbo C++ aient du mal à gérer des arguments de type **float**. En effet, si, dans le programme précédent, les déclarations **double** sont remplacées par **float** et les valeurs de constantes **double** sont remplacées par des valeurs **float** (par exemple : **1.f**, **2.f**, etc.), alors le programme "passe" bien à la compilation mais affiche des résultats erronés...

Dans ce type de déclaration, on peut spécifier un nombre quelconque d'arguments connus. Toutefois, ceux-ci, au moins, devrons alors être présents lors de tous les appels à la fonction.

Attention aux conflits de déclarations. Par exemple, si on ajoute la déclaration suivante dans le programme, le compilateur émettra un message d'erreur :

```
float moyenne ( int, float, float, ...) ;
```

En effet, la déclaration **moyenne (int, ...)** inclut implicitement la déclaration : **moyenne (int, float, float, ...)**. Dans ce cas, le compilateur ne saurait laquelle des deux fonctions choisir.

Remarque : En fait, ce type de déclaration permet au compilateur de ne pas vérifier le type de toute la liste d'arguments.

Les ... doivent toujours être après la liste d'arguments spécifiés, le type des éventuels arguments supplémentaires n'est alors pas vérifié par le compilateur.

Enfin, il faut souligner que le nombre d'arguments doit être connu au moment de l'appel : il n'est pas possible d'écrire un appel de fonction avec un nombre d'arguments non précisé.

En fait, cette solution n'est pas très propre ni très souple. Il est bien meilleur de gérer soi-même les fonctions à nombre d'arguments variable, en se constituant sa propre liste. Cette fois, la liste doit être constituée dynamiquement lors de l'exécution du programme. Le seul argument passé à la fonction sera alors la liste, et l'appel sera toujours de la même forme avec une valeur de cette liste.

II - 2.2.4. Valeurs par défaut d'arguments *C++*

C++ permet de définir des valeurs par défaut pour des arguments qui n'auraient pas été précisés lors de l'appel. Toutefois, ces paramètres omis ne peuvent être que les derniers de la liste, il ne peut y avoir de "trou" dans l'appel.

Ces valeurs par défaut doivent être spécifiées dans le prototype de la fonction, et non lors de sa définition, sauf si la définition sert également à la déclaration de son prototype.

Les valeurs par défaut sont spécifiées lors de la première déclaration de la fonction, dans la liste des arguments. La syntaxe est identique à celle employée pour l'initialisation de variables lors de leur déclaration. L'exemple suivant utilise une fonction qui incrémente la valeur d'un nombre complexe d'une valeur passée en argument, et par défaut, elle l'incrémente d'une unité.

```
// VAL_DEF.CPP : Un exemple de fonction avec valeur
// par défaut.

#include <iostream.h>

struct complexe
{   float reel ;
    float imag ;
} ;

const struct complexe Dix = { 10., 10. } ;

void increment ( struct complexe &,
                               struct complexe y = Dix ) ;

main ()
{   struct complexe x = { 12., 34. }, y = { 4., 4. } ;

    cout << "x : ( " << x.reel << ", "
         << x.imag << " ), y : ( " << y.reel << ", "
         << y.imag << " )\n" ;
    increment ( x, y ) ;
    cout << "(x = x + y) : ( " << x.reel << ", "
         << x.imag << " )\n" ;

    increment ( x ) ;
    cout << "Valeur par défaut : ( 10., 10. ), x "
         << "incrémenté : ( " << x.reel << ", "
         << x.imag << " )\n" ;
}

void increment ( struct complexe & cpx, struct complexe y )
{ cpx.reel += y.reel ; cpx.imag += y.imag ; }
```

Remarques : Une erreur de syntaxe aurait été de définir la valeur par défaut lors de la définition du corps de la fonction et non lors de la donnée de son prototype en tête du programme. La fonction **increment** doit modifier la valeur de son premier argument, celui-ci est donc passé par référence pour que la fonction ait directement accès à la zone mémoire qui lui est associée, d'où l'écriture : **increment (struct complexe & cpx, struct complexe y = Dix)** ;. Le second argument représente la quantité d'incréments, il suffit donc de le passer par valeur. Une valeur par défaut lui est, par ailleurs, associée.

Lors du premier appel de la fonction **increment**, une valeur est passée en second argument de la fonction, celle-ci est alors utilisée et la valeur par défaut est ignorée. Dans le second appel, une seule valeur est passée, la valeur par défaut est alors utilisée pour remplacer la valeur manquante.

L'affichage produit par le programme est alors :

```
x : ( 12, 34 ), y : ( 4, 4 )
(x = x + y) : ( 16, 38 )
Valeur par défaut : ( 10., 10. ), x incrémenté : ( 26, 48 )
```

II - 2.2.5. Fonctions "inline" *C++*

L'appel d'une fonction en C/C++ représente toujours une procédure relativement lourde. En particulier, il y a empilement des valeurs des arguments, d'une variable pour la valeur de retour et de l'adresse où reprendra le programme après l'appel, puis il y a branchement sur le code de la fonction.

Pour de petites fonctions simples et sans récursion, l'appel de la fonction peut prendre plus de temps que l'exécution de la fonction elle-même ! C++ offre la possibilité d'implémenter de manière plus performante ces fonctions en remplaçant l'appel de la fonction lors de la compilation par le texte même du corps de celle-ci. Cela s'effectue à l'aide du mot clef **inline.**

Par exemple, la fonction d'incrément précédente peut être déclarée **inline.**

```
// INLINE.CPP : exemple de fonction inline.

#include <iostream.h>

struct complexe
{   float reel ;
    float imag ;
} ;
```

```
const struct complexe Dix = { 10., 10. } ;

inline void increment ( struct complexe & cpx,
                                        struct complexe y = Dix )
{ cpx.reel += y.reel ; cpx.imag += y.imag ; }

main ()
{   struct complexe x = { 12., 34. }, y = { 4., 4. } ;

    cout << "x : ( " << x.reel << ", "
         << x.imag << " ), y : ( "
         << y.reel << ", " << y.imag << " )\n" ;

    increment ( x, y ) ;

    cout << "(x = x + y) : ( " << x.reel << ", "
         << x.imag << " )\n" ;

    increment ( x ) ;

    cout << "Valeur par défaut : ( 10., 10. ),\n"
         << "x incrémenté : ( " << x.reel << ", "
         << x.imag << " )\n" ;
}
```

Remarque : Pour que le code d'une fonction **inline** puisse être inséré dans le code du programme à la place de l'appel, le compilateur doit connaître la définition de cette fonction avant son premier appel, c'est pourquoi elle est déclarée et définie en tête du programme.

Cette forme d'utilisation est très proche de la notion de macro-instruction qui existe en C *pur* (pour plus de détails sur les macro-instructions, voir au chapitre IV - 2.1 (volume 2) le paragraphe concernant la directive de compilation **#define**).

En fait, il s'agit d'une demande qui ne peut pas toujours être exécutée par le compilateur, en particulier lorsqu'elle contient des boucles (**for, while, do while**) ou des appels emboîtés de fonctions et que le compilateur ne peut prévoir à l'avance l'enchaînement des appels qui aura effectivement lieu. Dans ce cas, l'instruction est simplement ignorée.

Il faut noter que s'il y a gain en temps d'exécution, la taille du code exécutable est par contre nettement plus importante, puisque le code de la fonction, au lieu d'être stocké une seule fois, est dupliqué autant de fois qu'il y a d'appels.

Enfin, bien que la démarche consistant à déclarer les fonctions **inline** dès que c'est possible soit à conseiller, cela n'entraîne pas toujours de gain en temps d'exécution très significatif, aussi ne faut-il pas en faire une règle trop stricte, ni en attendre des miracles !

II - 2.3. Statut et portée des variables en C/C++

C/C++ offre une possibilité supplémentaire de structuration des programmes : la limitation d'emploi des variables à un sous-ensemble du programme. Pour cela, la syntaxe du langage est basée sur quelques règles simples et systématiques dites ***règles de portée*** :

- Lorsqu'un identificateur est défini à l'intérieur d'un bloc, sa définition et son identification ne sont valides qu'à l'intérieur de ce bloc. Une telle variable est dite ***locale.***

  Le corps d'une fonction est considéré comme un bloc, un identificateur défini dans le corps d'une fonction n'est donc connu qu'au sein de celle-ci.

- Lorsqu'un identificateur est redéfini dans un sous-bloc d'un bloc où il a déjà été défini, la nouvelle définition remplace la précédente dans le sous-bloc.

- Lorsqu'un identificateur est défini en dehors de tout bloc particulier, la définition est alors prise en compte pour tout le fichier. Une telle variable est dite ***globale.***

  Ainsi, les fonctions qui sont définies en dehors de tout bloc sont connues dans l'ensemble du fichier. Au sein d'un même fichier, le seul moyen de définir une fonction qui ne soit pas connue par toutes les autres est de l'associer à une classe particulière et de jouer sur l'accessibilité des membres de classe. Ce point sera vu en détail au chapitre II - 3.

En plus de ces règles de syntaxe, il est possible de spécifier des ***statuts*** particuliers :

- **register** permet de demander au compilateur de stocker la variable dans un registre... C'est un statut un peu désuet dont le rôle est d'aider à l'optimisation des programmes. Il n'est utilisable qu'avec des variables entières. Toutefois, le compilateur reste seul juge et peut décider de ne pas en tenir compte ! Les versions actuelles des compilateurs effectuent d'ailleurs, bien souvent, des optimisations à ce niveau plus performantes que celles proposées par le programmeur. En fait, on obtient de meilleurs résultats en travaillant sur la conception même du programme plutôt que sur des détails de production du code assembleur. Pour la suite, cette directive peut être complètement oubliée !

- **const**, pour des variables dont la valeur ne doit pas être modifiée, permet de définir des constantes symboliques pour un fichier, ou seulement au sein d'un bloc. Ce statut permet également d'interdire la modification de variables lorsqu'elles sont passées à une fonction.

- **extern**, pour des éléments définis dans d'autres fichiers, encore appelés variables ou fonctions ***externes***.

- **static**, lorsqu'il s'agit soit de variables locales auxquelles on veut garantir une certaine persistance (variables ***statiques*** ou ***persistantes***), soit de fonctions dont on veut interdire l'accessibilité depuis d'autres fichiers.

II - 2.3.1. Variables locales, globales, externes C

Il existe trois niveaux de portée en C/C++ : le bloc, associé aux variables locales, le fichier, pour les variables globales, l'application, pour les variables externes. La Figure II - 2.3.1.a représente ces différents niveaux.

Dans cet exemple, les portées sont les suivantes :

- Les variables ne sont connues (nom et type) qu'à partir de l'endroit de leur définition.

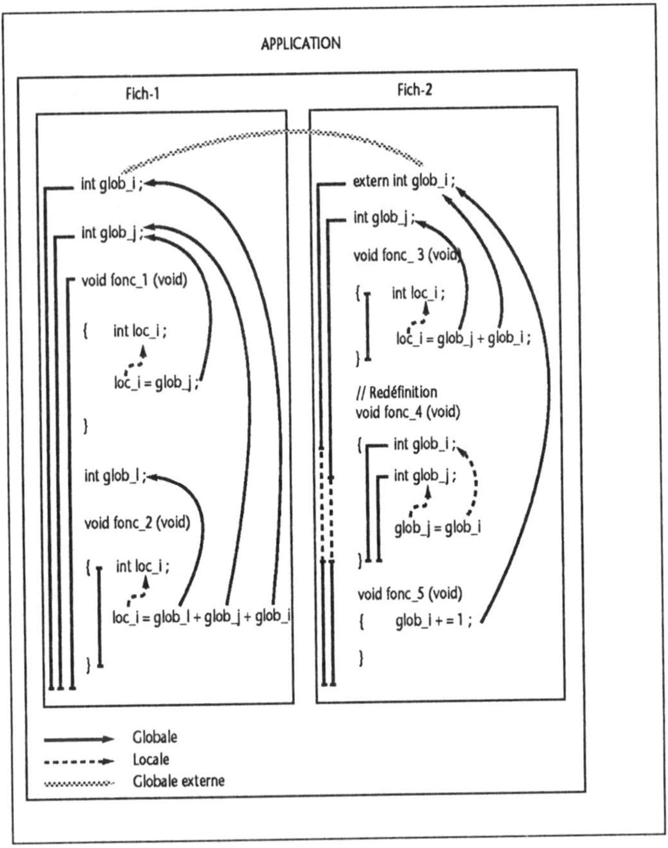

Figure II - 2.3.1.a : Règles de portée.

- La variable ***globale*** **glob_i** est connue dans tout le fichier **Fich_1** et dans tout le fichier **Fich_2**, car elle est définie en ***globale*** dans **Fich_1** et déclarée en ***externe*** dans **Fich_2**. Bien que connue et manipulée par deux fichiers distincts, elle ne sera stockée en mémoire qu'une seule fois dans le code du fichier où elle a été définie, c'est-à-dire, en l'occurrence, **Fich_1**.

- La variable globale **glob_j** de **Fich_1** est connue dans tout le fichier **Fich_1** et seulement dans ce fichier.

- Même chose pour la variable **glob_j** de **Fich_2**, qui n'est connue que dans ce fichier et n'entre donc pas en conflit avec celle de même nom de **Fich_1**.

- La variable **glob_l** est également globale, mais n'est connue que dans la partie du fichier qui fait suite à sa déclaration.

- La première variable **loc_i** est connue uniquement à l'intérieur de la fonction **fonc_1**, elle est définie en local à cette fonction. Une seconde déclaration de cette variable, **loc_i**, apparaît dans la fonction **fonc_2**, elle est également locale à cette fonction et n'entre donc pas en conflit, ni en correspondance, avec celle définie dans **fonc_1**. De même, l'utilisation en local à la fonction **fonc_3** de **Fich_2** d'une autre variable de nom **loc_i** ne pose aucun problème car elle est complètement décorrélée des autres.

- Les variables **glob_i** et **glob_j** apparaissent dans la fonction **fonc_4** de **Fich_2**, et y sont redéclarées. Leur ancienne identité en tant que variable globale externe et globale (respectivement) est alors complètement oubliée et est remplacée par leur redéfinition locale à **fonc_3**. Une fois sorti de **fonc_3**, leur ancienne définition est reprise en compte.

La Figure II - 2.3.1.b représente les différentes zones de stockage associées aux variables.

Par défaut, une variable globale n'est pas externe, par contre par défaut une fonction est externe ! Le statut **static** permet d'associer aux fonctions une portée réduite au fichier.

Les exemples suivants explicitent les différents cas de figure :

```
// PORTEE_1.CPP : exemple de portée.

int glob_i ;

void fonc ( void )
{   int loc_i ;
```

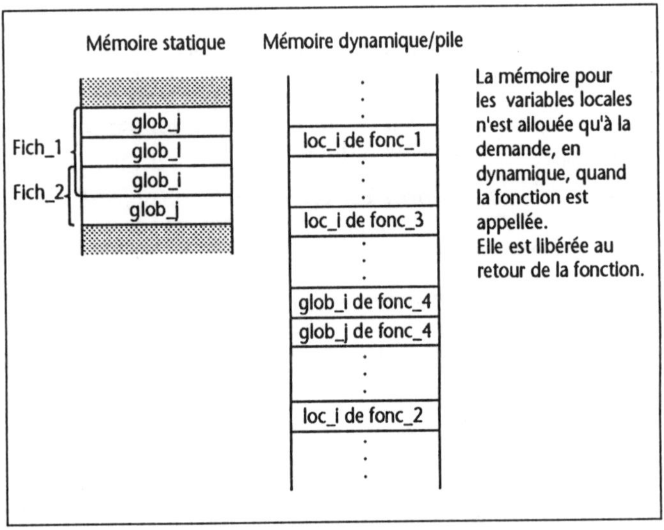

Figure II - 2.3.1.b : Portée et stockage mémoire.

```
//  ...

    if ( loc_i )
    {   int loc_j ;  // loc_j ne sera connue que dans
                     // le bloc de ce "if".
        char loc_i ;  // Redéfinition de loc_i,
                      // dans ce bloc.

//  ...

        if ( loc_j )
        {   float loc_i :  // Nouvelle redéfinition
                           // de loc_i.

//          ...

        }

//      ...

        loc_i = 'a' ;
```

```
//      ...

    }

//  ...

    loc_i = 0 ;  // Nous sommes revenus dans le bloc
        // principal de fonc (), loc_i est donc de nouveau
        // considérée comme une variable entière.

    for ( int loc_k = 12 ;  // Définition d'une variable
              // supplémentaire pour la boucle "for", mais
              // attention, cette définition n'est pas
              // effectuée dans le corps de la boucle, elle
              // est donc valide pour tout le bloc où est
              // située la boucle elle-même.
          loc_i < loc_k ; loc_i++ )
    {   float loc_j = 13. ;
        double glob_i ;  // Redéfinition de glob_i pour
                         // ce bloc.
//      ...

    }

//  ...

    loc_k = 34 ;  // Ici, la définition de loc_k est
                  // encore valide.

//  ...

}

//...

float glob_l ;

//...
```

Il faut en fait considérer qu'au nom d'un identificateur est associé implicitement le nom du bloc. On peut considérer que le compilateur voit le programme précédent comme s'il avait été rédigé sous la forme suivante :

```
int glob_i_fichier ;

void fonc ( void )
```

```
{   int loc_i_fonc ;

//  ...

    if ( loc_i_fonc )  // Bloc if_1
    {   int loc_j_if_1 ;
        char loc_i_fonc_if_1 ;

//      ...

        if ( loc_j_if_1 )  // Bloc if_1_if_2
        {   float loc_i_fonc_if_1_if_2 ;

//          ...

        }

//      ...

        loc_i_fonc_if_1 = 'a' ;

//      ...

    }

//  ...

    loc_i_fonc = 0 ;

    for ( int loc_k_fonc = 12 ;
          loc_i_fonc < loc_k_fonc ;
          loc_i_fonc++ )  // Bloc for
    {   float loc_j_for = 13. ;
        double glob_i_fichier_for ;
//      ...

    }

//  ...

    loc_k_fonc = 34 ;

//  ...

}
```

```
//...

float glob_1_fichier ;

//...
```

II - 2.3.2. Portée et définition de type C

Les définitions de types respectent également les règles de portée. Par conséquent, une définition de type n'est connue et valide qu'au sein du bloc où elle est effectuée. En général, les données sont amenées à être échangées entre plusieurs fonctions. Dans ce cas, pour que plusieurs fonctions puissent manipuler des éléments du même type, il faut que ce type soit connu d'une manière globale au niveau de l'ensemble du fichier contenant les fonctions. Ainsi, dans l'exemple d'incrément d'un nombre complexe, deux fonctions manipulaient ce type d'éléments : la fonction principale, **main**, qui définissait la valeur initiale du nombre complexe et la fonction d'incrément elle-même, **increment**. Il a été, par conséquent, nécessaire de définir le type **struct complexe** de manière globale pour tout le fichier. Il n'y a pas moyen d'éviter cela ; en effet, une redéfinition du type au sein de chaque fonction aurait bien permis de manipuler cette structure dans le corps de chacune d'elles, mais n'aurait pas permis de passer des valeurs d'un type uniquement local, d'une fonction à une autre. Même l'écriture du prototype de **increment** aurait été refusée car il aurait fait référence à des instructions globales pour le fichier et à un type non défini de manière globale, et donc non connu par le compilateur.

Il est rare que la définition d'un type local à une fonction soit nécessaire ou utile. En général, il est beaucoup plus efficace et fiable de définir les nouveaux types de manière globale.

Lorsqu'une variable est externe et possède un type défini par le programmeur, il est nécessaire que ce type soit connu dans tous les fichiers où elle est utilisée.

Dans le fichier où elle est déclarée, cela ne pose en général pas de problème puisque le programmeur y a, normalement, défini le type associé. Dans les autres, la simple donnée du nom de son type ne permet pas au compilateur de déterminer la constitution de celui-ci. Comme, de plus, chaque fichier doit pouvoir être compilé séparément, le compilateur exige que soit rappelée, redéclarée, dans chaque fichier, chaque définition de type utilisé ! Ce point ne peut être évité, même s'il est possible d'adopter un style de conception et de programmation qui facilite grandement les choses, mais c'est une autre histoire qui sera abordée au chapitre IV - 2.2.4 (volume 2).

Enfin, il faut signaler une exception regrettable dans ces principes :

- Il est possible de définir un type au sein d'un autre type, mais si un nom lui est donné, alors celui-ci est connu dans toute la suite du fichier de manière globale.

L'exemple suivant explicite ce point.

```
// STR_IMB1.CPP : Exemple de structure imbriquée.

#include <iostream.h>
#include <string.h>

struct individu
{   char nom [30] ;
    struct  // Définition d'une structure imbriquée.
    { int jour, mois, annee ; } date_nais ;
} ;

main ()
{   struct individu idv1, idv2 ;

    cout << "Nom : " ;
    cin >> idv1.nom ;
    cout << "Date de naissance : " ;
    cin >> idv1.date_nais.jour >> idv1.date_nais.mois
        >> idv1.date_nais.annee ;

    strcpy ( idv2.nom, "Toto" ) ;
        // Recopie la chaîne "Toto" dans idv2.nom.

    idv2.date_nais = idv1.date_nais ;
        // Nouvel individu avec un nom bidon et
```

```
        // la même date de naissancc.
    cout << "idv2 :\n    Nom : " << idv2.nom
         << "\n    Date de naissance : "
         << idv2.date_nais.jour << " "
         << idv2.date_nais.mois << " "
         << idv2.date_nais.annee << ".\n" ;

}
```

L'affichage produit est :

```
Nom : Gudule
Date de naissance : 12 9 73
idv2 :
    Nom : Toto
    Date de naissance : 12 9 73.
```

Si, maintenant, un nom est donné à la structure utilisée pour la date de naissance :

```
// STR_IMB2.CPP : Exemple de structure imbriquée avec nom.

#include <iostream.h>
#include <string.h>

struct individu
{   char nom [30] ;
    struct date  // Définition d'une structure
                 // imbriquée avec un nom.
    { int jour, mois, annee ; } date_nais ;
} ;

main ()
{   struct individu idv1, idv2 ;
    struct date dt = { 1, 2, 98 } ;
      // Le type struct date est connu dans tout le fichier.

    cout << "Nom : " ;
    cin >> idv1.nom ;
    cout << "Date de naissance : " ;
    cin >> idv1.date_nais.jour >> idv1.date_nais.mois
        >> idv1.date_nais.annee ;

    strcpy ( idv2.nom, "Toto" ) ;
    idv2.date_nais = dt ;
```

```
        // Nouvel individu avec un nom bidon et la date "dt".
    cout << "idv2 :\n    Nom : " << idv2.nom
         << "\n    Date de naissance : "
         << idv2.date_nais.jour << " "
         << idv2.date_nais.mois << " "
         << idv2.date_nais.annee << ".\n" ;

}
```

l'affichage est cette fois :

```
Nom : Hernest
Date de naissance : 30 5 54
idv2 :
    Nom : Toto
    Date de naissance : 1 2 98.
```

Bien que **struct date** soit défini à l'intérieur du type **struct individu**, on peut y faire référence indépendamment de **struct individu**, comme le montre la déclaration :

```
struct date dt = { 1, 2, 98 } ;
```

II - 2.3.3. Persistance des variables   C, C++

Outre les différences de définition de portée liées au caractère global ou local des variables, celles-ci ont des propriétés de persistance qui leur sont propres :

- Les variables ***globales*** sont des données dites ***persistantes***, c'est-à-dire que leurs valeurs ne sont modifiées que par des ordres explicites d'écriture.
- Les variables ***locales*** sont, par contre, ***volatiles***, c'est-à-dire que leurs valeurs ne sont pas conservées d'une entrée dans leur bloc à une autre (ou encore d'un appel de fonction à un autre).

Pratiquement, cela se traduit par le fait que les variables globales sont stockées dans la mémoire statique du programme, alors que les variables locales sont stockées dans la mémoire de pile du programme.

La mémoire de pile est utilisée à la demande par le programme, en fonction de ses besoins contextuels. Ainsi, lors de l'appel d'une fonction, cette zone mémoire sert à mémoriser les adresses de départ et de retour du programme, ainsi qu'à allouer la mémoire nécessaire au stockage de la valeur de retour de la fonction, des valeurs de ses arguments et de la valeur des différentes variables locales utilisées par la fonction. Au retour de la fonction, l'ensemble de cette zone mémoire est libérée et est disponible pour une nouvelle utilisation.

Les informations stockées dans la pile apparaissent donc clairement comme des informations volatiles, qui ne sont garanties que pendant la durée de l'appel de la fonction.

L'exemple suivant explicite ces deux comportements :

```
// PERS_VOL.CPP : exemple de variables persistantes
// et volatiles.

#include <iostream.h>

int var_persist = 12 ;  // Déclaration d'une variable
                        // globale, persistante.

void fonction ( void ) ;  // Une fonction quelconque.

main ()
{
    cout << "Valeur initiale affichée depuis main () :\n"
         << "  main_0 : var_persist = "
         << var_persist << "\n" ;

    var_persist += 10 ;  // Affectation d'une valeur à
                         // la variable globale var_persist.
    cout << "   Après incrément de var_persist, de 10,"
         << " dans main () :\n    main_1 : var_persist = "
         << var_persist << "\n" ;

    fonction () ;
    cout << "\n  Après le premier appel de fonction () :\n"
         << "  main_2 : var_persist = " << var_persist
         << "\n" ;

    fonction () ;
    cout << "\n  Après le second appel de fonction () :\n"
         << "  main_3 : var_persist = " << var_persist
```

```
          << "\n" ;

}

void fonction ( void )
{   int var_volat ;   // Déclaration d'une variable
                      // locale, volatile.

    cout << "\nEntrée dans fonction () :\n  fonction_0 :"
         << " var_persist = " << var_persist << "\n  "
         << "fonction_0 : var_volat = " <<var_volat<<"\n";

    var_volat += 100 ;
    cout << "   Après incrément de var_volat, de 100, "
         << "dans fonction :\n    fonction_1 : var_volat"
         << " = " << var_volat << "\n" ;

    var_persist += 1000 ;
    cout << "   Après incrément de var_persist, de 1000, "
         << "dans fonction :\n    fonction_1 : var_persist"
         << " = " << var_persist << "\n" ;

}
```

La variable locale, **var_volat**, n'est pas initialisée à une valeur particulière, elle aura alors la valeur présente dans la zone mémoire de la pile qui lui est affectée, parfois ce sera **0**, parfois, et même le plus souvent, ce sera n'importe quoi.

L'exécution de ce programme provoque l'affichage suivant :

```
Valeur initiale affichée depuis main () :
  main_0 : var_persist = 12
    Après incrément de var_persist, de 10, dans main () :
    main_1 : var_persist = 22

Entrée dans fonction () :
  fonction_0 : var_persist = 22
  fonction_0 : var_volat = 0
    Après incrément de var_volat, de 100, dans fonction :
    fonction_1 : var_volat = 100
    Après incrément de var_persist, de 1000, dans fonction :
    fonction_1 : var_persist = 1022

  Après le premier appel de fonction () :
```

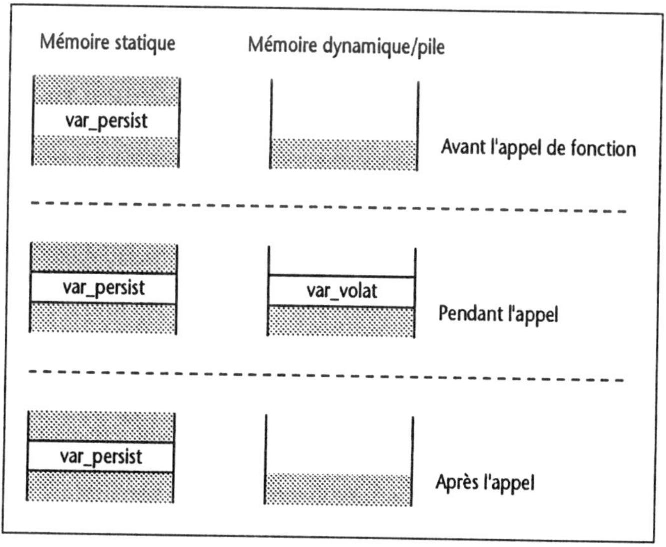

Figure II - 2.3.3.a : Représentation mémoire des variables locales.

```
    main_2 : var_persist = 1022

  Entrée dans fonction () :
    fonction_0 : var_persist = 1022
    fonction_0 : var_volat = 0
      Après incrément de var_volat, de 100, dans fonction :
      fonction_1 : var_volat = 100
      Après incrément de var_persist, de 1000, dans fonction :
      fonction_1 : var_persist = 2022

    Après le second appel de fonction () :
    main_3 : var_persist = 2022
```

La Figure II - 2.3.3.a précise la représentation mémoire des différentes variables.

Remarque : Les variables ***externes*** sont toujours des variables ***globales*** et sont donc ***persistantes***.

Variables globales volatiles *C++*

Parfois, certaines variables globales peuvent être modifiées sans que ce soit directement par le programme, par exemple lorsqu'il s'agit d'applications mettant en oeuvre simultanément plusieurs tâches (ou processus ou programmes) et que ces tâches possèdent des ***données communes*** (données ou variables encore qualifiées d'***externes***). L'une de ces données est alors susceptible d'être modifiée, par plusieurs tâches, sans que le programme où elle est définie puisse le déterminer. Il est alors conseillé de déclarer cette variable comme étant malgré tout ***volatile***. Cela s'effectue simplement en plaçant le mot clef **volatile** devant la déclaration de la variable. Par exemple :

```
volatile int var_glob_volat ;
```

Dans ce cas, le compilateur évite d'effectuer des optimisations qui supposeraient que la variable soit persistante.

Variables locales persistantes, ou statiques *C*

A l'inverse du cas précédent, il est possible d'imposer que des variables locales soient persistantes, c'est-à-dire stockées non pas dans la mémoire de pile mais dans la mémoire statique.

La spécification de ce statut s'effectue en plaçant le mot clef **static** devant la déclaration de la variable. L'exemple précédent se réécrit avec des variables statiques sous la forme :

```
// PERS_STA.CPP : exemple de variables persistantes et
// statiques.

#include <iostream.h>

int var_persist = 12 ;  // Déclaration d'une variable
                        // globale, persistante.

void fonction ( void ) ;  // Une fonction quelconque.

main ()
{
    cout << "Valeur initiale affichée depuis main () :\n"
         << "main_0 : var_persist = " <<var_persist<<"\n";
```

```
    var_persist += 10 ;  // Affectation d'une valeur à la
                         // variable globale var_persist.
    cout << "\n  Après incrément de var_persist, de 10, "
         << "dans main () :\n  main_1 : var_persist = "
         << var_persist << "\n" ;

    fonction () ;
    cout << "\n  Après le premier appel de fonction () :\n"
         << "  main_2 : var_persist = "
         << var_persist << "\n" ;

    fonction () ;
    cout << "\n  Après le second appel de fonction () :\n"
         << "  main_3 : var_persist = "
         << var_persist << "\n" ;

}

void fonction ( void )
{   int var_volat ;
    static int var_static ;  // Déclaration d'une variable
                             // locale statique.

    cout << "\nEntrée dans fonction () :\n  fonction_0 : "
         << "var_persist = " << var_persist << "\n  "
         << "fonction_0 : var_static = " <<var_static<<"\n";

    var_static += 100 ;
    cout << "    Après incrément de var_static, de 100, "
         << "dans fonction :\n    fonction_1 : "
         << "var_static = " << var_static << "\n" ;

    var_persist += 1000 ;
    cout << "    Après incrément de var_persist, de 1000, "
         << "dans fonction :\n    fonction_1 : var_persist"
         << " = " << var_persist << "\n" ;

}
```

L'affichage devient :

```
Valeur initiale affichée depuis main () :
main_0 : var_persist = 12
  Après incrément de var_persist, de 10, dans main () :
  main_1 : var_persist = 22

Entrée dans fonction () :
```

```
fonction_0 : var_persist = 22
fonction_0 : var_static = 0

  Après incrément de var_static, de 100, dans fonction :
  fonction_1 : var_static = 100
  Après incrément de var_persist, de 1000, dans fonction :
  fonction_1 : var_persist = 1022

Après le premier appel de fonction () :
main_2 : var_persist = 1022

Entrée dans fonction () :
  fonction_0 : var_persist = 1022
  fonction_0 : var_static = 100

    Après incrément de var_static, de 100, dans fonction :
    fonction_1 : var_static = 200
    Après incrément de var_persist, de 1000, dans fonction :
    fonction_1 : var_persist = 2022

  Après le second appel de fonction () :
  main_3 : var_persist = 2022
```

On constate que, d'un appel à l'autre de la fonction, la valeur de **var_static** a été conservée, contrairement à ce qui se passait dans la version précédente où la variable était volatile. En effet, au premier appel, l'affichage donne :

```
fonction_0 : var_static = 0

  Après incrément de var_static, de 100, dans fonction :
  fonction_1 : var_static = 100
```

Puis, au second appel, on constate que l'ancienne valeur a été conservée et que c'est elle qui va être incrémentée :

```
fonction_0 : var_static = 100

  Après incrément de var_static, de 100, dans fonction :
  fonction_1 : var_static = 200
```

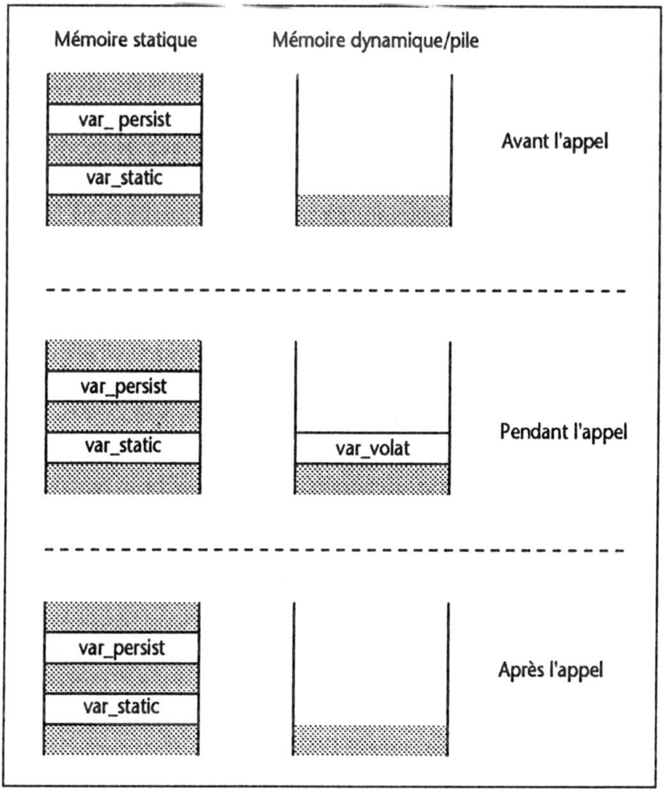

Figure II - 2.3.3.b : Représentation mémoire des variables statiques.

La Figure II - 2.3.3.b montre la représentation mémoire des différentes variables pour cette nouvelle version.

Variables globales et fonctions statiques *C*

Le statut de **static** peut également être spécifié pour les variables globales ou les fonctions. Dans ce cas, il signifie uniquement que l'accès à ces éléments est interdit depuis tout autre fichier que le fichier où elles sont définies.

C'est une déclaration précieuse car, par défaut, les variables globales et les fonctions sont accessibles depuis un autre fichier dans lequel elles sont déclarées comme **extern**. Si cet accès n'est pas prévu lors de la conception de l'ensemble de l'application, il peut y avoir confusion au moment de l'édition de liens entre plusieurs éléments de même nom, mais définis dans des fichiers distincts. Pour éviter cela, il est bon de systématiquement spécifier un statut **static** pour des éléments (variables globales ou fonctions) qui ne sont *a priori* pas partagés par d'autres fichiers. Ce point sera repris sur un exemple au chapitre III - 2 sur la compilation séparée.

L'opérateur de résolution de portée *C++*

Comme cela a pu apparaître implicitement aux paragraphes précédents, une variable locale peut avoir un nom affecté à une variable globale ; dans ce cas le compilateur considère qu'il y a redéfinition de la variable au sein du bloc, et privilégie la dernière définition de la variable locale. Toutefois, il est possible d'imposer au compilateur de prendre en compte la définition de la variable globale. Il suffit pour cela d'utiliser l'***opérateur de résolution de portée*** qui permet de spécifier explicitement à quel identificateur on fait référence. Cet opérateur se note :: et se place juste devant l'identificateur, chaque fois qu'on l'emploie.

Le programme suivant présente un exemple d'utilisation de cet opérateur :

```
// RES_PORT.CPP : exemple de variables persistantes et
// statiques.

#include <iostream.h>

int var = 12 ;

main ()
{   float var = 1.234 ;

    cout << "Valeur de la variable locale var de main () : "
         << var << "\n" ;

    cout << "Valeur de la variable globale var de "
         << "RES_PORT.CPP : " << ::var << "\n" ;
```

```
    var += ::var ;  // La variable locale var est
    // incrémentée de la valeur de la variable globale var.
    cout << "var += ::var ; Valeur de la variable locale "
        << "var de main () :\n  " << var << "\n" ;

}
```

L'affichage est ici :

```
Valeur de la variable locale var de main () : 1.234
Valeur de la variable globale var de RES_PORT.CPP : 12
var += ::var ; Valeur de la variable locale var de main () :
  13.234
```

En fait, l'opérateur de résolution de portée ne peut permettre ici que la distinction variable locale / variable globale ; lorsque plusieurs blocs sont emboîtés avec redéfinition de certaines variables locales, seule la dernière définition des variables locales et la définition des variables globales sont accessibles. Les redéfinitions intermédiaires de variables locales ne le sont pas.

Cet opérateur est surtout employé dans le cadre de programmation objet afin de distinguer les membres d'une classe héritière des membres de même nom des classes parentes. Il sera donc repris plus en détail au chapitre II - 3.3 consacré à la programmation objet.

L'initialisation des variables *C*

Les valeurs par défaut d'initialisation sont différentes selon le statut des variables :

- Toutes les variables ***globales***, ***persistantes***, ***statiques*** ou ***externes***, sont initialisées, par défaut d'initialisation explicite, à la valeur **0**, c'est-à-dire que tous les bits de la zone mémoire associée sont mis à **0**.

- Les variables **locales**, **volatiles** ne sont, *a priori*, pas initialisées par défaut, elles contiennent alors la valeur correspondant à la zone mémoire qui leur est affectée dans la pile, c'est-à-dire n'importe quoi.

- Les variables ***locales statiques*** sont initialisées, à défaut d'autre spécification, à la valeur 0, comme pour les variables globales.

Remarques :

- La mise à zéro par défaut de variables complexes peut parfois avoir des incidences non prévues sur le déroulement du programme, en particulier dans des structures où cette valeur représente une valeur utile et non par défaut.

- L'initialisation de variables persistantes (globales, ou locales et statiques) ne s'effectue qu'une fois au chargement du programme. Elles ne sont donc que très peu coûteuses en temps d'exécution. Par contre, l'initialisation des variables locales s'effectue à chaque appel de la fonction où elles sont définies. L'initialisation est donc un petit peu plus coûteuse en temps d'exécution, mais garantit une meilleure maîtrise du comportement aux limites des programmes.

Il est donc recommandé de toujours effectuer une initialisation explicite de chaque variable, tableau, etc.

Les principes d'initialisation ont été présentés lors de la description des différents types de variables. A noter que, lors de l'initialisation de structures complexes avec des accolades, seules des constantes peuvent être placées dans les accolades. La référence à des variables ou expressions plus complexes n'est pas acceptée entre accolades.

II - 2.4. Les pointeurs C

Le concept de pointeur est une notion fondamentale en C, sans laquelle il était difficile de programmer jusqu'à l'introduction récente (en C) du concept de référence qui peut le remplacer avantageusement dans bien des cas.

Son emploi n'est pas difficile, mais il nécessite la connaissance de règles de syntaxe supplémentaires, c'est pourquoi il a été choisi de le présenter séparément.

Dans la pratique, aussi bien en C "pur" qu'en programmation objet avec C++, les pointeurs s'avèrent très utiles pour la mise en oeuvre de structures de données récursives comme les listes ou les arbres, ou lors de la gestion de l'allocation dynamique de mémoire.

II - 2.4.1. Le concept *C*

Un ***pointeur*** représente l'endroit de la mémoire où est stockée une information. C'est une variable qui contient l'adresse mémoire d'une donnée particulière.

En fait, il faut prendre conscience ici que, pour la machine, une information en mémoire est caractérisée par trois éléments :

- L'endroit précis où est mémorisée l'information dans la machine, c'est-à-dire son ***adresse mémoire***.

- La nature de l'information, définissant les opérations machine à utiliser lors de sa manipulation, c'est-à-dire son ***type***.

- La ***valeur*** de l'information elle-même.

L'endroit où sont stockées les informations est défini par un nombre entier, donnant le nombre d'octets entre sa position actuelle et le début de la zone mémoire.

Un pointeur est une variable qui peut stocker la valeur d'une adresse mémoire, c'est-à-dire une valeur entière représentant un nombre d'octets.

Pour que l'information soit utile, il faut connaître la nature de l'information mémorisée à l'adresse indiquée, c'est-à-dire son type. ***Un pointeur sera donc toujours associé à un type de données particulier.***

On peut avoir en C/C++ des pointeurs sur tous les types de données existants ou définis par le programmeur.

On aura ainsi des pointeurs sur des entiers, des pointeurs sur des flottants, des pointeurs sur des tableaux de caractères et des pointeurs sur des fonctions !

Il s'agit de variables comme les autres, et par conséquent elles se déclarent, s'initialisent et se manipulent par des opérations particulières. Elles respectent les mêmes règles de portée et de statut que les autres variables.

De même, on pourra avoir des tableaux de pointeurs, des fonctions renvoyant des valeurs de pointeurs, des pointeurs passés en arguments et des pointeurs de pointeurs !

II - 2.4.2. Définition et utilisation — *C*

Formellement, la syntaxe est la suivante :

```
Nom_type_pointe * nom_pointeur ;
```

Les lignes ci-après présentent quelques déclarations de pointeurs :

```
int * ptr_i ;  // Un pointeur sur une zone mémoire
               // stockant des informations de type int.

unsigned long *ptr_l ;  // Un pointeur sur une variable
                        // de type unsigned long.

double * ptr_d ; // Un pointeur sur une variable double.

struct date  // Définition d'un type struct date.
{   int jour, mois, annee ;   } ;

struct date *ptr_dt ;  // Un pointeur sur une variable
                       // struct date.

    // On aura de même des pointeurs sur des unions
    // ou des énumérations.

// Et toujours plus fort !

int * * ptr_ptr_i ;  // Un pointeur sur (un pointeur sur
                     // (une variable entière) )...
```

L'initialisation d'un pointeur ne peut s'effectuer qu'en lui affectant la valeur de l'adresse d'une variable déjà existante.

Pour cela, on dispose d'un opérateur unaire particulier, l'***opérateur d'adressage*** &.

& nom_variable représente alors la valeur de l'adresse où est stockée la valeur de la variable **nom_variable.** L'initialisation d'un pointeur s'effectue alors en lui affectant cette valeur, comme indiqué dans l'exemple suivant :

```
int i = 12 ;  // Une variable entière.

int *ptr_i = &i ; // Un pointeur sur un int, initialisé
                  // à l'adresse de la variable i.
```

Il existe d'autres manières d'initialiser un pointeur, en particulier lors de l'allocation dynamique de mémoire et la création d'instances de classe. Ce cas sera abordé au chapitre III - 3.3 (tome 2).

La seconde opération importante est la manipulation de la valeur stockée à l'adresse contenue par le pointeur. Pour cela, on dispose d'un opérateur unaire spécifique, appelé ***opérateur de déréférencement***, et noté *.

*** nom_pointeur** représente alors la valeur stockée à l'adresse indiquée par le pointeur **nom_pointeur**. Ainsi on remarque que, lors de la déclaration d'un pointeur, c'est le type de la valeur pointée qui est déclaré, la forme ***nom_pointeur** correspondant à cette valeur. L'expression *** nom_pointeur** peut ensuite remplacer la variable partout où celle-ci aurait pu être employée.

La représentation mémoire des éléments déclarés dans l'exemple ci-dessus est donnée par la Figure II - 2.4.2.a.

Le programme suivant présente une première utilisation très simple de pointeur.

```
// POINT_1.CPP : premier exemple d'emploi de pointeur.

#include <iostream.h>

main ()
{   int i = 12 ;
```

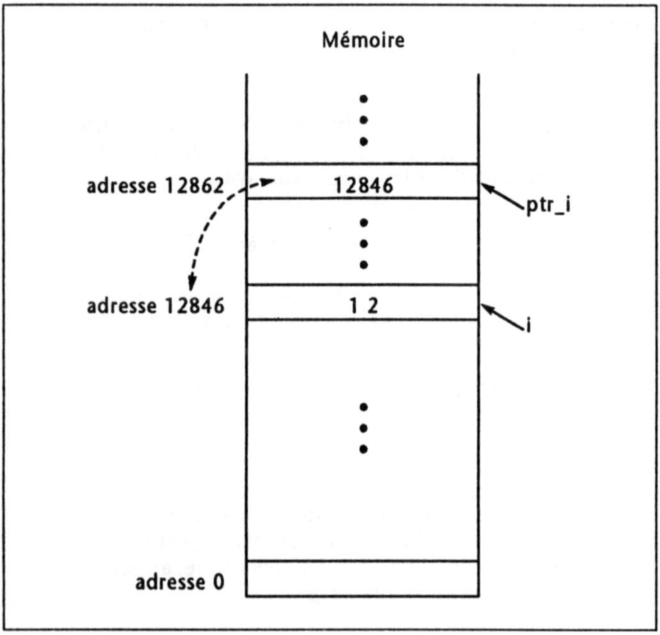

Figure II - 2.4.2.a : Représentation mémoire d'un pointeur.

```
int *ptr_i = &i ;

cout << "Valeur de i : " << i << "\n" ;
cout << "Valeur de *ptr_i : " << *ptr_i << "\n" ;

i++ ;
cout << "Valeur de i incrémentée : " << i << "\n" ;
cout << "Valeur de *ptr_i : " << *ptr_i << "\n" ;

(*ptr_i)++ ;
cout << "Valeur de i : " << i << "\n" ;
cout << "Valeur de *ptr_i incrémenté : "
     << *ptr_i << "\n" ;

*ptr_i = --(*ptr_i) + 9*(*ptr_i) ; // Equivalent à
  // i = --i + 9*i ; c'est-à-dire ici, comme i vaut 14
  // au début : i = (14 - 1), i = 13 + 9*13, i = 130 !
cout << "Valeur de i : " << i << "\n" ;
```

```
        cout << "Valeur de i : " << i << "\n" ;
        cout << "Valeur de *ptr_i : " << *ptr_i << "\n" ;

        // Et enfin par curiosité pure :
        cout << "Valeur de l'adresse de i : " << ptr_i
             << " :\n  ou encore : " << (&i) << "\n" ;
        cout << "Valeur de l'adresse de ptr_i : "
             << (&ptr_i) << "\n" ;

    }
```

On remarquera l'emploi de parenthèses lors de la manipulation de la valeur pointée par **ptr_i** ; en effet, suivant les opérateurs, les règles de priorité peuvent provoquer une évaluation des expressions dans un ordre non souhaité, en particulier avec les opérateurs ++ et --. Ce programme fournit l'affichage suivant :

```
Valeur de i : 12
Valeur de *ptr_i : 12
Valeur de i incrémentée : 13
Valeur de *ptr_i : 13
Valeur de i : 14
Valeur de *ptr_i incrémentée : 14
Valeur de i : 139
Valeur de *ptr_i : 139
Valeur de l'adresse de i : 0x179efff4 :
  ou encore : 0x179efff4
Valeur de l'adresse de ptr_i : 0x179efff2
```

Les trois derniers nombres peuvent changer d'un appel du programme à l'autre puisque le stockage en mémoire des variables est laissé à la charge de la machine.

On peut incrémenter ou décrémenter des valeurs de pointeur d'une valeur entière quelconque.

En particulier, l'opération **ptr_i++** est tout à fait licite, c'est pourquoi il était nécessaire d'utiliser des parenthèses dans le programme précédent.

Dans ce cas, l'opération dépend du type du pointeur. Par exemple, **ptr_i++** représente l'adresse d'un entier stocké juste après l'entier, **i**, pointé précédemment par **prt_i**.

Un entier étant stocké sur deux octets, la valeur du pointeur ptr_i sera donc incrémentée de **2**.

Une incrémentation, ou décrémentation, de ***n*** d'un pointeur sur une valeur de type *type_pointe* correspond donc à se déplacer de ***n*** variables du type *type_pointe* en mémoire à partir de l'adresse courante indiquée par le pointeur.

La Figure II - 2.4.2.b explicite ces opérations sur quelques exemples.

Ce sont, par contre, les seules opérations arithmétiques autorisées sur les pointeurs (on ne peut ni additionner, ni soustraire, ni multiplier, ni diviser, ... deux valeurs de pointeurs). Ces opérations seraient trop dangereuses si elles n'étaient pas bien maîtrisées. Il est en fait possible de passer outre cette limitation en effectuant des conversions de types forcées, mais dans ce cas la manipulation frauduleuse est clairement apparente.

Attention, même en se contentant de ces opérations d'incrémentation et de décrémentation, il ne faut les effectuer que lorsqu'on est sûr qu'elles ont un sens, sinon on arrive très vite à détruire les données du programme, ou même son code exécutable !

La valeur nulle, pour un pointeur, correspond à une adresse interdite et provoque donc une erreur lorsqu'on cherche à y écrire. Elle est donc très utile pour initialiser des pointeurs en attente qui ne pointent pas encore sur quelque chose de précis.

Accès par pointeur aux membres de structures — *C*

Dans le cas de pointeurs sur des structures, unions, ou champs de bits, les pointeurs permettent l'accès au contenu des variables. Mais ils permettent aussi l'accès aux membres de la variable pointée, comme avec des variables classiques, sous réserve de faire attention au parenthésage.

Les lignes suivantes en donnent un exemple :

```
struct date
{   int jour, mois, annee ;   } ;

union ex_union
```

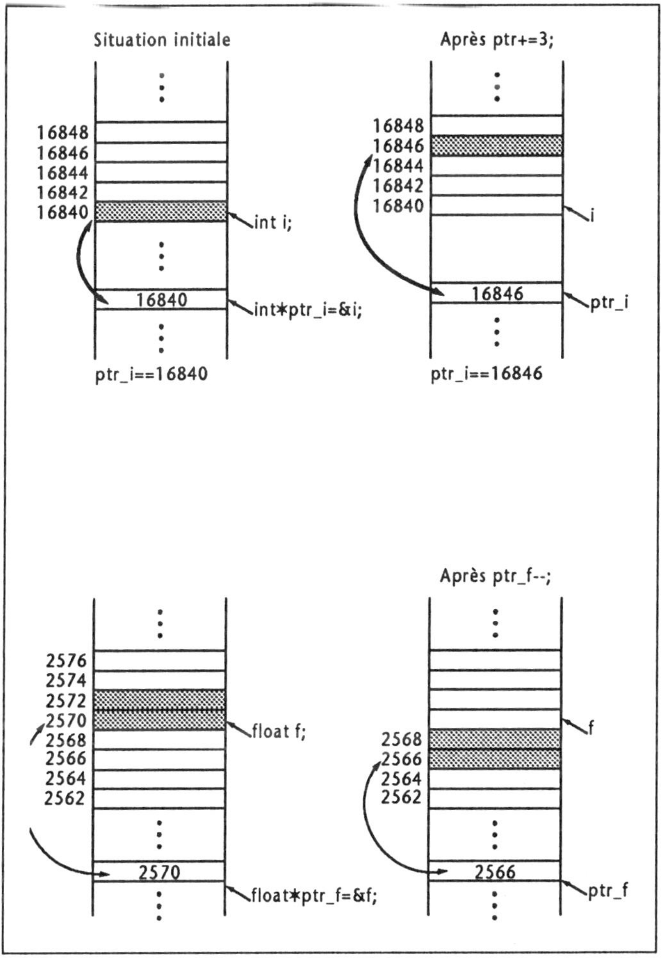

Figure II - 2.4.2.b : Incrémentation de pointeurs.

```
{   int i_union ;
    float f_union ;
} ;
```

```
struct ex_champs
{   int signe : 1,
        doublet : 2,
        reste ;
} ;

struct date dt, *ptr_dt = &dt ;

union ex_union uni, *ptr_uni = &uni ;

struct ex_champs chp, *ptr_chp = &chp ;

(*ptr_dt).jour   // Accès au membre jour de la structure
                 // struct date.

(*ptr_uni).f_union   // Accès au membre f_union de l'union
                     // union ex_union.

(*ptr_chp).doublet   // Accès au membre doublet du champ
                     // struct ex_champs.
```

En effet, la notation `(*nom_pointeur)` représente la valeur de la variable, c'est-à-dire la variable elle-même. Il est donc possible de lui appliquer l'opérateur . (point) d'accès aux membres. Ainsi, **ptr_dt** étant initialisé à l'adresse de **dt**, **(*ptr_dt)** est une écriture équivalente à **dt**. On peut donc écrire **(*ptr_dt).jour** puisque **jour** est un membre de **dt** qui est accessible sous la forme **dt.jour**.

Il est possible d'alléger cette notation en employant une syntaxe spécifique et plus claire, c'est-à-dire en remplaçant la séquence :

```
( * nom_pointeur ) . nom_membre
```

par :

```
nom_pointeur -> nom_membre
```

L'opérateur flèche -> (signe moins et signe supérieur accolés) effectue à la fois le déréférencement de son argument gauche et l'accès au membre correspondant à l'argument droit. Cet opérateur peut s'enchaîner en cas de structures imbriquées, comme cela est réalisé dans l'exemple suivant :

```
// POINT_2.CPP : exemple d'accès par pointeur aux membres
// de structures.

#include <iostream.h>

main ()
{   struct date
    {   int jour, mois, annee ;   } ;

        struct date dt = { 1, 2, 1998 }, *ptr_dt = &dt ;

  // Accès au membre mois de dt (ou *ptr_dt).
    cout << "ptr_dt->mois : " << ptr_dt->mois << "\n" ;

    struct fiche
    {   char nom [30] ;
        struct date *adr_dt ;
    } ;

    struct fiche fch = { "X" } ;  // Le membre adr_dt aurait
    // pu être initialisé directement en écrivant
    // struct fiche fch = { "X", ptr_dt } ; par contre
    // { "X", &dt } n'aurait pas été accepté par la syntaxe.

  // Initialisation du membre (pointeur) adr_t de fch à
  // l'adresse de dt.
    fch.adr_dt = &dt ;  // Ou encore : fch.adr_t = ptr_dt ;
        // Il aurait aussi été possible d'initialiser
        // directement fch lors de la déclaration sous la
        // forme : struct fiche fch = { "X", &dt } ;

    // Accès au "sous-membre" annee de fch.
    cout << "fch.adr_t->annee : " << fch.adr_dt->annee
         << "\n" ;

    struct dossier
    {   int numero ;
        struct fiche fich ;
    } ;

    struct dossier dos = { 1 }, *ptr_dos = &dos ;
    dos.fich = fch ;

    // Accès au "sous-sous-membre" jour de dos.
```

```
        cout << "dos.fich.adr_dt->jour : "
             << dos.fich.adr_dt->jour << "\n" ;
        cout << "ptr_dos->fich.adr_dt->jour : "
             << ptr_dos->fich.adr_dt->jour << "\n" ;

    }
```

L'affichage produit est ici :

```
ptr_dt->mois : 2
fch.adr_t->annee : 1998
dos.fich.adr_dt->jour : 1
ptr_dos->fich.adr_dt->jour : 1
```

Il est conseillé d'utiliser de préférence cet ***opérateur flèche*, ->**, qui est nettement plus clair et présente moins de risque d'erreurs.

Le passage d'argument pointeur — *C*

De même qu'il souvent possible d'employer une variable référence plutôt qu'une variable pointeur, il est possible de ***passer directement par valeur l'adresse d'un élément de donnée***. On déclare alors l'argument comme étant une valeur de type pointeur. L'exemple, présenté à la section II - 2.2.2, de passage par référence peut s'écrire à l'aide de pointeurs sous la forme suivante :

```
// PAS_POIN.CPP : exemple de passage par adresse.

#include <iostream.h>

  // Passage d'un pointeur, d'une adresse.
void val_absolue ( float * ) ;

main ()
{   float v ;

    cout << "Entrez un nombre : " ;
    cin >> v ;
  // Passage de l'adresse de la variable v.
    val_absolue ( &v ) ;
```

```
        cout << "Valeur absolue : " << v << "\n" ;
}

void val_absolue ( float *val )
{   if ( *val < 0 ) *val = -*val ;   }
```

L'affichage produit par le passage par adresse est le suivant (le même, bien sûr, que lors du passage par référence) :

```
Entrez un nombre : -12.345
Valeur absolue : 12.345
```

Les pointeurs void C

void étant un type standard de C/C++, il est tout à fait possible de définir des pointeurs sur ce type. Dans ce cas leur signification en est, non pas *pointeur sur rien*, mais ***pointeur sur un élément de donnée de type non spécifié***, c'est-à-dire de n'importe quel type.

Cette catégorie de pointeurs est surtout utilisée lorsqu'on veut passer à une fonction un argument de type inconnu au moment de l'écriture du programme mais sans importance véritable.

Attention, un pointeur **void** ne peut être incrémenté, car le compilateur ne saurait de combien d'octets déplacer l'adresse. Il n'est pas possible non plus de le déréférencer (récupérer la valeur pointée par *) car le compilateur ne peut savoir sous quelle forme lire les informations.

Les seules opérations qui peuvent être effectuées sans problème particulier sont :

- La comparaison de sa valeur (nombre entier) à celle d'une expression à valeur également entière (par exemple, un autre pointeur).
- L'affectation de sa valeur à un autre pointeur **void**.
- La conversion forcée du type en celui d'un autre pointeur, d'une valeur entière, etc., (attention à toujours être sûr que cela conserve un sens).

Le programme suivant présente un exemple classique d'emploi de tels pointeurs. Il permet la recopie d'un tableau dans un autre. Trois arguments sont passés : le tableau d'origine, le tableau à initialiser et une donnée sur leur dimension. En effet, un tableau étant stocké séquentiellement, il suffit de savoir où il commence et où il s'arrête pour pouvoir en faire une recopie bit à bit. Le type des éléments importe peu dans ce cas.

```
// PTR_VOID.CPP : exemple de pointeur void.

#include <iostream.h>

void recopie ( void *, void *, void *, void * ) ;

main ()
{   double tab_d1 [5] = {12.34, 23.45, 34.56, 45.67, 56.78},
           tab_d2 [5] ;
    int tab_i1 [10] = { 0, 1, 2, 3, 4, 5, 6, 7, 8, 9 },
        tab_i2 [8] ;

    cout << "tab_d1 :" ;
    for ( int i = 0 ; i < 5 ; i++ )
        cout << " " << tab_d1 [i] ;
    cout << "\n" ;

    recopie ( &(tab_d1 [0]), &(tab_d2 [0]),
                          &(tab_d1 [5]), &(tab_d2 [5]) ) ;

    cout << "    tab_d2 :" ;
    for ( i = 0 ; i < 5 ; i++ )
        cout << " " << tab_d1 [i] ;
    cout << "\n" ;


    cout << "\ntab_i1 :" ;
    for ( i = 0 ; i < 10 ; i++ )
        cout << " " << tab_i1 [i] ;
    cout << "\n" ;

    recopie ( &(tab_i1 [0]), &(tab_i2 [0]),
                          &(tab_i1 [10]), &(tab_i2 [8]) ) ;

    cout << "    tab_i2 :" ;
    for ( i = 0 ; i < 8 ; i++ )
        cout << " " << tab_i1 [i] ;
    cout << "\n" ;
```

```
}

void recopie ( void * debut_source, void * debut_cible,
               void * fin_source, void * fin_cible )
{   char *ptr_source = (char *)debut_source,
         *ptr_cible = (char *)debut_cible ;

    if ( (int )fin_source - (int )debut_source
                != (int )fin_cible - (int )debut_cible )
        cout << "Attention tableaux de tailles "
             << "différentes.\n  La recopie se fera par "
             << "référence au plus petit.\n" ;

    while ( ptr_source<fin_source && ptr_cible<fin_cible )
    {   *ptr_cible = *ptr_source ;
        ptr_source ++ ;
        ptr_cible ++ ;
    }

}
```

L'adresse de début des tableaux est celle du premier élément, d'où : **&(tab_i1 [0])** et **&(tab_i2 [0])**. L'adresse de fin est obtenue en prenant l'adresse du ***(n + 1)***ième élément pour un tableau à ***n*** éléments. Comme l'indice commence à ***0***, ce sera l'élément d'indice ***n***. D'où : **&(tab_i1 [10])** et **&(tab_i2 [8])**.

La fonction de recopie teste au début la dimension des deux tableaux en comparant les différences entre adresses de début et adresses de fin. A noter, dans ce test, la nécessité de convertir le type des pointeurs, sinon le compilateur considère qu'il y a soustraction de pointeurs, ce qui est rigoureusement interdit, et ce quel que soit le type des pointeurs. D'où : **(int)fin_source - (int)debut_source**.

Enfin, la recopie s'effectue jusqu'à ce qu'on ait atteint la fin d'un des deux tableaux (c'est-à-dire la fin du plus petit). C'est le sens du test :

```
while ( ptr_source < fin_source && ptr_cible < fin_cible )
```

L'affichage produit est :

```
tab_d1 : 12.34 23.45 34.56 45.67 56.78
```

```
        tab_d2 : 12.34 23.45 34.56 45.67 56.78

    tab_i1 : 0 1 2 3 4 5 6 7 8 9
    Attention tableau de tailles différentes.
      La recopie se fera par référence au plus petit.
        tab_i2 : 0 1 2 3 4 5 6 7
```

On remarquera la conversion de type **char *ptr_source = (char *)debut_source**, celle-ci est nécessaire car, si le type des données n'est pas choisi, il ne sera pas possible de les lire et de les récupérer par ***debut_source** car **debut_source** est de type **void ***. Le type choisi, **char**, est celui qui ne posera aucun problème car c'est celui qui est associé au plus petit nombre d'octets possible (un octet), on ne risque donc pas d'en lire trop, lorsqu'on arrivera en fin de tableau. En effet, supposons que le tableau à recopier soit de type **int** et qu'on ait choisi dans la fonction de recopie une conversion vers des flottants, **float *ptr_source = (float *)debut_source** ; dans ce cas on recopiera toujours 4 octets à la fois, or comme un **int** ne demande que 2 octets, s'il n'y en a pas un nombre pair, on recopiera deux octets de trop, ce qui provoquera alors un débordement du tableau cible, avec toutes les conséquences qui s'en suivent...

Les pointeurs de parcours des tableaux étant de type **char ***, il est possible de les incrémenter, de récupérer la valeur pointée, etc.

Il aurait également été possible de se passer de ces variables intermédiaires en conservant **debut_source** et **debut_cible** et en les convertissant à chaque emploi. Cela aurait pu s'écrire :

```
void recopie ( void * debut_source, void * debut_cible,
               void * fin_source, void * fin_cible )
{
    if ( (int )fin_source - (int )debut_source
                 != (int )fin_cible - (int )debut_cible )
        cout << "Attention tableaux de tailles "
             << "différentes.\n  La recopie se fera par "
             << "référence au plus petit.\n" ;

    while ( debut_source < fin_source
                             && debut_cible < fin_cible )
    {   *(char *)debut_cible = *(char *)debut_source ;
        ((char *)debut_source) ++ ;
```

```
            ((char *)debut_cible) ++ ;
        }

    }
```

Attention à la priorité des opérateurs ; dans les lignes précédentes, toutes les parenthèses sont nécessaires (et suffisantes).

On remarquera qu'une fois convertis dans un type connu, ces pointeurs peuvent s'utiliser comme les pointeurs usuels (être déréférencés, être incrémentés, etc.) :

```
*((char *)debut_cible) = *((char *)debut_source) ;
((char *)debut_source) ++ ;
```

On peut se demander ce qui aurait changé si cette fonction de recopie avait été directement déclarée avec des arguments de type **char *** : en fait, peu de choses, c'est surtout l'appel qui aurait été modifié. Il aurait fallu effectuer une conversion de type au moment de l'appel sous la forme :

```
recopie ( (char *)&(tab_d1 [0]), (char *)&(tab_d2 [0]),
          (char *)&(tab_d1 [5]), (char *)&(tab_d2 [5]) ) ;

//...

recopie ( (char *)&(tab_i1 [0]), (char *)&(tab_i2 [0]),
          (char *)&(tab_i1 [5]), (char *)&(tab_i2 [5]) ) ;
```

En effet, la vérification de type étant très stricte, même pour les pointeurs, sans ces conversions le compilateur aurait rejeté ces deux lignes.

La déclaration et la définition de la fonction auraient alors été :

```
void recopie ( char *, char *, char *, char * ) ;

//...

void recopie ( char * debut_source, char * debut_cible,
               char * fin_source, char * fin_cible )
{
```

```
    if ( (int )fin_source - (int )debut_source
              != (int )fin_cible - (int )debut_cible )
        cout << "Attention tableaux de tailles "
             << "différentes.\n  La recopie se fera par "
             << "référence au plus petit.\n" ;

    while ( debut_source < fin_source
                           && debut_cible < fin_cible )
    {   *debut_cible = *debut_source ;
        debut_source ++ ;
        debut_cible ++ ;
    }

}
```

Pratiquement, la forme avec **void *** est plus correcte, car il est plus important de simplifier l'utilisation d'une fonction lors de ses appels, plutôt que sa mécanique interne. De plus, à l'exécution, les deux solutions ont des performances identiques.

Renvoi de valeurs pointeur — *C*

Les valeurs des variables pointeurs peuvent être renvoyées par les fonctions au même titre qu'une valeur quelconque, il suffit de préciser correctement le type de la valeur de retour de la fonction, par une déclaration de la forme :

```
type_pointe * nom_fonction
                    ( liste des arguments, noms et types )
```

L'exemple suivant présente un emploi de fonction renvoyant la valeur d'une adresse.

Le but du programme est de définir une fonction qui recherche dans une matrice une valeur particulière et qui renvoie l'emplacement où est stockée la valeur dans la matrice. Deux solutions simples sont possibles : renvoyer le couple (indice de ligne, indice de colonne), ou renvoyer directement l'adresse de l'information. La première solution impose de définir une structure spécifique pour le renvoi du couple de valeurs entières (ligne, colonne). Si la donnée de l'indice de ligne et de colonne ne sert qu'à déterminer la position de l'élément, le renvoi de l'adresse est, en fait, un peu plus simple puisqu'il n'y a pas de structure particulière à définir. Un programme peut être :

```
// FC_RT_PT.CPP : un exemple de fonction renvoyant
// un pointeur.

#include <iostream.h>

float * recherche ( float, float [100][50] ) ;

main ()
{   float matrice [100][50] ;
    float *ptr ;

    // Une initialisation quelconque de la matrice :
    int i, j ;
    for ( i = 0 ; i < 100 ; i++ )
        for ( j = 0 ; j < 50 ; j++ )
            matrice [i][j] = i + j ;

    // Recherche d'un élément dont la valeur est 34. :
    ptr = recherche ( 34, matrice ) ;
    if ( ptr != 0 )
    {   *ptr = 0. ;  // Mise à zéro de l'élément trouvé.
        cout << "Valeur trouvée à l'adresse : "
             << ptr << ".\n" ;
        cout << "C'était donc le "
      << (int )( ((int )ptr-(int )matrice)/sizeof(float) )
             << " ième élément de la matrice.\n" ;
    }

}

float * recherche ( float valeur, float mat [100][50] )
{
    // Boucle de recherche :
    int i, j ;
    for ( i = 0 ; i < 100 ; i++ )
        for ( j = 0 ; j < 50 ; j++ )
            if ( valeur == mat [i][j] )
                return &mat [i][j] ;

    // Cas où la valeur n'est pas trouvée :
    return (float *)0 ;  // Renvoi d'une adresse nulle.
}
```

L'affichage produit est :

```
Valeur trouvée à l'adresse : 0x1b61b25a.
C'était donc le 34 ième élément de la matrice.
```

Conversions forcées de pointeurs — *C, C++*

Nous avons vu aux paragraphes précédents différentes conversions de types qui étaient obligatoires pour utiliser les informations pointées. Il est souvent possible d'effectuer de telles conversions dans des situations nettement moins justifiées. C'est un style de programmation à éviter, car la conversion de type court-circuite les principes sur lesquels est construite la qualité des logiciels C++.

L'exemple suivant présente un type de conversion possible mais inutile.

```
// PTR_UNIO.CPP : exemples de références et de pointeurs
// constants.

#include <iostream.h>

union exemple
{   float f ;
    char nom [100] ;
} ;

main ()
{   exemple un ;

    char *ptr_c = (char *)&un ;

    cout << "Entrez un nom : " ;
    cin >> ptr_c ;

    cout << "   un.nom : " << un.nom << "\n" ;

    cout << "Entrez un flottant : " ;
    cin >> un.f ;

    float *ptr_f ;
    cout << "    ptr_f = (float *)&un : "
         << *(ptr_f = (float *)&un) << "\n" ;

}
```

L'affichage fourni est correct :

```
Entrez un nom : Nabuchodonosor
    ptr_c = (char *)&un : Nabuchodonosor
Entrez un flottant : 12.34
    ptr_f = (float *)&un : 12.34
```

Un meilleur style de programmation aurait consisté à faire appel aux membres correspondants de l'union. Par exemple :

```
cin >> un.nom ;

//...

cout << "    un.f : " << un.f << "\n" ;
```

ou encore, si on ne possède qu'un pointeur sur l'union :

```
exemple un, *ptr = &un ;

//...

cin >> ptr->nom ;

//...

cout << "    ptr->f : " << ptr->f << "\n" ;
```

II - 2.4.3. Les variables référence *C++*

On a vu précédemment le concept de référence pour le passage d'argument à une fonction lorsqu'on veut que celle-ci puisse modifier la valeur de l'argument jusque dans le programme appelant.

Pratiquement, la référence signifie que la fonction reçoit l'adresse de l'argument et travaille sur cette adresse. Il s'agit donc d'un concept très proche de celui de pointeur. En fait, ces deux concepts sont presque équivalents.

La syntaxe de déclaration d'une ***variable référence*** s'effectue sous la forme suivante :

```
nom_type & nom_reference = nom_variable ;
```

Cette déclaration se traduit sous la forme : déclaration de la variable *nom_reference* en tant que variable référence initialisée comme représentante de la variable *nom_variable*. Le type de *nom_variable* doit être celui de la variable référence : *nom_type*.

A partir de cette déclaration, toutes les modifications effectuées sur *nom_reference* seront répercutées sur *nom_variable*. En fait, *nom_reference* et *nom_variable* représentent la même chose : même adresse, donc même zone mémoire associée ; même type associé, donc même valeur.

Une déclaration équivalente aurait pu être réalisée à l'aide de variables pointeur :

```
nom_type * nom_pointeur = & nom_variable ;
```

Les ***variables référence*** ont l'avantage sur les ***variables pointeur*** d'avoir une syntaxe qui rend totalement transparent le fait que le langage manipule en fait une adresse. Elles s'emploient comme des variables usuelles.

Le programme suivant permet de comparer l'emploi des références et des pointeurs :

```
// REF_POIN.CPP : exemple d'emploi de variables référence
// et pointeur.

#include <iostream.h>

main ()
{   int entier_1 = 12, entier_2 = 34 ;
    int &reference = entier_1, *pointeur = &entier_2 ;

    cout << "Valeurs des variables liées à entier_1 :\n"
         << "    entier_1 : " << entier_1
         << ", reference : " << reference << "\n" ;
    cout << "Valeurs des variables liées à entier_2 :\n"
         << "    entier_2 : " << entier_2
```

```
        << ", *pointeur : " << *pointeur << "\n" ;

    entier_1 += 5 ;
    cout << "\nIncrément de entier_1 :\n"
        << "   entier_1 += 5 -> entier_1 : " << entier_1
        << ", reference : " << reference << "\n" ;

    entier_2 -= 7 ;
    cout << "\nDécrément de entier_2 :\n"
        << "   entier_2 -= 7 -> entier_2 : " << entier_2
        << ", *pointeur : " << *pointeur << "\n" ;

    int entier_3 = 56, entier_4 = 78 ;

    reference = entier_3 ;  // La variable reference ne
      // représente plus la donnée entier_1, mais entier_3.
    cout << "\nChangement de lien de la variable reference"
        << " :\n   entier_3 : " << entier_3 << ", "
        << "reference = entier_3 -> reference : "
        << reference << "\n" ;

    pointeur = &entier_4 ;  // Idem, pour le pointeur.
    cout << "\nChangement d'adresse de la variable pointeur"
        << " :\n   entier_4 : " << entier_4 << ", "
        << "pointeur = &entier_4 -> *pointeur : "
        << *pointeur << "\n" ;

    reference = *pointeur ;  // La reference représente
      // maintenant la donnée pointée par le pointeur.
    cout << "\nreference = *pointeur :\n"
        << "   *pointeur : " << *pointeur
        << ", reference : " << reference << "\n" ;

    reference = entier_2 ;  // Réindirection de reference
                            // sur entier_2.
    pointeur = &reference ;  // Le pointeur est initialisé à
      // l'adresse de la variable référencée par reference.
    cout << "\nreference = entier_2 et pointeur = "
        << "&reference :\n   entier_2 : " << entier_2
        << ", reference : " << reference
        << ", pointeur : " << *pointeur << "\n" ;

}
```

L'affichage produit par ce programme permet de constater que les changements d'adressage se sont tous effectués sans problème :

```
Valeurs des variables liées à entier_1 :
   entier_1 : 12, reference : 12
Valeurs des variables liées à entier_2 :
   entier_2 : 34, *pointeur : 34

Incrément de entier_1 :
   entier_1 += 5 -> entier_1 : 17, reference : 17

Décrément de entier_2 :
   entier_2 -= 7 -> entier_2 : 27, *pointeur : 27

Changement de lien de la variable reference :
   entier_3 : 56, reference = entier_3 -> reference : 56

Changement d'adresse de la variable pointeur :
   entier_4 : 78, pointeur = &entier_4 -> *pointeur : 78

reference = *pointeur :
   *pointeur : 78, reference : 78

reference = entier_2 et pointeur = &reference :
   entier_2 : 27, reference : 27, pointeur : 27
```

Dans bien des cas, il est plus lisible d'employer des variables référence. Le fait qu'il s'agisse en fait d'un pointeur caché peut parfois provoquer des erreurs, si on croit avoir affaire à une variable usuelle. Les pointeurs, par contre, avec leur notation plus lourde, rappellent à chaque emploi qu'il ne s'agit en fait que d'une variable d'adresse, mais on peut en général se passer de ce rappel permanent.

L'inconvénient pratique des variables référence est qu'elles doivent être initialisées dès leur déclaration. Cela semble parfois artificiel, mais incite à la réflexion sur la construction des programmes. En effet, il est toujours dangereux de manipuler un pointeur non initialisé.

Rien n'interdit de prendre l'adresse d'une référence : une fois sa déclaration faite, celle-ci se manipule en effet exactement de la même manière qu'une variable usuelle.

Le programme suivant en donne un exemple.

```
// PTR_REF.CPP : exemple de manipulation de références.
```

```
#include <iostream.h>

void fonction ( int * ) ;

main ()
{   int entier = 13,
        &reference = entier,
        *pointeur = &reference ;

    cout << "entier : " << entier << ", reference : "
         << reference << ", *pointeur : " << *pointeur
         << "\n" ;

    fonction ( &reference ) ;

    cout << "\nfonction ( reference ) -> reference : "
         << reference << "\n" ;

}

void fonction ( int * pointeur ) { *pointeur += 10 ; }
```

On notera l'initialisation du pointeur **pointeur** à l'adresse de la référence **reference**, c'est-à-dire à l'adresse de la variable représentée par **reference**, ici **entier_1 : pointeur = &reference.** A noter également, le passage d'une référence par adresse : **fonction (&reference).** Il faut également appliquer à **reference** l'opérateur d'adressage & pour obtenir l'adresse, sinon on passe la valeur, et le type de l'argument de **fonction** ne serait pas correct : **fonction (int *).**

L'affichage est ici :

```
entier : 13, reference : 13, *pointeur : 13

fonction ( reference ) -> reference : 23
```

Dans la suite, les variables référence seront employées le plus souvent possible.

II - 2.4.4. Les tableaux C

Du point de vue type ***le nom d'un tableau est considéré comme une constante d'adresse*** définissant le début de l'enregistrement (zone mémoire du tableau), il n'est donc pas possible de modifier cette adresse. Le nom d'un tableau peut alors être utilisé en tant que constante pointeur et il est parfois intéressant de l'associer à une variable pointeur. Le programme suivant en donne un exemple simple lié à un tableau monodimensionnel :

```
// TAB_POI1.CPP : exemple d'association tableau - pointeur.

main ()
{   int tab [10], *ptr, i ;

  // Emploi d'indices pour l'accès aux éléments d'un tableau.
    for ( i = 0 ; i < 10 ; i++ )
        tab [i] = i ;

  // Autre version plus performante de la boucle de
  // parcours du tableau.

    ptr = tab ;  // Affectation de l'adresse du tableau
      // tab à la variable pointeur ptr. L'expression &tab
      // n'aurait pas eu de sens puisque tab représente déjà
      // en lui-même une constante adresse.

    for ( i = 0 ; i < 10 ; i++ )
        *(ptr++) = i ;  // La forme *(ptr++) = i compte tenu
          // de la position postfixée de l'opérateur ++ est
          // équivalente à : *(ptr) = i, ptr ++ ;

  // Dernière version équivalente à la première, mais sans
  // aucun gain : le nom du tableau est remplacé par celui
  // du pointeur.

    ptr = tab ;  // Il faut réinitialiser le pointeur car,
      // comme son contenu a été incrémenté pendant la
      // boucle, il indique maintenant la fin du tableau
      // (tab + 10 == "ptr++" dix fois).
    for ( i = 0 ; i < 10 ; i++ )
        ptr [i] = i ;

}
```

Lorsque l'adresse d'un tableau est affectée à une variable pointeur, cette dernière peut remplacer le nom du tableau partout où il est licite de l'employer.

Pour des tableaux multidimensionnels la situation se complique. Il n'est pas possible d'affecter simplement le nom du tableau à un pointeur. En effet, le typage des tableaux prend en compte le nombre et la taille des dimensions, ce qui ne peut être représenté sous forme de pointeurs. Il faut effectuer une conversion de type explicite. Le programme suivant présente les variantes possibles dans le cas d'un tableau à deux dimensions.

Pour un nombre de dimensions plus grand le principe se généralise "facilement" !

```
// TAB_POI2.CPP : exemple d'association
// tableau multidimensionnel-pointeur.

#include <iostream.h>

main ()
{   int tab [10][20], *ptr_1, (*ptr_2) [20], i, j ;

  // Emploi d'indices pour l'accès aux éléments d'un tableau.
    for ( i = 0 ; i < 10 ; i++ )
        for ( j = 0 ; j < 20 ; j++ )
            tab [i][j] = i*20 + j ;
                           // Numéro absolu de l'élément.

    cout << "&tab[i][0] : " << (&tab[i][0])
         << ", &tab[i-1][j] : " << (&tab[i-1][j])<< "\n" ;

  // Autre version plus performante de la boucle de parcours
  // du tableau. Cette version fonctionne car elle prend en
  // compte le stockage linéaire des tableaux multi-
  // dimensionnels et que tout le tableau est parcouru.

    ptr_1 = (int *)tab ;  // Affectation forcée de l'adresse
      // du tableau tab à la variable pointeur ptr. Il
      // aurait aussi été possible d'écrire :
      // ptr_1 = &tab[0][0] qui fournit l'adresse du premier
      // élément, donc du début du tableau.

    for ( i = 0 ; i < 10 ; i++ )
        for ( j = 0 ; j < 20 ; j++ )
            *(ptr_1++) = i*20 + j ;

    cout << "ptr_1 : " << ptr_1 << "\n" ;

  // Cette version est à mi-chenmin entre les précédentes :
  // l'adresse du début de chaque ligne est calculée
```

```
// (tab [i] représente l'adresse du début de la ligne i)
// et affectée à une variable pointeur incrémentée ensuite
// pour parcourir les différentes colonnes.

  for ( i = 0 ; i < 10 ; i++ )
      for ( j = 0, ptr_1 = tab [i] ; j < 20 ; j++ )
          *(ptr_1++) = i*20 + j ;

  cout << "\n(ptr_i = tab [i]) -> ptr_1 : " <<ptr_1<<"\n";

// Version équivalente, mais plus "correcte". ptr_2 a été
// déclaré en tant que pointeur sur des tableaux de 20
// éléments entiers, (*ptr_2)[20], chaque fois qu'il est
// incrémenté c'est donc de 20 unités entières.

  ptr_2 = tab ;
  for ( i = 0 ; i < 10 ; i++, ptr_2++ )
      for ( j = 0 ; j < 20 ; j++ )
          (*ptr_2)[j] = i*20 + j ;

  cout << "\ntab[" << i << "] : " << tab [i]
      << ", ptr_2 : " << ptr_2 << "\n" ;

}
```

La première formulation de la boucle d'initialisation présente l'avantage de ne pas recalculer à chaque pas l'adresse de l'élément suivant par une formule mettant en oeuvre une multiplication (ici : **(i*20 +j)**), qui est implicite dans la notation à base d'indices habituelle (**[i][j]**). L'incrémentation du pointeur est beaucoup plus rapide.

L'affichage produit est :

```
&tab[i][0] : 0x17a0fff2, &tab[i-1][j] : 0x17a0fff2
ptr_1 : 0x17a0fff2

(ptr_i = tab [i]) -> ptr_1 : 0x17a0fff2

tab[10] : 0x17a0fff2, ptr_2 : 0x17a0fff2
```

On constate ici qu'après la boucle, **i** valant **10** et **j** valant **20**, l'adresse de **tab[i][0]** est la même que celle de **tab[i-1][j]**. Cela s'explique par le fait que **i** a une valeur supérieure d'une unité à l'indice de ligne maximal (**9** pour **tab[10][20]**) et que l'élément **tab[i][0]** représenterait l'élément suivant du tableau si celui-ci avait une dimension plus grande. Par ailleurs, **tab[i-1][j]** représente ce même élément mais avec cette fois un indice de colonne trop grand d'une unité, ce qui globalement revient au même. Il faut se rappeler ici que l'adresse de **tab[i][j]** est calculée par la formule :

```
adresse de tab + (i*20 + j)*sizeof(int) octets.
```

D'où, dans notre cas :

```
tab[i][0] = tab + 10*20*2 = tab + 400
```

et :

```
tab[i-1][j] = tab + ((10-1)*20 + 20)*2 = tab + 400
```

On constate ensuite que les différentes variantes fournissent toujours la même adresse finale, et reviennent donc au même.

Attention ce n'est pas en multipliant les déréférencements, *, qu'on peut représenter les différentes dimensions d'un tableau. Par exemple **int **ptr_3** n'aurait pu représenter **tab [10][20]** car le compilateur n'aurait eu aucune information sur le nombre de colonnes (la taille des lignes). Ce point est d'autant plus dangereux que, du point de vue type, une conversion forcée de type aurait pu cacher l'erreur. Les lignes suivantes "passent" à la compilation mais provoquent un comportement complètement erroné du programme et des débordements mémoire !

```
int tab [10][20], **ptr_3, i, j ;

ptr_3 = (int **)tab ;

for ( i = 0 ; i < 10 ; i++ )
    for ( j = 0 ; j < 20 ; j++ )
        ptr_3 [i][j] = i*20 + j ;
```

Le véritable intérêt de ce type d'association est la définition de tableaux de pointeurs pointant chacun sur des tableaux de tailles différentes, et ainsi la manipulation de tableaux à dimensions variables d'une ligne à l'autre. L'application la plus courante est la définition de tableaux de chaînes de caractères.

II - 2.4.5. Les chaînes de caractères C++

Les chaînes de caractères sont assimilées à des tableaux de caractères, mais la présence du caractère nul en fin de chaîne permet, en général, de faire abstraction du nombre d'éléments du tableau. Dans ce cas, la chaîne est déterminée par l'adresse du premier élément et le caractère nul de fin de chaîne. Plutôt que de manipuler des tableaux de caractères, il est souvent plus intéressant de manipuler directement un pointeur sur le début de la chaîne.

En particulier, lorsqu'il est nécessaire de stocker des tableaux de chaînes de caractères, l'emploi de tableaux de pointeurs s'avère bien plus performant.

Le programme suivant explicite les différences d'utilisation des ***tableaux de tableaux de caractères*** et des ***tableaux de pointeurs sur des caractères*** (***tableaux de chaînes de caractères***).

```
// TB_PT_CH.CPP : exemple de tableau de chaînes de
// caractères.

#include <iostream.h>
#include <string.h>  // Pour la fonction strlen.

void tailles_chaines ( char * [] ) ;
void affiche_tableau ( char * ) ;

main ()
{   // Un tableau de tableaux de caractères. Le statut
    // static est pris uniquement pour assurer que tous les
    // caractères non spécifiés seront mis à zéro. Cela
    // facilitera l'affichage final.
    static char tab_tab_car [3][33] =
    { "Une chaîne de 33 caractères !...",
      "Une chaîne plus petite.",
      "Une chaîne."
    } ;
        // Comme pour tous les tableaux multidimensionnels
        // la première dimension aurait pu être omise, à
        // charge du compilateur de compter le nombre
```

```
        // d'éléments correspondants. Cela ce serait écrit :
        // char tab_tab_car [][33] =  avec le même texte
        // d'initialisation.

    // Plus performant :
    char *tab_ptr_car [3] =  // Un tableau de 3 pointeurs
                            // sur des tableaux de caractères.
    { "Une chaîne de 33 caractères !...",
      "Une chaîne plus petite.",
      "Une chaîne."
    } ;
    // La dimension des tableaux de caractères sur lesquels
    // pointent les trois éléments de tab_ptr_car n'est pas
    // spécifiée, elle peut être variable d'un élément à
    // l'autre, et est calculée par le compilateur.

    cout << "\ntab_tab_car [0] : " << tab_tab_car [0]
         << "\ntab_tab_car [1] : " << tab_tab_car [1]
         << "\ntab_tab_car [2] : " << tab_tab_car [2] ;

    cout << "\n\ntab_ptr_car [0] : " << tab_ptr_car [0]
         << "\ntab_ptr_car [1] : " << tab_ptr_car [1]
         << "\ntab_ptr_car [2] : " << tab_ptr_car [2] ;

    cout << "\n\nsizeof (tab_tab_car) == 3*33 : "
         << sizeof (tab_tab_car) << "\n" ;
    cout << "sizeof (tab_ptr_car) : "
         << sizeof (tab_ptr_car) << "\n"
         << "sizeof (tab_ptr_car [0]) : "
         << sizeof (tab_ptr_car [0]) << "\n" ;

    tailles_chaines ( tab_ptr_car ) ;

    // Affichage de tab_tab_car utilisant la propriété de
    // stockage linéaire des éléments d'un tableau multi-
    // dimensionnel.
    affiche_tableau ( (char *)tab_tab_car ) ;

    // Affichage de tab_ptr_car utilisant la propriété de
    // stockage mémoire séquentiel des éléments d'un tableau
    // de chaînes de caractères.
    affiche_tableau ( tab_ptr_car [0] ) ;

}

void tailles_chaines ( char *pointeur [] )
{
    // La fonction strlen permet de calculer la taille des
```

```
    // chaînes de caractères.
    cout << "\nstrlen (pointeur [0]) : "
         << strlen (pointeur [0]) << "\n"
         << "strlen (pointeur [1]) : "
         << strlen (pointeur [1]) << "\n"
         << "strlen (pointeur [2]) : "
         << strlen (pointeur [2]) << "\n" << "Total : "
         << ( strlen (pointeur [0]) +
                   strlen (pointeur [1]) +
                       strlen (pointeur [2]) ) << "\n" ;

}

void affiche_tableau ( char * tableau )
{   int compteur_chaines ;

    cout << "\ntableau :\n" ;
    for ( compteur_chaines = 0 ;
          compteur_chaines < 3 ;
          tableau++ )
    {   if ( *(tableau+1) != '\0' && *tableau == '\0' )
            // Changement de chaîne.
        {   cout << "@\n" ;
            compteur_chaines ++ ;
        }
        else if ( *tableau == '\0' )
            cout << '@' ;  // '@' représentera le caractère
              // nul de fin de chaîne. Il pourrait être
              // confondu avec le caractère '@', mais ce
              // sera plus lisible que le caractère nul qui
              // par définition ne s'affiche pas à l'écran.
        else cout << *tableau ;
    }

}
```

Remarquer la syntaxe de déclaration du tableau de pointeurs :

```
char *tab_ptr_car [3] ;
```

Elle doit être comprise sous la forme :

```
char * (tab_ptr_car [3]) ;
```

c'est-à-dire : tableau de trois éléments dont le type est **char *** (tableau de pointeurs sur un caractère ; dans le cas qui nous intéresse, ils pointent sur le premier caractère de la chaîne). Cette forme ne doit pas être confondue avec celle utilisée au paragraphe précédent qui s'écrivait :

```
char (*tab_ptr_car) [3] ;
```

c'est-à-dire : *un pointeur sur un tableau de trois éléments*. Pour cette interprétation les parenthèses sont nécessaires, sinon c'est l'interprétation ***tableau de pointeurs*** qui est adoptée.

L'exécution du programme précédent fait apparaître clairement le gain obtenu par cette formulation en tableau de pointeurs.

```
tab_tab_car [0] : Une chaîne de 33 caractères !...
tab_tab_car [1] : Une chaîne plus petite.
tab_tab_car [2] : Une chaîne.

tab_ptr_car [0] : Une chaîne de 33 caractères !...
tab_ptr_car [1] : Une chaîne plus petite.
tab_ptr_car [2] : Une chaîne.

sizeof (tab_tab_car) == 3*33 : 99
sizeof (tab_ptr_car) : 6
sizeof (tab_ptr_car [0]) : 2

strlen (pointeur [0]) : 32
strlen (pointeur [1]) : 23
strlen (pointeur [2]) : 11
Total : 66

Tableau tab_tab_car :
Une chaîne de 33 caractères !...@
Une chaîne plus petite.@@@@@@@@@@
Une chaîne.@@@@@@@@@@@@@@@@@@@@@@

Tableau tab_ptr_car :
Une chaîne de 33 caractères !...@
Une chaîne plus petite.@
Une chaîne.@
```

II - 2.4.6. Pointeurs de fonctions C

La possibilité offerte par C/C++ de manipuler des pointeurs de fonctions est l'une des caractéristiques majeures de ce langage.

Un pointeur de fonction est une variable pointeur qui peut stocker l'adresse d'une fonction. Formellement, la déclaration d'une telle variable a la forme :

```
type_retour_fonction (*nom_pointeur)
                        ( liste des arguments, type et nom )
```

Les variables pointeur de fonction peuvent remplacer une fonction partout où celle-ci pouvait être utilisée. Par contre, s'agissant de variables, elles peuvent donc en tant que telles faire partie des membres de structures ou être rassemblées en tableau.

En tant que membre de structure, un pointeur de fonction introduit la notion de fonction membre associée à des éléments de données. Sur cette base, il est possible de programmer dans un style *orienté objet* en C *pur*. C'est une différence essentielle avec Pascal, avec lequel ce style de programmation n'est pas possible sans ajout effectif d'une surcouche du langage spécialisée *objet*. C'est également sur cette base qu'ont été, en général, construites les différentes versions de langages objets basés sur C, comme Eiffel, Objective C et bien évidemment C++ !

En tant que variables représentant des fonctions, les pointeurs de fonctions subissent les mêmes contraintes de typage fort que pour les fonctions. Le type de la valeur de retour, le type des arguments doivent donc être complètement spécifiés.

L'indirection d'une variable pointeur sur une fonction particulière s'effectue de la même manière que l'initialisation d'un pointeur sur le début d'un tableau :

```
nom_pointeur = nom_fonction ;
```

Le type de la fonction associée au pointeur doit bien entendu être le même que celui déclaré pour le pointeur.

L'exemple suivant présente une première mise en oeuvre, très simple, de ces éléments :

```
// PT_FONC1.CPP : un exemple de pointeurs de fonctions.

#include <iostream.h>

float perim_rect ( float, float ) ;

void message_1 ( void ) ;
void message_2 ( void ) ;
void message_3 ( void ) ;
void message_4 ( void ) ;

main ()
{   float (*pt_fonc) ( float, float ) ;
        // Un pointeur sur des fonctions du type :
        // float fonction ( float, float ).

    float Lg = 23.4, lg = 5.67 ;

    // Appel usuel de perim_rect :
    cout << "Périmètre : " << perim_rect (Lg, lg) << "\n" ;

    // Initialisation du pointeur :
    pt_fonc = perim_rect ;

    // Appel de la fonction pointée :
    cout << "Périmètre, par pointeur : "
         << pt_fonc ( Lg, lg ) << "\n\n" ;

    // Et maintenant un tableau de pointeurs de fonctions :
    void (*tab_pt_fc [4]) ( void ) =
           { message_1, message_2, message_3, message_4 } ;
      // Déclaration d'un tableau de 4 pointeurs sur des
      // fonctions de type : void fonction ( void ). Il est
      // simultanément initialisé avec les 4 fonctions
      // message_1, message_2, message_3 et message_4.

    // Boucle d'appel des différentes fonctions :
    for ( int i = 0 ; i < 4 ; i++ )
        tab_pt_fc [i] () ;  // Ne pas oublier les
          // parenthèses, car même s'il n'y a pas
          // d'arguments ce sont des fonctions !

}
```

```
float perim_rect ( float longueur, float largeur )
{   float perimetre ;
    perimetre = (longueur + largeur)*2 ;
    return perimetre ;
}

void message_1 ( void )
{ cout << "Message de la fonction message_1.\n" ; }

void message_2 ( void )
{ cout << "Message de la fonction message_2.\n" ; }

void message_3 ( void )
{ cout << "Message de la fonction message_3.\n" ; }

void message_4 ( void )
{ cout << "Message de la fonction message_4.\n" ; }
```

L'affichage produit par le programme est :

```
Périmètre : 58.14
Périmètre, par pointeur : 58.14

Message de la fonction message_1.
Message de la fonction message_2.
Message de la fonction message_3.
Message de la fonction message_4.
```

Enfin, pour conclure ce paragraphe, précisons que ***la syntaxe ne permet pas d'associer des variables référence à des fonctions***. Il faudra donc toujours passer par le biais de pointeurs, si on veut avoir des "variables fonction".

II - 2.4.7. Constantes pointeur *C++*

Comme toutes les autres variables, les pointeurs peuvent servir à définir des constantes symboliques. Toutefois, dans le cas des pointeurs, deux éléments distincts peuvent être constants :

- la valeur stockée à l'adresse pointée ;
- la valeur du pointeur, c'est-à-dire l'adresse pointée.

Dans le premier cas, la déclaration doit être :

```
type_valeur const * nom_pointeur ;
```

ou encore :

```
const type_valeur * nom_pointeur ;
```

Ici, on précise qu'il pourra pointer sur des adresses différentes, mais qu'en aucun cas les valeurs pointées ne devront être modifiées.

Dans le second cas, la déclaration doit avoir la forme :

```
type_valeur * const nom_pointeur ;
```

Cette fois c'est la valeur du pointeur qui ne peut pas changer : il pointera toujours sur la même adresse, mais par contre la valeur stockée à cette adresse pourra être modifiée.

L'exemple suivant explicite ce point. Les lignes en commentaire sont des instructions refusées par C++.

```
void fonction_1 ( const int * ) ;
void fonction_2 ( int const * ) ;
void fonction_3 ( int * const ) ;

void fonction_1 ( const int * ptr )
{   ptr ++ ;
//  *ptr = 10 ;
}

void fonction_2 ( int const * ptr )
{   ptr ++ ;
//  *ptr = 10 ;
}

void fonction_3 ( int * const ptr )
{// ptr ++ ;
    *ptr = 10 ;
}
```

Dans la définition de la première fonction, l'adresse est modifiée par **ptr** ++ mais, même après modification de l'adresse, la valeur pointée ne peut pas l'être.

La situation est la même pour la deuxième fonction.

Dans la troisième, cette fois, c'est l'adresse pointée qui ne peut pas être modifiée, mais la valeur stockée peut l'être.

Enfin, on peut pousser la chose jusqu'à définir la valeur stockée et l'adresse pointée comme étant constantes. Les lignes suivantes en donnent un exemple :

```
void fonction_31 ( const int * const ptr )
{// ptr ++ ; Interdit.
//  *ptr = 10 ; Interdit.
}

void fonction_32 ( int const * const ptr )
{// ptr ++ ; Interdit.
//  *ptr = 10 ; Interdit.
}
```

Cas des variables références : cette fois, c'est soit l'ensemble qui est constant, soit rien. Les lignes ci-après reprennent l'exemple précédent pour des variables références :

```
void fonction_4 ( const int & ) ;
void fonction_5 ( int const & ) ;
void fonction_6 ( int & const ) ;

void fonction_4 ( const int & var )
{   int i ;
//  var = i ;
//  var = 10 ;
}

void fonction_5 ( int const & var )
{   int i ;
//  var = i ;
//  var = 10 ;
}
```

```
void fonction_6 ( int & const var )
{   int i ;
    var = i ;
    var = 10 ;
}
```

Dans les deux premières définitions (**fonction_4**, **fonction_5**), ni la valeur, ni la référence ne peuvent être modifiées. Dans la troisième (**fonction_6**), la spécification **const** est purement et simplement ignorée...

Les pointeurs void : c'est un cas un peu particulier. Reprenons les exemples précédents avec ceux-ci :

```
void fonction_7 ( const void * ) ;
void fonction_8 ( void const * ) ;
void fonction_9 ( void * const ) ;

void fonction_7 ( const void * ptr )
{   void * pt ;
    ptr = pt ;
    ((char *)ptr) ++ ;
    *(char *)ptr = 10 ;
}

void fonction_8 ( void const * ptr )
{   void * pt ;
    ptr = pt ;
    ((char *)ptr) ++ ;
    *(char *)ptr = 10 ;
}

void fonction_9 ( void * const ptr )
{   void * pt ;
//  ptr = pt ;
    ((char *)ptr) ++ ;
    *(char *)ptr = 10 ;
}
```

Lorsque la spécification de constante porte sur la valeur, comme dans la première et la deuxième définition (**fonction_7**, **fonction_8**), cela n'a pas d'effet particulier car la *valeur* **void** n'est pas définie. De plus, en cas de conversion de type, ce statut de constante est ignoré... D'où la possibilité d'écrire : ***(char *)ptr = 10**. Cela doit être considéré comme un *bug* de Borland C++ ou Turbo C++ V1.0 !

Lorsque la spécification porte sur la valeur de l'adresse elle-même, comme dans la troisième définition (**fonction_9**), cette fois la spécification de constante est prise en compte, sauf s'il y a une conversion de type... Toujours une erreur de Borland C++ ou Turbo C++ V1.0.

II - 3. Programmation objet

A ce stade, on peut considérer comme terminée la présentation complète des bases de la programmation en C/C++, utilisées aussi bien en programmation C qu'en programmation objet. Il est temps maintenant d'aborder les éléments plus originaux apportés par la programmation orientée objet en elle-même.

Le premier élément qu'il faut apprendre à maîtriser, c'est la ***classe***, avec toutes les variantes de définition de ce type, du point de vue de l'accessibilité de ses membres. C'est essentiellement une maîtrise de la syntaxe qui est visée dans ce chapitre, les méthodes de choix de regroupement d'éléments d'informations en classes seront introduites au fur et à mesure lorsque des outils plus avancés de programmation objet, comme la surcharge d'opérateurs ou l'héritage, seront abordés.

Une fois qu'un type classe est défini, l'étape suivante est la manipulation des variables de ce type, appelées également ***instances***.

Cette présentation se bornera à ces aspects fondamentaux de la programmation objets. Ils permettrons au programmeur d'effectuer une première prise en main de ce nouveau type de programmation sans rentrer dans le détail des différentes facilités et exceptions de C++. Ces dernières sont décrites de manière exhaustive en troisième partie (volume 2).

Comme on peut le supposer, tous les éléments présentés ici sont des apports de C++.

II - 3.1. Les classes C++

Ainsi que cela a été exposé en première partie, les classes sont des types définis pas les programmeurs, qui peuvent aussi bien contenir des éléments de données (variables) que des éléments de traitement (fonctions).

Elles permettent d'établir un lien étroit entre données traitées et fonctions spécialisées dans leur manipulation. On évite ainsi à la fois la possibilité de traiter des données non prévues et d'effectuer sur les données des opérations non autorisées.

Etant donné qu'une classe est un type, celui-ci doit être défini avant toute tentative de déclaration d'éléments associés.

L'accent sera mis, ensuite, sur l'encapsulation des informations et les règles d'accessibilité associées.

En effet, ces règles ne sont pas modifiables en dynamique lors de l'utilisation de telle ou telle variable ; de plus, les règles d'accessibilité s'adressent au niveau conceptuel des types. C'est-à-dire qu'elles seront définies une fois pour toutes pour un type abstrait donné (classe) et seront appliquées à tous les éléments déclarés comme étant de ce type.

Les règles d'accessibilité se décomposent en deux catégories :

- Les règles générales, définissant l'accès aux membres (attributs) de la classe pour tous les éléments des programmes.
- Les règles d'exception, définissant un accès particulier aux membres de la classe pour des éléments particuliers.

Enfin, la surcharge de fonctions et d'opérateurs sera reprise dans le contexte des classes, dans lequel elle est particulièrement intéressante.

II - 3.1.1. Définition *C++*

Si on fait abstraction des spécifications possibles d'accessibilité, d'héritage, etc., la définition d'une classe est identique à la définition d'une structure dans laquelle seraient insérées les définitions des fonctions concernées directement par les données de la structure.

Le type classe est spécifié par le mot clef **class** et la définition a la forme :

```
class nom_classe
{   nom_type_1 membre_1 ;
    nom_type_2 membre_2 ;

//  ...

    nom_type_n membre_n ;
} ;
```

Ne pas oublier le ; (point-virgule) en fin de définition comme pour les structures, sinon c'est vu comme une erreur de syntaxe (considérer qu'il s'agit, comme précédemment, d'une *instruction de définition de type*).

Il est d'ailleurs possible de remplacer le mot clef **class** par le mot clef **struct**. Ce sera dans ce cas la définition d'un type abstrait, avec la possibilité d'utiliser des spécifications d'accessibilité mais pas celles de la programmation objet proprement dites, comme l'héritage présenté aux paragraphes suivants.

L'utilisation de cette dernière forme ne présente aucun avantage par rapport à celle des classes, c'est pourquoi il n'y sera plus fait référence par la suite.

Remarque : Pour les classes, comme pour les structures, le nom du type pris en compte par le langage est **class** *nom_classe* ou simplement *nom_classe*. Le nom de la classe suffit à spécifier complètement le type.

La différence essentielle de forme par rapport aux définitions vues aux chapitres précédents, c'est que *membre_i* peut représenter aussi bien une variable, un tableau, un pointeur, etc., qu'une fonction.

Lorsqu'il s'agit d'une fonction, deux possibilités sont offertes :

- la définition du corps de la fonction est dans le bloc de la classe lui-même ;

- la déclaration seule du prototype de la fonction est dans le bloc de la classe et la définition du corps en dehors.

Dans le premier cas, les fonctions définies dans le bloc de la classe seront considérées par le compilateur comme des fonctions ***en ligne*** (même sans spécification particulière par le mot clef **inline**, Cf. II - 2.2.5). Pour qu'elles soient effectivement prises en compte par le compilateur, il est nécessaire que le corps de ces fonctions ne soit pas constitué d'un trop grand nombre d'instructions, car dans ce cas le compilateur refuse de mettre en oeuvre l'option **inline** (sans toutefois remettre en cause la déclaration de la fonction).

Dans le second cas, il s'agit d'une définition normale de fonction mais où il est fait explicitement référence à la classe à laquelle elle appartient à l'aide de l'opérateur de résolution de portée.

Formellement, on peut donc avoir :

```
class nom_classe
{   nom_type_1 membre_1 ;

//  ...

  // Première possibilité :
    nom_type_i membre_fonction_inline_i
                    (liste des arguments, types et noms)
    {   Corps de la fonction i...
    }

//  ...

  // Seconde possibilité :
    nom_type_j membre_fonction_j
                    (liste des arguments, types et noms) ;

//  ...

    nom_type_n membre_n ;
} ;  // Fin de la définition de la classe.

//...

  // Seconde possibilité :
nom_type_j nom_classe::membre_fonction_j
                    ( liste des arguments, types et noms )
{   Corps de la fonction j...
}

//...
```

La première fonction membre, **membre_fonction_inline_i**, est déclarée et définie dans le bloc de définition de la classe, c'est donc implicitement une fonction ***en ligne***.

La seconde, **membre_fonction_j**, est définie en dehors et afin que le langage puisse déterminer qu'il s'agit d'une fonction membre de la classe ***nom_classe***. Le nom de cette classe est placé devant le nom de la fonction, connecté à celui-ci par l'opérateur de résolution de portée ::, sous la forme :

```
nom_classe::membre_fonction_j
```

L'ordre de déclaration des membres dans la classe n'est pas important, mais la classe doit toujours être définie avant que le soient ses fonctions membres, si celles-ci sont définies à l'extérieur de la classe.

L'exemple suivant est issu de ceux employés dans la première partie. On spécifie une classe **rectangle** qui permet de le définir à l'aide de deux valeurs, longueur et largeur, et on lui associe une fonction de calcul du périmètre qui exploite le fait qu'il s'agit d'un rectangle représenté par sa longueur et sa largeur. Il lui est adjoint une fonction d'affichage des caractéristiques du rectangle, afin de permettre une "visualisation" des opérations ultérieures. La définition d'une telle classe, abstraction faite des problèmes d'accessibilité, peut s'écrire :

```
class rectangle
{   float Long, larg ;
      // Une fonction membre en ligne.
    float perimetre ( void )
    {   float perim ;
        perim = 2 * ( Long + larg ) ;
        return perim ;
    }
      // Une fonction membre définie en dehors.
    void affichage ( void ) ;
} ;

//...

void rectangle::affichage ( void )
{   cout << "Longueur : " << Long << "\n" ;
```

```
        cout << "Largeur : " << larg << "\n" ;
        cout << "Périmètre : " << perimetre () << "\n" ;
    }
```

Les noms de tous les types employés dans la définition de la classe doivent être connus au moment de leur emploi, comme pour les structures.

L'exemple précédent aurait pu s'écrire, en limitant la classe à son prototype, sous la forme :

```
class rectangle
{   float Long, larg ;
    float perimetre ( void ) ;
    void affichage ( void ) ;
} ;

//...

inline float rectangle::perimetre ( void )
{   float perim ;
    perim = 2 * ( Long + larg ) ;
    return perim ;
}

//...

void rectangle::affichage ( void )
{
//  ...
}
```

On notera la spécification **inline** avant la définition de type de la fonction membre **perimetre**, elle permet d'assurer la même implémentation que si cette fonction avait été définie dans le bloc de la classe.

L'ordre de déclaration des membres de la classe elle-même n'a, par contre, pas d'importance. On aurait pu écrire :

```
class rectangle
{     // Une fonction membre en ligne.
    float perimetre ( void )
```

```
	{	float perim ;
		perim = 2 * ( Long + larg ) ;
		return perim ;
	}
	  // Une fonction membre définie en dehors.
	void affichage ( void ) ;
	float Long, larg ;
} ;
```

Il y a les mêmes restrictions de définitions croisées de classes qu'avec les autres types. Le seul moyen d'effectuer de telles définitions est l'emploi de pointeurs comme cela est effectué dans l'exemple formel suivant :

```
class classe_1 ;

class classe_2
{	classe_1 *membre_1 ;  // On aurait pu écrire :
	  // class classe_1 *membre_1 ;..., mais cela ne
	  // présente pas vraiment d'intérêt.

//  ...

} ;

class classe_1
{	classe_2 *membre_2 ;

//  ...

} ;
```

La définition d'une variable membre simple de **class classe_1** sous la forme :

```
class classe_2
{	class classe_1 membre_1 ;
//...
```

aurait provoqué le message :

```
"Erreur : Taille du membre membre_1,
  de type class ex_classe_1, est inconnue ou nulle."
```

L'utilisation de variables références ou pointeurs est par contre possible. Attention, les variables références ne peuvent être initialisées lors de la définition des classes, ainsi les lignes suivantes sont rejetées :

```
class classe_2 { int i ; } ;
class classe_1
{   classe_2 membre,
             &mb1,
             &mb = membre ;
      // Un champ ne peut pas être initialisé.

//  ...

} ;
```

II - 3.1.2. Les membres privés et publics C++

Dans l'exemple précédent, il n'a pas été fait de commentaire sur le fait que les noms **Long**, **larg** et **perimetre** étaient connus dans la fonction membre **affichage**. En fait, bien que physiquement dans le texte source, ces identificateurs se trouvent après l'accolade fermante du bloc définissant la classe ; le fait que **affichage** soit une fonction membre de **class rectangle** indique au compilateur qu'il doit considérer que le texte est dans le bloc de **class rectangle**, quel que soit l'emplacement physique du texte de **affichage**.

Cela permet de déduire une première règle d'accessibilité :

- Les membres d'une classe sont accessibles à tous les autres membres de cette classe. C'est-à-dire, dans la pratique, qu'ils sont accessibles à toutes les fonctions membres de la classe (à noter, une exception dans le cas de membres hérités qui sera présentée à la section II - 3.3.1).

Par défaut d'autre spécification, ils ne sont accessibles à aucun autre élément d'une autre classe, ni à aucune fonction indépendante du programme.

Les membres ainsi protégés sont dits ***membres privés*** de la classe.

Toutefois, si tous les membres de toutes les classes étaient privés, cela ne présenterait pas un grand intérêt puisqu'on ne pourrait jamais faire communiquer les classes entre elles, ni les classes avec les fonctions du programme !

Il est alors possible de déclarer certains membres comme étant ***publics***. Cela s'effectue en plaçant le mot clef **public** suivi de : (deux-points) dans la liste des membres de la classe. Tous les membres suivants sont alors accessibles à tout le monde (par toutes les fonctions, membres de classe ou non).

Le mot clef **private** permet d'expliciter le fait que les membres sont privés par défaut, et aussi d'interrompre la liste des membres publics en spécifiant que les suivants sont privés.

Formellement, ces définitions d'accessibilité ont la forme :

```
class nom_classe
{   // Membres privés par défaut, de 1 à i :
        type_1 membre_1 ;

//      ...

        type_i membre_i ;
    public :  // Membre publics de i_1 à j :
        type_i_1 membre_i_1 ;

//      ...

        type_j membre_j ;
    private :  // Autres membres privés de j_1 à k :
        type_j_1 membre_j_1 ;

//      ...

        type_k membre_k ;
    public :  // De nouveau des membres publics...

//      et caetera.
} ;
```

Un bon style de programmation est de commencer par déclarer les membres publics qui sont les plus intéressants pour l'extérieur, puis de déclarer les membres privés qui sont eux réservés à un usage interne.

Dans l'exemple du paragraphe précédent, il faut au moins pouvoir appeler **affichage** et donc déclarer la fonction comme publique. La classe **rectangle** se redéfinit alors sous la forme :

```
class rectangle
{   public :
        void affichage ( void ) ;
    private :
        float Long, larg ;
        float perimetre ( void ) ;
} ;
```

Le reste du texte du programme demeure inchangé. Toutefois cet accès semble encore un peu limitatif, car il faut pouvoir initialiser **Long** et **larg**. Plusieurs solutions sont possibles, la meilleure, que nous étudierons à la section III - 3.1 (volume 2), est l'emploi d'une procédure spécifique offerte par C++ : la définition de ***constructeurs***. Les deux autres solutions sont : rendre publics les deux membres **Long** et **larg** (c'est simple, efficace, brutal et un peu dangereux !), ou, de manière plus élaborée, définir une fonction membre spécialisée dans l'initialisation de ces deux membres. C'est la solution présentée dans la nouvelle version de **class rectangle** :

```
class rectangle
{   public :
        void initialise ( float, float ) ;
        void affichage ( void ) ;
    private :
        float Long, larg ;
        float perimetre ( void ) ;
} ;

//...

inline void rectangle::initialise ( float L, float l )
{ Long = L ; larg = l ; }
```

```
//...

inline float rectangle::perimetre ( void )
{
//  ...
}

void rectangle::affichage ( void )
{
//   ...
}
```

II - 3.1.3. Les instances C++

Dans la pratique, les types ne nous intéressent que dans la mesure où ils servent de base à la définition de variables d'un maniement aisé. Pour les classes c'est la même chose. Les variables associées aux classes ont une structure plus générale que les variables usuelles puisque c'est par elles qu'on va pouvoir accéder aux fonctions membre des classes (ou ***méthodes***) ; c'est pourquoi en programmation objet on leur a attribué une appellation particulière : ***instances***. Une instance est alors un représentant particulier de la classe, comme une variable est un représentant particulier d'un type usuel.

Le principe général d'utilisation est le même que pour les variables classiques de C/C++. Il faudra donc toujours les déclarer avant de les utiliser.

Elles diffèrent toutefois sur le point de l'initialisation. En effet, puisqu'elles contiennent des fonctions membres, l'initialisation, lors de la déclaration, par une liste de valeurs entre accolades ne sera plus possible. En fait, il faudra initialiser chaque membre soit séparément, soit globalement, en faisant appel à une fonction membre particulière appelée ***constructeur d'instances***. Une section, III - 3.1 (volume 2), est consacrée à la présentation de ce dernier, aussi, en attendant, on se contentera d'initialisations explicites, membre par membre.

L'accès aux membres des instances s'effectue sur le même principe que pour l'accès aux membres de structures, à l'aide de l'opérateur . (point). Ce même opérateur permet d'accéder aussi bien aux membres de données qu'aux fonctions membres.

Comme pour les autres types, il est possible de définir des tableaux d'instances d'une même classe, des variables référence ou des pointeurs sur des instances.

Le programme suivant donne un exemple d'emploi d'instances d'une nouvelle classe **rectangle** qui est issue de la classe **rectangle** précédente à laquelle on a adjoint un membre **numero** pour pouvoir stocker une identification du rectangle ; il est défini en membre public.

```
// INST_R_1.CPP : un exemple d'emploi d'instances.
#include <iostream.h>

class rectangle
{   public :
        int numero ;
        void initialise ( float, float ) ;
        void affichage ( void ) ;
    private :
        float Long, larg ;
        float perimetre ( void ) ;
} ;

inline void rectangle::initialise ( float L, float l )
{ Long = L ; larg = l ; }

inline float rectangle::perimetre ( void )
{   float perim ;
    perim = 2 * ( Long + larg ) ;
    return perim ;
}

void rectangle::affichage ( void )
{   cout << "Rectangle numero " << numero << " ; " ;
    cout << "Longueur : " << Long << " ; Largeur : " ;
    cout << larg << " ; Périmètre : " << perimetre () << "\n" ;
}

void main ()
{   rectangle rect1, rect2 ;

    rect1.numero = 1 ; // Accès au membre de donnée numero de rect1.
    rect1.initialise (12., 4.) ; // Accès à la fonction
      // membre initialise de l'instance rect1.
```

```
    cout << "    Affichage de rect1 :\n" ;
    rect1.affichage () ;

    rect2 = rect1 ; // Affectation des valeurs de rect1 à rect2.
    cout << "    Affichage de rect2 :\n" ;
    rect2.affichage () ;

    // Réinitialisation de rect2.
    rect2.numero = 2 ;
    rect2.initialise ( 123., 56. ) ;

    cout << "    Affichage de rect1 :\n" ;
    rect1.affichage () ;
    cout << "    Affichage de rect2 :\n" ;
    rect2.affichage () ;
}
```

Le comportement et l'utilisation des variables d'instance sont très similaires à ceux des variables structure. Le seul point à ne pas oublier est de spécifier la liste des arguments passés à une fonction membre, lorsqu'on y accède à l'aide de l'opérateur . (point). L'affichage produit est :

```
    Affichage de rect1 :
Rectangle numero 1 ; Longueur : 12 ; Largeur : 4 ; Périmètre : 32
    Affichage de rect2 :
Rectangle numero 1 ; Longueur : 12 ; Largeur : 4 ; Périmètre : 32
    Affichage de rect1 :
Rectangle numero 1 ; Longueur : 12 ; Largeur : 4 ; Périmètre : 32
    Affichage de rect2 :
Rectangle numero 2 ; Longueur : 123 ; Largeur : 56 ; Périmètre : 358
```

L'exemple suivant, construit sur la même base, présente cette fois la manipulation de tableaux, références et pointeurs d'instances.

```
// INST_R_2.CPP : second exemple d'emploi d'instances.
#include <iostream.h>

class rectangle { // Mêmes définitions des membres de rectangle...
} ;
```

```
void main ()
{   rectangle rect1, // Une variable d'instance de rectangle.
          tab_rect [4],  // Un tableau de 4 instances de rectangle.
          &ref_rect = tab_rect [1],  // Une variable référence
                  // initialisée sur le second élément de tab_rect.
        *ptr_rect ;  // Un pointeur sur des instances de rectangle.
    rect1.numero = 1 ;
    rect1.initialise ( 12., 4. ) ;

    tab_rect [0] .numero = 10 ;
    tab_rect [0] .initialise ( 34., 5. ) ;

    ref_rect.numero = 22 ;
    ref_rect.initialise ( 56., 12. ) ;

    tab_rect [3] = rect1 ;

    cout << "Affichage des valeurs de tab_rect :\n" ;
    for ( ptr_rect = tab_rect ; ptr_rect < tab_rect + 4 ;
          ++ptr_rect )  ptr_rect->affichage () ;
}
```

Plusieurs points sont à rappeler ici :

- La variable référence **ref_rect** est initialisée dès sa déclaration, car c'est obligatoire pour ce type de variable. En effet, le caractère caché du pointeur qu'elle représente risque d'amener à l'employer comme une variable normale, ce qui provoquerait de graves défauts d'exécution si elle n'avait pas été initialisée auparavant. **ref_rect** est initialisée en tant que représentante du second élément du tableau **tab_rect**, **tab_rect [1]**. Ensuite, la variable référence se manipule comme une variable classique, en particulier pour l'accès à ses membres.

- Le pointeur **ptr_rect**, lui, peut ne pas être initialisé tout de suite, le caractère explicite de l'adressage diminuant d'ailleurs nettement les risques d'erreurs.

- L'accès aux membres des instances du tableau ne pose pas de problème particulier : on place le nom de l'élément (**tab_rect [i]**) devant celui du membre en les connectant par l'opérateur . (point).

- La boucle **for** exploite la possibilité d'incrémenter les pointeurs pour représenter un déplacement d'un nombre entier d'éléments de données en mémoire. Ainsi, **ptr_rect** pointe à l'initialisation sur **tab_rect [0]**, puis après incrémentation (**++ptr**) sur **tab_rect [1]**, etc. Le test d'arrêt exploite également ce fait : **tab_rect + 4** représente le cinquième élément du tableau, c'est un élément qui n'existe pas mais qui serait placé juste après le dernier (**tab_rect [3]**) s'il existait. D'où le test d'arrêt, vérifiant que l'adresse pointée par **ptr_rect** est strictement inférieure à l'adresse du premier octet qui fait suite au tableau (**&(tab_rect [4]) == tab_rect + 4**).

L'affichage produit cette fois est :

```
Affichage des valeurs de tab_rect :
Rectangle numero 10 ; Longueur : 34 ; Largeur : 5 ; Périmètre : 78
Rectangle numero 22 ; Longueur : 56 ; Largeur : 12 ; Périmètre : 136
Rectangle numero 7124 ; Longueur : 3.508494e-22 ; Largeur :
3.507474e-22 ; Périmètre : 1.403194e-21
Rectangle numero 1 ; Longueur : 12 ; Largeur : 4 ; Périmètre : 32
```

On remarquera les valeurs du troisième élément (**tab_rect [2]**) qui n'a pas été initialisé et qui valent n'importe quoi (c'est-à-dire le contenu mémoire correspondant de la pile).

Initialisation *C++!*

Dans les programmes précédents, l'initialisation des membres de la classe **rectangle** s'est faite par l'appel d'une fonction dédiée : **initialise**. Elle a définie par le programmeur pour effectuer l'affectation explicite d'une valeur à chacun des membres.

Attention ! il est rigoureusement interdit de chercher à initialiser de manière systématique les membres de donnée d'une classe lors de leur déclaration dans le corps de la classe. Ainsi, les lignes suivantes sont refusées par le compilateur :

```
class rectangle
{   public :
        int numero = 111 ;
         // Essai pour donner une valeur par défaut au membre numero.
        // ...
    private :
        float Long = 23.45, larg = 12.34 ;
            // Idem, pour les membres Long et larg.
        // ...
} ;
```

Il faut donc toujours passer par une fonction dédiée à l'initialisation. Cela peut être réalisé à l'aide d'une fonction membre quelconque, comme **initialise**, définie par le programmeur et qui doit être appelée explicitement pour chaque instance, comme par exemple dans :

```
rect1.initialise ( 12., 4. ) ;
```

Mais cela peut aussi être effectué à l'aide de fonctions prédéfinies de C++ qui sont utilisées automatiquement par le programme, lors de la création des instances (c'est-à-dire, lors de leur déclaration). Ces fonctions dédiées de C++, appelées ***constructeurs***, sont des outils très puissants mais un peu trop complexes pour être présentés dès maintenant, aussi seront-ils détaillés dans le second volume au chapitre III - 3.

L'accessibilité *C++ !!*

Les règles d'accessibilité sont vérifiées lors de la compilation du programme, mais ne le sont plus ensuite. En particulier, si un programme est "passé" à la compilation, à l'exécution tout est permis !

Toutefois, même si elles ne sont vérifiées qu'en cours de compilation, ces restrictions de syntaxe amènent un gain notable de fiabilité des programmes.

Le programme **INS_AC_1.CPP** reprend l'exemple du compte en banque, classique en programmation objet. Toutes les opérations effectuées dans ce texte sont licites et acceptées par le langage.

```
// INS_AC_1.CPP : exemple d'accès licites.

#include <iostream.h>
#include <string.h>  // Pour la fonction strcpy.

class compte
{   public :
        void ouvrir ( char * ) ;
        void deposer ( unsigned ) ;
        void transfert_vers ( unsigned, compte & ) ;
        int valeur_solde ( void ) ;
    private :
        int solde ;
        char titulaire [31] ;
        void commission ( void ) ;
} ;

inline void compte::ouvrir ( char *nom )
{   strncpy ( titulaire, nom, 30 ) ;
      // Recopie n caractères ou moins du second argument
      // dans le premier. Ici 30 au plus.
    solde = 0 ;  // Initialise le solde à l'ouverture.
}
// Ne sont prévus que des dépôts positifs.
inline void compte::deposer ( unsigned montant )
{ solde += montant ; }

// Ne sont transférées que des sommes positives.
inline void compte::transfert_vers ( unsigned montant,
                                     compte &c )
  // Comme pour toutes les variables de C/C++, les arguments
  // étant passés par valeur, si on veut pouvoir modifier
  // celles de "c" il faut connaître son adresse. C'est donc
  // une référence qui est passée à cette fonction.
{   c.solde += montant ;
      // La référence est transparente à l'usage.
    solde -= montant ;
    commission () ;
}

// Cette fonction, trop réaliste hélas, n'est quand même là
// que pour les besoins de la cause (c'est-à-dire
```

```
// l'exercice) ! Elle est privée pour éviter qu'elle soit
// appelée à mauvais escient...
inline void compte::commission ( void )
{ solde -= solde/10 ; }

// Une fonction permettant de lire la valeur du solde, mais
// pas de la changer.
inline int compte::valeur_solde ( void ) { return solde ; }

class dossier
{  public :
        compte compte_courant ;
        compte compte_epargne ;
        void etat_des_comptes ( void ) ;
} ;

inline void dossier::etat_des_comptes ( void )
{   cout << "Compte courant : " << compte_courant.valeur_solde
() << "\n" ;
    cout << "Compte épargne : " << compte_epargne.valeur_solde
() << "\n" ;

    // Les lignes suivantes n'auraient pas été autorisées :

//  cout << "Compte courant : "<<compte_courant.solde<<"\n";
        // En effet, solde est un membre privé de compte.

//  compte_epargne.commission () ;    De même la fonction
// membre commission est privée dans compte.
}

compte ouvre_compte ( char *, unsigned ) ;

main ()
{   dossier d ;

    d.compte_courant.ouvrir ( "Toto" ) ;
    d.compte_courant.deposer ( 1000 ) ;
    d.compte_epargne.ouvrir ( "Toto" ) ;
    d.etat_des_comptes () ;

    d.compte_courant.transfert_vers (500, d.compte_epargne);
    // Le passage par référence est transparent à l'appel.
    d.etat_des_comptes () ;

    compte c = ouvre_compte ( "Ernest", 2000 ) ;
      // Une initialisation par appel de fonction dans la
      // déclaration elle-même.
```

```
    c.transfert_vers ( 500, c ) ;  // Ce n'est, hélas, pas
      // un moyen de s'enrichir, sans effort ! Au contraire.
    cout << "Solde du compte c : " <<c.valeur_solde()<<"\n";

}

compte ouvre_compte ( char * nom, unsigned solde_init )
{   compte cpt ;

    cpt.ouvrir ( nom ) ;
    cpt.deposer ( solde_init ) ;
    cout << "Compte ouvert au nom de " << nom << "\n" ;
    cout << "Solde : " << cpt.valeur_solde () << "\n" ;

    return cpt ;

    // Ces lignes ne sont pas autorisées, car les membres sont
    // privés :

//  cout << "Compte ouvert au nom de "<<cpt.titulaire<<"\n";
//  cout << "Solde : " << cpt.solde << "\n" ;

}
```

L'affichage produit par **INS_AC_1.CPP** est :

```
Compte courant : 1000
Compte épargne : 0
Compte courant : 450
Compte épargne : 500
Compte ouvert au nom de Ernest
Solde : 2000
Solde du compte c : 1800
```

Le seul point un peu délicat à signaler ici est le fait qu'il n'y a aucune limitation d'accès entre des instances d'une même classe. Ainsi, la fonction de transfert fait appel directement au membre **solde** de l'instance passée en argument et le modifie. C'est totalement correct du point de vue de la syntaxe, mais un peu dangereux dans le principe. Il aurait été plus approprié pour effectuer cette modification d'utiliser un membre public, donc prévu pour, et non un membre privé. En l'occurrence, on aurait pu utiliser le membre **deposer** de l'argument. La fonction de transfert se serait alors écrite :

```
inline void compte::transfert_vers ( unsigned montant,
                                      compte &c )
{   c.deposer ( montant ) ;  // La fonction deposer est
                             // cette fois un membre public.
    solde -= montant ;
    commission () ;
}
```

Hormis les règles d'accessibilité spécifiques au caractère privé ou public des membres des instances, toutes les règles usuelles de portée, de statut (global, local, statique, externe, etc.) et d'accessibilité sont entièrement respectées par les variables d'instances.

II - 3.1.4. Les classes et fonctions amies *C++ !*

Les deux options ***privé*** ou ***public*** sont en fait des options extrêmes qu'il serait bon parfois de moduler. Pour cela, C++ offre la possibilité de définir des **classes et fonctions amies** d'une classe particulière. Dans ce cas, tous les membres de la classe sont accessibles aux classes et fonctions amies. La réciproque ne sera vraie que si on s'est attaché à effectuer la même déclaration au sein des classes amies.

Syntaxiquement, cette déclaration s'effectue cas par cas dans le bloc de définition de la classe, en plaçant le mot clef **friend** devant le nom de la classe amie ou devant le prototype de la fonction amie. Cette déclaration peut s'effectuer aussi bien dans les membres privés que publics de la classe (sous réserve d'être placée en dehors du corps des fonctions membres de la classe). Un bon style de programmation est de déclarer les fonctions et classes amies en début de définition de la classe, avant les membres publics.

L'exemple suivant présente une utilisation possible de classes amies. L'objectif est de définir un damier comme un tableau à deux dimensions de rectangles identiques. La longueur et la largeur du damier peuvent s'obtenir simplement par le nombre de rectangles en longueur, le nombre de rectangles en largeur et par la valeur de leurs longueur et largeur. La Figure II - 3.1.4 explicite la construction.

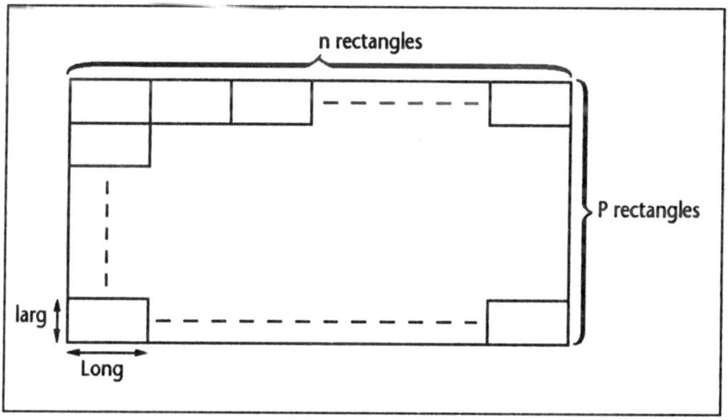

Figure II - 3.1.4 : Représentation d'un damier.

Une classe **damier** est alors définie avec pour membres : un rectangle de base, le nombre de lignes et de colonnes, et deux fonctions : **dimension** et **affichage**. Pour calculer la dimension du damier, il faut connaître la valeur de la longueur et de la largeur du rectangle de base. Leur accès depuis l'extérieur étant *a priori* interdit, la classe **rectangle** est redéfinie pour en autoriser l'accès à la seule classe **damier**. Le programme **CL_AMI_1.CPP** présente une solution possible.

```
// CL_AMI_1.CPP : exemple de définition de classe amie.

#include <iostream.h>

class damier ;

class rectangle
{   friend damier ;  // Une classe amie.
    public :
        void initialise ( float, float ) ;
        void affichage ( void ) ;
    private :
        float Long, larg ;
        float perimetre ( void ) ;
} ;

class damier
{   public :
        float dimension ( void ) ;
```

```
        void affichage ( void ) ;
        void initialise ( float Longueur, float largeur,
                          unsigned nb_colonnes,
                          unsigned nb_lignes ) ;
          // Des noms sont donnés aux arguments, uniquement
          // pour expliciter leur rôle, mais le compilateur
          // ignorera ces identificateurs.
    private :
        rectangle rect_base ;
        unsigned nombre_colonnes, nombre_lignes ;
} ;

inline void rectangle::initialise ( float L, float l )
{ Long = L ; larg = l ; }

inline float rectangle::perimetre ( void )
{   float perim ;
    perim = 2*(Long + larg) ;
    return perim ;
}

void rectangle::affichage ( void )
{   cout << "Longueur : " << Long << "\n" ;
    cout << "Largeur : " << larg << "\n" ;
    cout << "Périmètre : " << perimetre () << "\n" ;
}

inline float damier::dimension ( void )
{   return ( 2*(nombre_colonnes*rect_base.Long +
                              nombre_lignes*rect_base.larg)
) ;
}

inline void damier::initialise ( float Longueur,
                                 float largeur,
                                 unsigned nb_col,
                                 unsigned nb_lig )
{   rect_base.initialise ( Longueur, largeur ) ;
    nombre_colonnes = nb_col ;
    nombre_lignes = nb_lig ;
}

void damier::affichage ( void )
{   cout << "Nombre de colonnes : " <<nombre_colonnes<<"\n";
    cout << "Nombre de lignes : " << nombre_lignes << "\n" ;
    cout << "Périmètre total : " << dimension () << "\n" ;
}
```

```
main ()
{   damier un_damier ;

    un_damier.initialise ( 34.12f, 12.34f, 3u, 2u ) ;

    un_damier.affichage () ;

}
```

L'affichage est :

```
Nombre de colonnes : 3
Nombre de lignes : 2
Périmètre total : 254.079987
```

On remarquera le prototype restreint de la classe **damier** en première ligne, il permet au compilateur de connaître la nature de l'élément **damier** déclaré ami de **rectangle** trois lignes plus bas. Il est nécessaire, sinon le compilateur ne reconnaît pas le nom **damier**. Il est suffisant, car ici il n'y a pas de déclaration de membre, et il n'est donc pas nécessaire de connaître la "taille" de la zone de donnée associée à **damier**.

A souligner également le ***mode d'accès aux membres d'une classe : la syntaxe est identique à celle utilisée pour les structures***. Ainsi, dans la fonction membre **damier::dimension**, **rect_base.Long** représente la valeur du sous-membre **Long** du membre **rect_base**. Cet accès est rendu possible par la déclaration de **damier** comme amie de **rectangle** (**friend damier**).

Les fonctions membres sont appelées de la même manière que les autres membres, à l'aide de l'opérateur . (point). D'où l'expression **rect_base.initialise (Longueur, largeur)** qui appelle la fonction **initialise** de la classe **rectangle** en l'appliquant à **rect_base**.

II - 3.2. Surcharge *C++*

Bien que la surcharge de fonctions membres ne présente pas de problème important, la surcharge d'opérateurs en association avec un type classe mérite de nombreux commentaires liés à la présence d'un grand nombre de particularités. La section III -

3.2 (volume 2) contient une présentation détaillée des différentes particularités de surcharge des opérateurs. Le lecteur trouvera toutefois en section II - 3.2.2 les principes de base de la surcharge d'opérateurs. Ceux-ci seront, dans un premier temps, largement suffisant.

II - 3.2.1. Surcharge de fonctions *C++*

Les fonctions membres peuvent être surchargées comme toute fonction de C++, dans ce cas ce sont des fonctions membres comme les autres qui respectent les mêmes règles.

Dans l'exemple précédent, il aurait été intéressant de définir des fonctions d'initialisation par défaut pour **rectangle** et **damier**.

Par exemple, si une seule valeur est passée lors de l'initialisation d'un rectangle, elle sera utilisée aussi bien pour la longueur que pour la largeur (c'est un carré !). De même, si seules des valeurs entières sont passées lors de l'initialisation du damier, des valeurs par défaut seront alors utilisées pour initialiser le rectangle.

Une forme plus complète des classes précédentes est proposée dans le programme CL_AMI_2.CPP.

```
// CL_AMI_2.CPP : exemple de classes amies et de surcharge
// de fonction.

#include <iostream.h>

class damier ;

class rectangle
{   friend damier ;
    public :
        void initialise ( float Longueur, float largeur ) ;
        void affichage ( void ) ;
    private :
        float Long, larg ;
        float perimetre ( void ) ;
} ;

class damier
{   public :
```

```
        void affichage ( void ) ;

        // Quelques formes d'initialisation possibles.
        void initialise ( float Longueur, float largeur,
                          unsigned nb_colonnes,
                          unsigned nb_lignes ) ;
        void initialise ( float Long, float larg,
                          unsigned nb_cases ) ;
        // Encore une fois : ici, Long ne représente pas le
        // membre Long de rectangle mais un identificateur
        // ignoré par le compilateur à usage du lecteur.
        void initialise ( float cote, unsigned nb_col,
                                      unsigned nb_lig ) ;
        void initialise ( float cote, unsigned nb_cases ) ;
    private :
        rectangle rect_base ;
        unsigned nombre_colonnes, nombre_lignes ;
        float dimension ( void ) ;
} ;

inline void rectangle::initialise ( float L, float l )
{ Long = L ; larg = l ; }

inline void damier::initialise ( float Longueur,
                                 float largeur,
                                 unsigned nb_col,
                                 unsigned nb_lig )
{   rect_base.initialise ( Longueur, largeur ) ;
    nombre_colonnes = nb_col ;
    nombre_lignes = nb_lig ;
}

inline void damier::initialise ( float Lg, float lg,
                                 unsigned nb_cases )
{ initialise ( Lg, lg, nb_cases, nb_cases ) ; }

inline void damier::initialise ( float cote, unsigned nb_c,
                                             unsigned nb_l )
{ initialise ( cote, cote, nb_c, nb_l ) ; }

inline void damier::initialise ( float cote,
                                 unsigned nb_cases )
{ initialise ( cote, cote, nb_cases, nb_cases ) ; }

inline float rectangle::perimetre ( void )
{ return 2 * ( Long + larg ) ; }

inline void rectangle::affichage ( void )
```

```
{   cout << "  Rectangle de ( " << Long << " X " << larg
          << " ).\n    périmètre : " << perimetre () <<"\n";
}

inline float damier::dimension ( void )
{ return 2 * ( nombre_colonnes * rect_base.Long +
                         nombre_lignes * rect_base.larg ) ; }
  // Cette fonction de damier accède aux membres privés Long
  // et larg de l'instance rect_base de la classe rectangle.

inline void damier::affichage ( void )
{   cout << "  Damier de ( " << nombre_lignes << " X "
          << nombre_colonnes << " ).\n    dimension : "
          << dimension () << ".\n" ;
}

main ()
{   damier d ;

    d.initialise ( 23.45, 12.34, 10, 30 ) ;  // Le nombre
                              // d'arguments est discriminant.
    d.affichage () ;

    d.initialise ( 67.89, 40u, 20 ) ;  // C'est le type du
               // second argument qui est discriminant :
               // initialise ( float, unsigned, unsigned ).
    d.affichage () ;

    d.initialise ( 67.89, 23.45f, 50 ) ;
      // ( float, float, unsigned ).
    d.affichage () ;

    d.initialise ( 12.34, 56 ) ;  // Le nombre d'arguments
                                  // est discriminant.
    d.affichage () ;
}
```

Dans ce programme, il faudra porter une attention particulière au type des valeurs ou arguments passés aux fonctions **initialise**. Par exemple, **damier::initialise (33)** est considéré comme ambigu car **33** peut représenter aussi bien une valeur entière qu'une valeur flottante. Le compilateur refusera dans ce cas de traduire ce code. Cette ambiguïté se résout facilement en spécifiant le type de la valeur, par exemple par conversion de type explicite (*cast*) : **damier::initialise ((unsigned)33)** ou **damier::initialise ((float)33)**, mais c'est un peu lourd. Le mieux est d'utiliser les symboles spécifiant la nature des constantes : **u** pour **unsigned**, f pour **float** (voir section II - 1.2.1). On écrira alors : **damier::initialise (33u)** ou **damier::initialise (33.f)**. Dans le dernier cas, pour le flottant, ne pas oublier de placer le **.** (point) précisant le début de la partie décimale, sinon la syntaxe n'est pas correcte (le point seul ne suffit pas par contre à spécifier qu'il s'agit d'une constante flottante, d'où la présence du **f**).

L'affichage est alors :

```
Damier de ( 30 X 10 ),
  dimension : 1209.400024.
Damier de ( 20 X 40 ),
  dimension : 8146.799805.
Damier de ( 50 X 50 ),
  dimension : 9134.
Damier de ( 56 X 56 ),
  dimension : 2764.160156.
```

II - 3.2.2. Surcharge d'opérateurs *C++ !*

En fait, un opérateur peut être complètement assimilé à une fonction de base de la machine. Il ne se distingue en fait que par la syntaxe qui régit son emploi et sa programmation parfois "câblée" dans la machine.

La surcharge d'un opérateur consiste à remplacer sa définition standard par la définition d'une fonction équivalente. L'avantage essentiel est de pouvoir conserver la facilité et la concision d'écriture qu'ils représentent. Par exemple, écrire **a + b** est plus agréable qu'écrire **+ (a, b)**.

Lorsque les arguments représentent des types non standard, mais pour lesquels des opérations formelles très proches ont été définies, il est tout à fait intéressant de conserver ce type d'écriture. Typiquement : additionner des nombres complexes, des matrices ou des chaînes de caractères.

La surcharge d'opérateurs peut être réalisée à l'aide de fonctions membres de la classe associées aux éléments à manipuler, ou bien à partir d'une fonction indépendante et amie de la classe. La seconde solution, si elle est possible, tend à désorganiser la notion de classe puisque les opérations spécifiques à ses instances ne sont pas alors encapsulées dans la classe elle-même.

De plus, les quatre opérateurs =, ->, [ ] et ( ) ne peuvent être surchargés qu'en tant que fonctions membres. Six autres opérateurs ne peuvent pas du tout être surchargés : . (point), .*, ::, ::*, ?: et **sizeof**. Sinon, tous les autres opérateurs peuvent être surchargés soit à l'aide de fonctions membres, soit à l'aide de fonctions indépendantes.

Il n'est pas possible de redéfinir les opérateurs standard si leurs arguments, lors de la surcharge, sont de type déjà reconnu par l'opérateur. Par exemple l'addition, +, d'entiers **int** ne peut être redéfinie. Lorsque, par erreur, une surcharge est quand même définie, soit le compilateur rejette purement et simplement la définition, soit, et c'est en général le cas, il l'ignore sans émettre de message particulier... Il faudra donc prendre soin de toujours redéfinir un opérateur sur des arguments qu'il ne sait pas encore traiter. Quelques cas particuliers ne suivent pas strictement cette règle : , = ( ) [ ] **new** et **delete**. Ils seront donc repris en détail plus loin. En particulier, **new** et **delete** ont une surcharge très spécifique qui sera décrite à la section III - 3.4 (volume 2), après la présentation de ces opérateurs de gestion dynamique de la mémoire.

Il n'est pas non plus possible de définir de nouveaux opérateurs.

Un point important à respecter pour conserver une certaine lisibilité aux programmes est de ne surcharger les opérateurs que pour définir des opérations dont la sémantique reste très proche. Dans le cas contraire, il est préférable d'utiliser une notation fonctionnelle dans laquelle le nom de la fonction résume le sens des traitements effectués.

La surcharge s'effectue en plaçant le mot clef **operator** devant le symbole de l'opérateur puis en définissant celui-ci comme s'il s'agissait d'une fonction. La syntaxe de redéfinition d'un opérateur est la suivante :

```
type_resultat operator symbole
                        ( liste des arguments, types et noms )
{   corps de la fonction   }
```

Lorsque l'opérateur est employé avant que la fonction associée ne soit définie, il faut placer, comme pour toute fonction, son prototype. Celui-ci reprend exactement l'en-tête de la fonction associée :

```
type_resultat operator symbole
                    ( liste des types des arguments )
```

Lorsque la surcharge s'effectue par une fonction indépendante, le nombre d'arguments doit être identique au nombre d'arguments de l'opérateur de base. S'il s'agit d'un opérateur unaire, il y aura donc un et un seul argument. S'il s'agit d'un opérateur binaire, il y aura deux arguments, le premier représentant l'argument gauche de l'opérateur et le second l'argument droit.

Dans le cas d'une surcharge par une fonction membre, le premier argument est toujours l'instance courante de la classe, c'est à dire en fait le pointeur **this** (voir la description détaillée de ce paramètre donnée dans le volume 2, en section III - 1.1). Il ne doit donc pas être précisé dans la liste des arguments de la fonction. Par conséquent :

- si l'opérateur est unaire, la fonction membre associée n'aura pas d'argument ;
- s'il est binaire, elle aura un argument qui représente l'argument droit de l'opérateur.

L'exemple suivant propose une définition de classe et d'opérateurs qui permet de représenter et manipuler des nombres booléens.

Un nombre booléen est un nombre dont la valeur est *0* ou *1*. Ces nombres sont à rattacher, respectivement, aux deux valeurs logiques ***Faux*** et ***Vrai***. L'addition et la multiplication de ces nombres se définit comme ci-après.

Soit ***a*** et ***b*** deux booléens :

> ***a*** + ***b*** vaut *0* si ***a*** vaut *0* et ***b*** vaut *0*,
>
> ***a*** + ***b*** vaut *1* sinon.
>
> ***a*** * ***b*** vaut *1* si ***a*** vaut *1* et ***b*** vaut *1*,

a * *b* vaut *0* sinon.

L'inversion (signe -) se définit par :

- *a* vaut *1* si *a* vaut *0*, et vaut *0* sinon.

La "non-opération" (signe +) se définit par :

+ *a* vaut *1* si *a* vaut *1*, et vaut *0* sinon.

Pour les besoins de l'exemple, un opérateur binaire et un opérateur unaire sont définis comme des fonctions indépendantes. Il aurait toutefois été plus judicieux de les associer plus intimement au type booléen en les définissant comme des fonctions membres. En général, ce type d'opération doit pouvoir être effectuée depuis n'importe quelle partie du programme, aussi les fonctions membres associées sont définies en membres publics.

Le programme **OP_SRG_1.CPP** présente un codage et une utilisation possible de la classe **Booleen**.

```
// OP_SRG_1.CPP : exemple de surcharge des opérateurs + * -.

#include <iostream.h>

class Booleen
{ // Redéfinition de l'opérateur + comme fonction globale.
    friend Booleen operator + ( Booleen const &,
                                Booleen const &) ;
  // Redéfinition de l'opérateur - (inversion) comme
  // fonction globale.
    friend Booleen operator - ( Booleen const & ) ;

    public :
        void initialise ( int const ) ;
        int valeur ( void ) ;
      // Redéfinition de l'opérateur * en tant que membre
      // de la classe. Dans ce cas l'argument gauche sera
      // celui à partir duquel l'opérateur sera appliqué.
        Booleen operator * ( Booleen const & ) ;
      // Redéfinition de l'opérateur signe + en tant que
      // membre. Il n'a qu'un argument (droit) ce sera celui
      // auquel l'opérateur a été appliqué.
        Booleen operator + ( void ) ;
```

```
    private :
        int val ;
} ;

// --------------------------------------------------------------
// Fonctions membres de Booleen :

inline void Booleen::initialise ( int const v )
{ val = ( v == 0 || v == 1 ?
                        v : (cout << "Erreur -> 0\n"), 0 ) ; }
  // La fonction teste la valeur, si elle vaut 0 ou 1 : elle
  // renvoie cette valeur ; sinon elle affiche un message
  // d'erreur et renvoie la valeur 0 par défaut. À noter,
  // l'emploi de l'opérateur , (virgule) pour exécuter deux
  // instructions et renvoyer une valeur. Ce type d'écriture
  // représente un bon exercice, mais, du point de vue
  // lisibilité, il n'est pas à conseiller  !

inline int Booleen::valeur ( void ) { return val ; }
    // Permet de connaître la valeur...

  // Surcharge de l'opérateur binaire multiplication :
inline Booleen Booleen::operator *
                                ( Booleen const & arg_droit )
{   Booleen resultat ;

    // val représente le membre val du booléen courant à
    // partir duquel l'opération est effectuée, on a en fait
    // this->val qui représente, par convention, l'argument
    // droit.

    if ( val == 1 && arg_droit.val == 1 )
        resultat.initialise ( 1 ) ;
    else resultat.initialise ( 0 ) ;

    return resultat ;
}

  // Surcharge de l'opérateur unaire signe plus :
inline Booleen Booleen::operator + ( void )
{ return *this ; }
    // L'opérateur ne modifie pas la valeur, il renvoie donc
    // la valeur de l'instance à laquelle il est appliqué.
    // Celle-ci est représentée par "this" qui est un
    // pointeur, d'où le renvoi de *this.

// --------------------------------------------------------------
// Fonctions indépendantes :
```

```
inline Booleen operator + ( Booleen const & arg_gauche,
                            Booleen const & arg_droit )
{   Booleen resultat ;

    // La définition est réalisée à l'aide d'opérations
    // commutatives, l'opérateur + le sera donc encore.
    if ( arg_gauche.val == 0 && arg_droit.val == 0 )
        resultat.initialise ( 0 ) ;
    else resultat.initialise ( 1 ) ;

    return resultat ;
}

inline Booleen operator - ( Booleen const & arg_droit )
{   Booleen resultat ;

    if ( arg_droit.val == 0 )
        resultat.initialise ( 1 ) ;
    else resultat.initialise ( 0 ) ;

    return resultat ;
}

// ------------------------------------------------------------
// Programme principal :

main ()
{   Booleen b1, b2, b3 ;

    char c ;
    do
    {   int i ;

        cout << "Entrer la valeur du booleen b1, 1 <->"
             << " vrai, 0 <-> faux : " ;
        cin >> i ;
        b1.initialise ( i ) ;

        cout << "Entrer la valeur du booleen b2 : " ;
        cin >> i ;
        b2.initialise ( i ) ;

        b3 = b1 + b2 ;
        cout << "Addition : b1 + b2 = " << b1.valeur ()
             << " + " << b2.valeur () << " = "
             << b3.valeur () << ".\n" ;

        b3 = b1 * b2 ;
```

```
        cout << "Multiplication : b1 * b2 = "
            << b1.valeur () << " * " << b2.valeur ()
            << " = " << b3.valeur () << ".\n" ;

        b3 = - b1 ;
        cout << "Inversion : - b1 = - " << b1.valeur ()
            << " = " << b3.valeur () << ".\n" ;

        b3 = + b1 ;
        cout << "Non opération : + b1 = + " << b1.valeur ()
            << " = " << b3.valeur () << ".\n" ;

        cout << "Pour recommencer, taper r et autre chose"
            << " sinon : " ;
        cin >> c ;

    } while ( c == 'r' ) ;

}
```

Une telle surcharge d'opérateur ne présente pas de difficulté particulière. Le point à bien assimiler est que lorsqu'un opérateur est surchargé par une fonction membre, son premier argument est l'instance à partir de laquelle il est appliqué. Ainsi les lignes :

```
b3 = b1 * b2 ;
b3 = + b1 ;
```

doivent se comprendre sous la forme :

```
b3 = b1.operator*( b2 ) ;
b3 = b1.operator+( ) ;
```

Par contre, pour les deux autres opérations, l'interprétation de :

```
b3 = b1 + b2 ;
b3 = - b1 ;
```

est :

```
b3 = operator+( b1, b2 ) ;
b3 = operator-( b1 ) ;
```

Un exemple d'affichage produit est :

```
Entrer la valeur du booleen b1 : 1 <-> vrai, 0 <-> faux : 1
Entrer la valeur du booleen b2 : 1
Addition : b1 + b2 = 1 + 1 = 1.
Multiplication : b1 * b2 = 1 * 1 = 1.
Inversion : - b1 = - 1 = 0.
Non opération : + b1 = + 1 = 1.
Pour recommencer, taper r et autre chose sinon : r
Entrer la valeur du booleen b1 : 1 <-> vrai, 0 <-> faux : 4
Erreur -> 0
Entrer la valeur du booleen b2 : 1
Addition : b1 + b2 = 0 + 1 = 1.
Multiplication : b1 * b2 = 0 * 1 = 0.
Inversion : - b1 = - 0 = 1.
Non opération : + b1 = + 0 = 0.
Pour recommencer, taper r et autre chose sinon : x
```

On retrouve, dans le cas d'opérateurs membres surchargés, les problèmes usuels d'ambiguïté liés à l'emploi du spécifieur de statut **const** et au passage d'argument par référence. Dans ce cas, la situation est rendue un peu moins évidente par la présence dans les opérateurs membres du paramètre caché **this**.

II - 3.3. Héritage *C++*

Avec l'héritage, est abordé un des aspects les plus riches de la programmation objet : il permet de créer des variantes de modules déjà existants sans modifier les modules eux-mêmes, de spécialiser des éléments génériques pour une application particulière tout en conservant ces éléments pour d'autres applications.

Il existe plusieurs formes d'héritage. Le plus courant, appelé ***héritage simple***, consiste à créer les nouveaux éléments en enrichissant une unique classe. Le second permet de fusionner et enrichir plusieurs classes, c'est l'***héritage multiple***.

Hormis la syntaxe permettant de spécifier les classes héritières, l'utilisation de l'héritage impose de définir précisément les liens entre les membres spécialisés des classes mères et des classes filles, comme les constructeurs et les destructeurs. L'accessibilité demande aussi à être précisée : les membres privés hérités sont-ils directement accessibles à l'héritière et, réciproquement, à qui sont accessibles les membres de l'héritière ?

Dans l'objectif d'augmenter la généricité des classes de base, un concept supplémentaire de ***membre virtuel*** est introduit : il permet de décrire un membre de classe uniquement par son prototype, en laissant le soin aux classes héritières de spécifier comme bon leur semble l'implémentation de ces membres.

Dans ce premier volume, nous nous contenterons de présenter une initiatition à la programmation objet en C++ en décrivant simplement : l'héritage simple de membres et son influence sur les propriétés d'accessibilités des membres d'une classe. Les aspects avancés comme, la définition de constructeur, l'héritage multiple et les membres virtuels seront quant à eux traités dans le second volume de Borland C++.

Héritage simple de membres — *C++*

Définir une nouvelle classe par héritage peut être vu comme une duplication et un enrichissement de la classe héritée. Il faut donc donner un nouveau nom à la classe héritière et spécifier la classe dont elle hérite. La spécification de la classe héritée s'effectue en plaçant son nom après le nom de la nouvelle classe (héritière), séparé par le symbole : (deux-points). Ensuite tous les membres définis dans le corps de la classe héritière sont des membres supplémentaires, qui viennent compléter les membres hérités.

La syntaxe de définition d'une classe héritière est :

```
class nom_classe_mere
{
// Définition de la classe mère.

};

//...

class nom_classe_fille : nom_classe_mere
```

```
{
// Définition des membres supplémentaires.
};
```

Supposons, par exemple, que nous disposions d'une classe de base qui définit un point dans le plan et que nous voulions maintenant manipuler des points dans l'espace, c'est-à-dire avec une coordonnée supplémentaire. La classe de base peut s'écrire :

```
class Point_plan
{   public :
        double abscisse, ordonnee ;
        void initialise ( double x, double y )
        { abscisse = x ; ordonnee = y ; }
        double distance_plan ( void )
        { return
            sqrt (abscisse*abscisse + ordonnee*ordonnee) ; }
} ;
```

Plutôt que de réécrire complètement une classe définissant les points dans l'espace, on va la construire par héritage. Il faut adjoindre un membre statique pour stocker la valeur de la hauteur. Il faut redéfinir une fonction d'initialisation et la fonction de distance ne se calcule plus de la même manière. Cette nouvelle classe pourra alors être spécifiée sous la forme :

```
class Point_espace : Point_plan
{   public :
        double hauteur ;
        void initialise ( double x, double y, double z )
        { Point_plan::initialise ( x, y ) ; hauteur = z ; }
        double distance_espace ( void )
        { return sqrt ( abscisse*abscisse +
                        ordonnee*ordonnee +
                            hauteur*hauteur ) ; }
} ;
```

A noter, ici, que la nouvelle fonction de calcul de la distance a été définie par l'adjonction d'un membre supplémentaire : **distance_espace**. De son côté, la fonction d'initialisation a été redéfinie sous le même nom : **initialise**. Bien qu'il n'y ait pas de

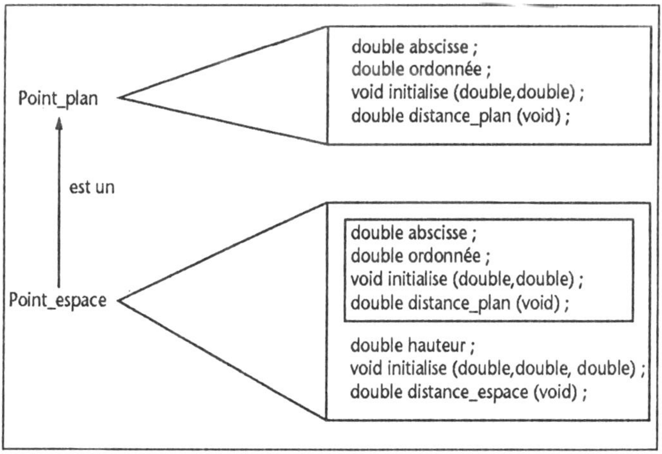

Figure II - 3.3.1 : Schéma d'un héritage simple.

surcharge véritable, puisque les deux fonctions **initialise** appartiennent à deux classes différentes, on parle de ***surcharge,*** ou ***redéfinition,*** du membre **distance** dans la classe héritée.

Après cette déclaration, la classe **Point_espace** contient au total les membres suivants :

- **double Point_plan::abscisse,**
- **double Point_plan::ordonnee,**
- **void Point_plan::initialise (double, double),**
- **double Point_plan::distance (void),**
- **double Point_espace::hauteur,**
- **void Point_espace::initialise (double, double, double),**
- **double Point_espace::distance_espace (void).**

Le schéma d'héritage reliant ces deux classes est visible en Figure II - 3.3.1.

Le programme POINT_P1.CPP présente une utilisation de ces deux classes.

```
// POINT_P1.CPP : premier exemple d'héritage.

#include <iostream.h>
#include <math.h>

class Point_plan
{
//  ...
} ;

class Point_espace : Point_plan
{
//  ...
} ;

main ()
{   Point_plan pt_p ;

    pt_p.initialise ( 1., 2. ) ;
    cout << "  Distance de pt_p : " << pt_p.distance_plan ()
         << "\n" ;


    Point_espace pt_e ;

    pt_e.initialise ( 10., 20., 30. ) ;
    cout << "  Distance de pt_e : "
         << pt_e.distance_espace () << "\n" ;

}
```

Deux points sont à souligner :

- ***L'accès aux membres hérités non redéfinis s'effectue de manière transparente, comme s'ils étaient des membres définis dans la classe héritière,*** Point_espace. En fait, ils sont effectivement présents (dupliqués) dans la classe héritière. Par exemple :

```
return sqrt ( abscisse*abscisse + ordonnee*ordonnee
                                  + hauteur*hauteur ) ;
```

- ***L'accès aux membres hérités et redéfinis dans la classe héritière s'effectue en spécifiant leur nom seul s'il s'agit de la redéfinition, avec leur nom complet s'il s'agit de la définition d'origine héritée.*** Par exemple :

```
void initialise ( double x, double y, double z )
{ Point_plan::initialise ( x, y ) ; hauteur = z ; }
```

L'affichage produit est :

```
Distance de pt_p : 2.236068
Distance de pt_e : 37.416574
```

Héritage de l'accessibilité *C++ !!*

En fait, dans cet exemple, bien des problèmes liés à l'accessibilité ont été contournés en définissant tous les membres comme publics. Mais il ne faut pas en déduire, pour autant, que tous les membres de **Point_espace** sont publics. par exemple, si on avait voulu utiliser le membre **distance_plan** hérité dans le programme principal dans l'instruction :

```
cout << "  Distance plane de pt_e : "
     << pt_e.distance_plan () << "\n" ;
```

cela aurait été refusé car, ***par défaut, tous les membres hérités ont le statut de privés dans la classe héritière***, quel que soit leur statut initial. De même :

```
pt_e.abscisse = 20. ;
```

est refusé, car **abscisse** est devenu privé dans **Point_espace**. Par contre :

```
pt_p.abscisse = 10. ;

pt_e.hauteur = 40. ;
```

sont tout à fait autorisés car **abscisse** est public dans **Point_plan** et **hauteur** l'est dans **Point_espace**.

Pour pouvoir spécifier que les membres hérités conservent leur statut public lors de l'héritage, il faut préciser qu'il s'agit d'un ***héritage de type public***. Cela se fait en plaçant le mot clef **public** devant le nom de la classe héritière. La syntaxe devient alors :

```
class nom_classe_mere
{
//  ...

};

//...

class nom_classe_fille : public nom_classe_mere
{
    Définition des membres supplémentaires.
};
```

Le programme se réécrit alors sous la forme présentée par le programme **POINT_P2.CPP** dont seuls les extraits significatifs ou comportant des modifications sont fournis ici.

```
// POINT_P2.CPP : héritage en public des membres
// publics.

#include <iostream.h>
#include <math.h>

class Point_plan
{   public :

//  ...

};

class Point_espace : public Point_plan
{   public :

//       ...

};
```

```
main ()
{   Point_plan pt_p ;

//  ...

    Point_espace pt_e ;

//  ...

    pt_e.Point_plan::initialise ( 0., 0. ) ;
    cout << "\n  Distance de pt_e : "
         << pt_e.distance_espace () << "\n" ;
    cout << "  Distance plane de pt_e : "
         << pt_e.distance_plan () << "\n" ;

}
```

La seule modification de définition de la classe a été de spécifier que l'héritage est public :

```
class Point_espace : public Point_plan
```

Il est maintenant possible de faire référence aux membres hérités en dehors du corps même de la classe héritière :

```
pt_e.Point_plan::initialise ( 0., 0. ) ;
```

et :

```
cout << "  Distance plane de pt_e : "
     << pt_e.distance_plan () << "\n" ;
```

L'affichage produit est cette fois :

```
Distance de pt_p : 2.236068
Distance de pt_e : 37.416574

Distance de pt_e : 30
Distance plane de pt_e : 0
```

Dans cette nouvelle version, tous les membres de **Point_plan** et **Point_espace** sont accessibles de partout. C'est un peu excessif, ce qu'il faut c'est une solution intermédiaire. Par exemple, on pourrait vouloir spécifier les membres de données comme privés mais cela pose un autre problème car, ***lorsque les membres hérités sont des membres privés de la classe mère, ils ne sont pas accessibles aux membres de la classe héritière.***

Toutefois, ***si un membre hérité est un opérateur membre surchargé, celui-ci est toujours hérité en conservant le statut qui lui a été défini dans la classe mère.***

Avant de revenir sur ce point, signalons qu'il est possible de limiter l'ensemble des éléments qui sont hérités de manière publique en les déclarant un à un dans la liste des membres publics de la classe héritière. La syntaxe est :

```
class nom_classe_mere
{   public :
          type_1 membre_1 ;

//        ...

          type_n membre_n ;

//  ...

} ;

//...

class nom_classe_fille : nom_classe_mere
{   public :
          nom_classe_mere::membre_i ;

//        ...

      Définition des membres supplémentaires.
} ;
```

Dans ce cas, seul l'identificateur des fonctions membres héritées en public doit être spécifié, la liste de leurs arguments est inutile et ne doit pas être rappelée. La classe **Point_espace** peut alors se définir de manière équivalente en :

```
class Point_espace : Point_plan
{   public :
      // Spécification d'héritage public :
        Point_plan::abscisse ;
        Point_plan::ordonnee ;
        Point_plan::initialise ;
        Point_plan::distance_plan ;
      // Nouveaux membres :
        double hauteur ;
        void initialise ( double x, double y, double z )
        { Point_plan::initialise ( x, y ) ; hauteur = z ; }
        double distance_espace ( void )
        { return sqrt ( abscisse*abscisse +
                            ordonnee*ordonnee +
                                + hauteur*hauteur ) ; }
} ;
```

Dans la première version, l'accès aux membres hérités avec le statut de privé était possible au sein du corps de la classe héritière car, même s'ils étaient privés, ils étaient considérés comme des membres de la classe héritière, donc accessibles à tout autre membre de la même classe.

Par exemple, dans la classe **Point_plan**, il aurait été normal de déclarer les membres statiques **abscisse** et **ordonnee** comme étant privés. Dans ce cas, ils n'auraient pas été accessibles dans la classe **Point_espace**, et la fonction **distance_espace** n'aurait pas pu être définie sous sa forme actuelle :

```
double distance_espace ( void )
{ return sqrt ( abscisse*abscisse + ordonnee*ordonnee
                                + hauteur*hauteur ) ; }
```

En effet, il y aurait ici un accès illicite aux membres privés **abscisse** et **ordonnee** hérités de **Point_plan**.

Cette propriété est très précieuse, car elle permet de s'assurer que les programmeurs qui utiliseront une classe en définissant des héritières ne pourront pas modifier des éléments de données jugés critiques. C'est l'assurance d'une bonne protection des classes développées mais, dans certains cas, cela apparaît comme beaucoup trop strict. En particulier, dans notre exemple, il serait bon que l'héritière puisse accéder librement aux membres hérités. Pour cela, C++ offre un second statut d'accessibilité spécifique aux questions d'héritage : c'est le statut **protected.**

Ce statut,* protected, *permet de spécifier dans la classe mère que, lors de l'héritage, les membres protégés correspondants seront accessibles par l'héritière mais par personne d'autre. Vus de l'extérieur de la classe mère ou de ses héritières, les membres **protected**, dits ***protégés***, sont considérés comme inaccessibles (***privés***) ; tant qu'ils sont vus de l'intérieur de la classe mère ou de ses héritières, ces membres sont accessibles comme tout autre membre standard de la classe.

Le programme **POINT_P2.CPP** peut alors être reformulé en protégeant les membres **abscisse**, **ordonnee** et **hauteur** des accès extérieurs. Cela fournit le programme **POINT_P3.CPP** dont seules les modifications sont présentées ici. En fait, rien ne change, mis à part la sortie des membres données de la partie publique des classes et leur spécification en **protected** :

```
// POINT_P3.CPP : accès aux membres privés hérités.

#include <iostream.h>
#include <math.h>

class Point_plan
{   public :
        void initialise ( double x, double y )
        { abscisse = x ; ordonnee = y ; }
        double distance_plan ( void )
        { return
            sqrt (abscisse*abscisse + ordonnee*ordonnee) ; }
    protected :
        double abscisse, ordonnee ;
} ;

class Point_espace : public Point_plan
{   public :
        void initialise ( double x, double y, double z )
        { Point_plan::initialise ( x, y ) ; hauteur = z ; }
        double distance_espace ( void )
        { return sqrt ( abscisse*abscisse +
                            ordonnee*ordonnee +
                                hauteur*hauteur ) ; }
    private :
        double hauteur ;
} ;
```

```
main ()
{

//  ...

}
```

Une spécification individuelle d'héritage aurait pu être :

```
class Point_espace : Point_plan
{   public :
        Point_plan::initialise ;
        Point_plan::distance_plan ;
    protected :
        Point_plan::abscisse ;
        Point_plan::ordonnee ;
    public :
//      ...
} ;
```

On notera que, lorsque le statut de l'héritage est spécifié membre par membre, deux statuts sont possibles, **public** et **protected**, et ils doivent être cohérents avec le statut initial des membres dans la classe mère. Par exemple :

```
public :
    Point_plan::abscisse ;
```

est refusé, mais :

```
protected :
    Point_plan::initialise ;
```

est accepté.

Il n'est pas possible de déclarer globalement l'héritage comme étant protégé :

```
class Point_espace : protected Point_plan
```

est refusé.

L'affichage produit par **POINT_P3.CPP** est le même.

Cette fois, il ne sera plus possible d'écrire les instructions suivantes qui étaient acceptées dans les programmes précédents :

```
pt_p.abscisse = 10. ;

pt_e.hauteur = 40. ;
```

Lorsqu'il y a définition par héritages successifs de plusieurs niveaux de classes descendantes, ces statuts se propagent sans modification :

- ***Les membres privés de la classe mère ne sont pas accessibles aux classes héritières.***

- ***Les membres protégés ou publics de la classe mère deviennent privés dans la classe fille si l'héritage n'est pas public (cas par défaut). Ils sont accessibles à l'héritière directe mais ne le seront pas à ses éventuelles descendantes.***

- ***Les membres publics ou protégés restent, respectivement, publics ou protégés, si l'héritage est public.***

Il n'est pas possible de transformer un membre privé en membre protégé, ni un membre protégé en public, et encore moins, un membre privé en membre public. L'accessibilité ne peut que se restreindre à travers l'héritage.

Enfin, signalons une dernière règle :

- ***L'accessibilité aux membres hérités est la même pour les fonctions et les classes amies de la classe héritière que pour les membres eux-mêmes de la classe héritière.***

- ***L'"amitié" s'hérite mais uniquement sur les membres hérités, elle ne se propage pas aux nouveaux membres.***

Le programme ACC_HER.CPP présente différentes accessibilités possibles utilisant des fonctions et classes amies.

```
// ACC_HER.CPP : accès aux membres privés hérités par des
// fonctions amies.

#include <iostream.h>

class classe_amie_1 ;

class exemple_1
{   friend classe_amie_1 ;
    friend void message_1 ( exemple_1 & ) ;
    public :
        int membre_pub ;
    protected :
        int membre_pro ;
    private :
        int membre_pri ;
} ;

class classe_amie_2 ;

class exemple_2 : exemple_1
{   friend classe_amie_2 ;
} ;

class exemple_3 : public exemple_1
{   friend void message_3 ( exemple_3 & ) ;
} ;

// Une classe indépendante amie de la classe exemple_1 :

class classe_amie_1
{   public :
        void valeur_pub ( exemple_1 & ex_1 )
        { cout << " Valeur : " << ex_1.membre_pub <<".\n"; }
        void valeur_pro ( exemple_1 & ex_1 )
        { cout << " Valeur : " << ex_1.membre_pro <<".\n"; }
        void valeur_pri ( exemple_1 & ex_1 )
        { cout << " Valeur : " << ex_1.membre_pri <<".\n"; }
} ;


// Une classe indépendante amie de la classe exemple_2 :

class classe_amie_2
{   public :
        void valeurs ( exemple_2 & ex_2 )
        {
//              ex_2.membre_pub = 1 ;
```

```
//           ex_2.membre_pro = 2 ;
//           ex_2.membre_pri = 1 ;

            classe_amie_1 ex ;
            ex.valeur_pub ( ex_2 ) ;
            ex.valeur_pro ( ex_2 ) ;
            ex.valeur_pri ( ex_2 ) ;
        }
} ;


// Une fonction globale amie de la classe exemple_1 :

void message_1 ( exemple_1 & ex )
{   cout << "  Valeurs des membres de exemple_1 :\n"
         << "    ex.membre_pub : " << ex.membre_pub << "\n"
         << "    ex.membre_pro : " << ex.membre_pro << "\n"
         << "    ex.membre_pri : " << ex.membre_pri <<"\n";
}

// Une fonction globale amie de la classe exemple_3 :

void message_3 ( exemple_3 &ex_3 )
{   cout << "  Valeurs des membres de exemple_3 :\n" ;
    cout << "    ex_3.membre_pub : " << ex_3.membre_pub
         << "\n" ;
    cout << "    ex_3.membre_pro : " << ex_3.membre_pro
         << "\n" ;
//  cout << "    ex_3.membre_pri : " << ex_3.membre_pri
//       << "\n" ;

    message_1 ( ex_3 ) ;
}

main ()
{   exemple_2 ex_2 ;
    classe_amie_2 amie ;

    amie.valeurs ( ex_2 ) ;

    exemple_3 ex_3 ;

    message_3 ( ex_3 ) ;

}
```

Dans le programme **ACC_HER.CPP**, les instructions interdites pour cause d'inaccessibilité sont mises en commentaires. En particulier :

```
//        ex_2.membre_pub = 1 ;
//        ex_2.membre_pro = 2 ;
//        ex_2.membre_pri = 1 ;
```

sont interdites car, l'héritage de **exemple_1** dans **exemple_2** n'étant pas spécifié en tant que public, il est, par défaut, privé. Les membres hérités ne seront alors accessibles ni aux nouveaux membres de **exemple_2**, ni aux classes et fonctions amies de **exemple_2**.

Par contre, les classes et fonctions amies de **exemple_2**, en l'occurrence **classe_amie_2**, peuvent utiliser les fonctions ou classes amies de **exemple_1** pour accéder aux membres hérités. Les instructions suivantes sont donc tout à fait licites :

```
classe_amie_1 ex ;
ex.valeur_pub ( ex_2 ) ;
ex.valeur_pro ( ex_2 ) ;
ex.valeur_pri ( ex_2 ) ;
```

Dans le cas de la classe **exemple_3**, l'héritage est public ; la fonction amie de **exemple_3**, **message_3**, a donc accès aux membres hérités, s'ils sont accessibles à **exemple_3** elle-même, c'est-à-dire s'ils sont publics (**public**) ou protégés (**protected**). L'instruction :

```
// cout << "   ex_3.membre_pri : " << ex_3.membre_pri
//        << "\n" ;
```

est donc interdite, car même si l'héritage est globalement public, le membre hérité **membre_pri** reste privé et inaccessible aux membres et amis de **exemple_3**. Les autres membres hérités sont accessibles, c'est pourquoi les instructions :

```
cout << "   ex_3.membre_pub : " << ex_3.membre_pub <<"\n";
cout << "   ex_3.membre_pro : " << ex_3.membre_pro <<"\n";
```

sont acceptées.

L'affichage correspondant est :

```
Valeur : 0.
Valeur : 0.
Valeur : 8985.
 Valeurs des membres de exemple_3 :
   ex_3.membre_pub : -14
   ex_3.membre_pro : 14163
 Valeurs des membres de exemple_1 :
   ex.membre_pub : -14
   ex.membre_pro : 14163
   ex.membre_pri : 1300
```

On constate ici que la fonction amie de **exemple_1, message_1**, a pu accéder sans problème à tous les membres hérités, même au membre privé **membre_pri**, car c'est une fonction amie de la classe de base qui a donc une accessibilité totale aux membres de **exemple_1**.

Soit, maintenant, le programme **POINT_P4.CPP** : il reprend le programme précédent **POINT_P3.CPP** et utilise l'héritage successif pour mettre en évidence l'évolution des différents statuts.

```
// POINT_P4.CPP : héritages successifs.

#include <iostream.h>
#include <math.h>

class Point_plan
{
//  ...
} ;

class Point_espace : public Point_plan
{   public :

//  ...

    protected :
        double hauteur ;
} ;
```

```
class Point_temporel : public Point_espace
{   public :
        void initialise ( double x, double y,
                                        double z, double d )
        { Point_espace::initialise (x, y, z) ; date = d ; }
        double distance_temporel ( void )
        { return sqrt ( abscisse*abscisse +
                            ordonnee*ordonnee +
                             hauteur*hauteur + date*date ) ; }
    private :
        double date ;
} ;

main ()
{   Point_temporel pt ;

    pt.initialise ( 40., 40., 40., 40. ) ;
    cout << "  Distance de pt : " << pt.distance_temporel ()
         << "\n" ;

    pt.Point_espace::initialise ( 30., 30., 30. ) ;
    cout << "\n  Distance de pt : "
         << pt.distance_temporel () << "\n  Distance"
         << " spatiale de pt : " << pt.distance_espace ()
         << "\n" ;

    pt.Point_plan::initialise ( 20., 20. ) ;
    cout << "\n  Distance de pt : "
         << pt.distance_temporel () << "\n  Distance plane"
         << " de pt : " << pt.distance_plan () << "\n" ;

}
```

L'affichage est cette fois :

```
Distance de pt : 80

Distance de pt : 65.574385
Distance spatiale de pt : 51.961524

Distance de pt : 57.445626
Distance plane de pt : 28.284271
```

Si l'héritage n'avait pas été spécifié comme public entre **Point_espace** et **Point_plan**, les membres **abscisse** et **ordonnee** n'auraient pas été accessibles dans **Point_temporel**. C'est-à-dire que si la classe **Point_espace** avait été définie par :

```
class Point_espace : Point_plan
```

alors les membres issus de **Point_plan** auraient tous été considérés comme privés dans **Point_espace**. La descendante, **Point_temporel**, de **Point_espace** n'aurait alors pas pu y avoir accès, même si son propre héritage avait été défini comme public. L'instruction suivante n'aurait pas été acceptée :

```
double distance_temporel ( void )
{ return sqrt ( abscisse*abscisse + ordonnee*ordonnee
                        + hauteur*hauteur + date*date ) ; }
```

Il n'aurait pas non plus été possible d'accéder aux membres publics de **Point_plan** dans **Point_temporel**. Par exemple, la réécriture de **distance_temporel** à l'aide de la fonction **distance_plan** n'aurait pas non plus été possible :

```
double distance_temporel ( void )
{ return sqrt ( distance_plan()*distance_plan()
                       + hauteur*hauteur + date*date ) ; }
```

Bien que mathématiquement équivalente, cette ligne est rejetée car le membre **distance_plan** n'est pas accessible depuis **Point_temporel**.

ANNEXES

Annexe A : Passage de C à C++

Le passage de C à C++ met à la disposition du programmeur un plus grand nombre d'outils de structuration et de programmation des applications. On notera en particulier :

- La définition de valeurs par défaut pour certains arguments de fonctions.
- La surcharge de fonctions et d'opérateurs.
- L'utilisation d'opérateurs prédéfinis pour l'allocation mémoire : **new, delete**.
- L'introduction de types abstraits permettant d'associer en une même structure fonctions et données.
- La possibilité de gérer très finement l'accès à des éléments de données ou de traitement : notion de classe avec membres privés, publics et fonctions amies.
- La définition d'éléments par spécialisation, avec l'héritage, à partir de structures prédéfinies.
- Une contrainte très forte de spécification des types.

Cette dernière contrainte est à l'origine de certaines difficultés lorsqu'on cherche à interfacer des programmes C et C++ (voir en troisième partie le paragraphe IV - 2.2.4 volume 2).

De même, lors du portage de programmes C en C++, ce typage fort pose souvent des problèmes. En effet, bien que toutes les fonctionnalités offertes par la syntaxe de C soient incluses dans C++, les deux langages n'effectuent pas les mêmes vérifications : C++ vérifie beaucoup plus finement les correspondances de types que C. Ainsi un programme qui "passait" à la compilation peut très bien ne plus être acceptable pour C++. Par exemple :

```
int fonc ( char * ) ;

main ()
{   int i ;
    fonc ( &i ) ;
}
```

est considéré comme correct en C car une adresse est vue par C comme une valeur entière, quel que soit le type de la valeur pointée. En C++, cette écriture est une erreur car **&i** est de type **int** * alors que le type attendu est **char** *. Ce texte doit alors être réécrit sous la forme :

```
int fonc ( char * ) ;

main ()
{   int i ;
    fonc ( (char *)&i ) ;
}
```

Il n'existe pas de solution miracle ou automatique qui permette de corriger les programmes écrits en C, si ceux-ci ont utilisé implicitement les tolérances du langage... En général, les problèmes sont liés à la conversion implicite de pointeurs. Ce point soulève même parfois des difficultés avec les bibliothèques de fonctions fournies par les constructeurs, car elles utilisent très souvent des pointeurs avec des spécifications de type parfois approximatives. Notamment lorsqu'il s'agit de pointeurs de fonctions.

En contre partie, le portage de programmes C en C++ et leur correction manuelle, si elle est fastidieuse, apportent un gain important de fiabilité des programmes, car l'usage des variables et fonctions est beaucoup mieux maîtrisé avec un typage fort comme celui de C++.

Annexe B : Règles sur les opérateurs de C et de C++

Le Tableau B.1 présente un résumé des règles d'utilisation des opérateurs de C++.

Les opérateurs sont classés par ordre de priorité. Cette priorité indique dans quel ordre ces opérateurs doivent être appliqués lorsqu'une même expression utilise une combinaison de plusieurs d'entre eux. L'opérateur dont la valeur de priorité est la plus grande est appliqué en premier, et celui dont la priorité est la plus faible l'est en dernier.

Par exemple, dans l'expression suivante, / est plus prioritaire que & qui est lui-même plus prioritaire que + :

```
a+x/y&z
```

Les opérations s'effectuent alors dans l'ordre suivant :

```
x/y
```

puis :

```
(x/y)&z
```

et enfin :

```
a+((x/y)&z
```

Lorsque les priorités sont identiques, les opérateurs sont alors appliqués suivant la règle d'associativité, soit de gauche à droite, soit l'inverse. Par exemple, la règle d'associativité de l'opérateur = est de droite à gauche alors que pour + elle est de gauche à droite (+ est plus prioritaire que =). L'expression suivante :

```
x = y = z = a + b + c
```

est exécutée suivant la séquence :

```
a+b
(a+b)+c
z=((a+b)+c)
y=(z=((a+b)+c))
x=(y=(z=((a+b)+c)))
```

Le sens de l'associativité indique également l'ordre dans lequel est évaluée l'expression. Par exemple :

```
x = fonc_1 ( 10) * fonc_2 ( 12 )
```

provoquera l'appel et l'exécution de **fonc_1 (10)** puis traitera **fonc_2 (12)**.

Remarque : Lorsqu'une fonction contient plusieurs arguments, ceux-ci sont évalués de droite à gauche. Ainsi :

```
fonc ( fonc_1 ( 1 ), fonc_2 ( 2 ) * fonc_3 ( 3 ) )
```

provoque, pour l'évaluation des arguments, les appels de fonctions dans l'ordre suivant :

```
fonc_2 ( 2 )
fonc_3 ( 3 )
fonc_1 ( 1 )
```

Enfin, un parenthésage explicite permet toujours de forcer l'ordre d'application des opérateurs. Ainsi, l'expression :

```
x = ( y = (a+b)*c ) + z
```

s'exécute dans l'ordre suivant :

```
a+b
(a+b)*c
y=((a+b)*c)
```

```
(y=((a+b)*c))+z
x=((y=((a+b)*c))+z)
```

Le Tableau B.1 résume le sens courant des opérateurs, leur arité, le type d'associativité, leur priorité et indique s'il s'agit d'opérateurs introduits par C++.

Le Tableau B.2 résume les règles de surcharge de ces opérateurs. Trois cas peuvent se présenter :

- L'opérateur n'est pas surchargeable, c'est le cas le plus simple !
- L'opérateur est surchargeable en tant que fonction membre d'une classe ou comme fonction globale. Son arité n'est pas changée, il accepte n'importe quel type d'arguments, si ceux-ci ne sont pas des types de base prédéfinis de C++ et il renvoie n'importe quel type de valeur. C'est le cas standard.
- L'opérateur se surcharge mais avec des restrictions,cas en général lié à la sémantique et au contexte d'emploi standard de l'opérateur.

Lorsqu'un opérateur est **surchargé en tant que fonction membre** (et qu'il ne s'agit pas d'une exception), **son argument gauche doit toujours être une instance de la classe où il est redéfini**. C'est un argument implicite, la fonction membre le redéfinissant aura donc un nombre d'argument inférieur d'une unité à l'arité de l'opérateur.

A ces symboles d'opérateurs, s'ajoutent des symboles séparateurs qui eux ne peuvent être redéfinis car ils ne jouent qu'un rôle syntaxique de séparation des expressions, déclarations et instructions. Il s'agit de :

[ ] pour la déclaration des dimensions des tableaux

( ) pour regrouper les expressions conditionnelles, modifier les priorités, etc.

{ } pour délimiter des blocs

, pour séparer les éléments d'une liste

Symbole	Langage	Sémantique	Type	Assoc.	Priorité
()	C/C++	Liste d'arguments d'appel de fonction	"quelconque"	gch->drt	15
[]	C/C++	Indice de tableau	binaire	gch->drt	15
->	C/C++	Accès à un membre, par pointeur	"binaire"/unaire	gch->drt	15
::	C++	Résolution de portée	"binaire"/unaire	gch->drt	15
.	C/C++	Accès à un membre	"binaire"/unaire	gch->drt	15
!	C/C++	Inversion de condition	unaire	drt->gch	14
~	C/C++	Complémentation bit à bit	unaire	drt->gch	14
+	C/C++	Signe plus	unaire	drt->gch	14
-	C/C++	Signe moins	unaire	drt->gch	14
++	C/C++	Incrémentation	unaire	drt->gch	14
--	C/C++	Décrémentation	unaire	drt->gch	14
&	C/C++	Adressage	unaire	drt->gch	14
*	C/C++	Indirection	unaire	drt->gch	14
()	C/C++	Conversion de type	unaire	gch->drt	14
sizeof	C/C++	Taille d'une variable, d'un type	unaire	drt->gch	14
new	C++	Allocation de mémoire	unaire	drt->gch	14

Tableau B.1 : Propriétés de base des opérateurs.

Symbole	Langage	Sémantique	Type	Assoc.	Priorité
delete	C++	Libération de mémoire	unaire	drt->gch	14
.*	C++	Accès à un pointeur de membre	"binaire"/unaire	gch->drt	13
->*	C++	Accès par pointeur à un pointeur de membre	"binaire"/unaire	gch->drt	13
*	C/C++	Multiplication	binaire	gch->drt	13
/	C/C++	Division	binaire	gch->drt	13
%	C/C++	Division modulo	binaire	gch->drt	13
+	C/C++	Addition	binaire	gch->drt	12
-	C/C++	Soustraction	binaire	gch->drt	12
<<	C/C++	Décalage à gauche	binaire	gch->drt	11
>>	C/C++	Décalage à droite	binaire	gch->drt	11
<	C/C++	Test inférieur	binaire	gch->drt	10
<=	C/C++	Test inférieur ou égal	binaire	gch->drt	10
>	C/C++	Test supérieur	binaire	gch->drt	10
>=	C/C++	Test supérieur ou égal	binaire	gch->drt	10
==	C/C++	Test d'égalité	binaire	gch->drt	9

Tableau B.1 : Propriétés de base des opérateurs (suite).

<table>
<tr><th>Symbole</th><th>Langage</th><th>Sémantique</th><th>Type</th><th>Assoc.</th><th>Priorité</th></tr>
<tr><td>!=</td><td>C/C++</td><td>Test de différence</td><td>binaire</td><td>gch->drt</td><td>9</td></tr>
<tr><td>&</td><td>C/C++</td><td>ET bit à bit</td><td>binaire</td><td>gch->drt</td><td>8</td></tr>
<tr><td>^</td><td>C/C++</td><td>OU exclusif</td><td>binaire</td><td>gch->drt</td><td>7</td></tr>
<tr><td>|</td><td>C/C++</td><td>OU bit à bit</td><td>binaire</td><td>gch->drt</td><td>6</td></tr>
<tr><td>&&</td><td>C/C++</td><td>ET logique</td><td>binaire</td><td>gch->drt</td><td>5</td></tr>
<tr><td>||</td><td>C/C++</td><td>OU logique</td><td>binaire</td><td>gch->drt</td><td>4</td></tr>
<tr><td>?:</td><td>C/C++</td><td>Expression conditionnelle</td><td>ternaire</td><td>drt->gch</td><td>3</td></tr>
<tr><td>=</td><td>C/C++</td><td>Affectation</td><td>binaire</td><td>drt->gch</td><td>2</td></tr>
<tr><td>*=</td><td>C/C++</td><td>Multiplication puis affectation</td><td>binaire</td><td>drt->gch</td><td>2</td></tr>
<tr><td>/=</td><td>C/C++</td><td>Division puis affectation</td><td>binaire</td><td>drt->gch</td><td>2</td></tr>
<tr><td>%=</td><td>C/C++</td><td>Division modulo puis affectation</td><td>binaire</td><td>drt->gch</td><td>2</td></tr>
<tr><td>+=</td><td>C/C++</td><td>Addition puis affectation</td><td>binaire</td><td>drt->gch</td><td>2</td></tr>
<tr><td>-=</td><td>C/C++</td><td>Soustraction puis affectation</td><td>binaire</td><td>drt->gch</td><td>2</td></tr>
<tr><td>&=</td><td>C/C++</td><td>ET bit à bit puis affectation</td><td>binaire</td><td>drt->gch</td><td>2</td></tr>
<tr><td>^=</td><td>C/C++</td><td>OU exclusif puis affectation</td><td>binaire</td><td>drt->gch</td><td>2</td></tr>
<tr><td>|=</td><td>C/C++</td><td>OU bit à bit puis affectation</td><td>binaire</td><td>drt->gch</td><td>2</td></tr>
</table>

Tableau B.1 : Propriétés de base des opérateurs (suite).

Symbole	Langage	Sémantique	Type	Assoc.	Priorité
<<=	C/C++	Décalage à gauche puis affectation	binaire	drt->gch	2
>>=	C/C++	Décalage à droite puis affectation	binaire	drt->gch	2
,	C/C++	Enchaînement d'instructions	binaire	gch->drt	1

Tableau B.1 : Propriétés de base des opérateurs (suite).

Symbole	Membre	Global	Exception/Remarques
()	oui	NON	Arité quelconque, définit les arguments d'une fonction sans nom spécifique.
[]	oui	NON	*(Comme pour les autres opérateurs le membre gauche doit être une instance)*
->	oui	NON	**Unaire**, ne peut renvoyer que des valeurs d'instance ou des adresses d'instance
::	NON	NON	
.	NON	NON	
!	oui	oui	
~	oui	oui	
+	oui	oui	
-	oui	oui	
++	oui	oui	Perte de la distinction préfixé-postfixé
--	oui	oui	Perte de la distinction préfixé-postfixé
&	oui	oui	
*	oui	oui	(L'indirection s'applique à une instance, non à un pointeur ; quelques problèmes avec Turbo C++)
*	oui	oui	(Multiplication)
()	oui	NON	Le type de la conversion est celui de la valeur de retour
sizeof	NON	NON	
new	oui	oui	Le type de retour doit être **void ***, il doit toujours y avoir un argument de type **unsigned**, que ce soit en fonction membre ou en fonction globale

Tableau B.2 : Règles de surcharge des opérateurs.

<table>
<tr><th>Symbole</th><th>Membre</th><th>Global</th><th>Exception/Remarques</th></tr>
<tr><td>delete</td><td>oui</td><td>oui</td><td>La valeur de retour doit être void, il doit toujours y avoir un argument de type void *, que ce soit en fonction membre ou en fonction globale</td></tr>
<tr><td>.*</td><td>NON</td><td>NON</td><td></td></tr>
<tr><td>->*</td><td>oui</td><td>oui</td><td>(Membre gauche doit être une instance)</td></tr>
<tr><td>*</td><td>oui</td><td>oui</td><td></td></tr>
<tr><td>/</td><td>oui</td><td>oui</td><td></td></tr>
<tr><td>%</td><td>oui</td><td>oui</td><td></td></tr>
<tr><td>+</td><td>oui</td><td>oui</td><td></td></tr>
<tr><td>-</td><td>oui</td><td>oui</td><td></td></tr>
<tr><td><<</td><td>oui</td><td>oui</td><td></td></tr>
<tr><td>>></td><td>oui</td><td>oui</td><td></td></tr>
<tr><td><</td><td>oui</td><td>oui</td><td></td></tr>
<tr><td><=</td><td>oui</td><td>oui</td><td></td></tr>
<tr><td>></td><td>oui</td><td>oui</td><td></td></tr>
<tr><td>>=</td><td>oui</td><td>oui</td><td></td></tr>
<tr><td>==</td><td>oui</td><td>oui</td><td></td></tr>
<tr><td>!=</td><td>oui</td><td>oui</td><td></td></tr>
<tr><td>&</td><td>oui</td><td>oui</td><td></td></tr>
<tr><td>^</td><td>oui</td><td>oui</td><td></td></tr>
<tr><td>|</td><td>oui</td><td>oui</td><td></td></tr>
<tr><td>&&</td><td>oui</td><td>oui</td><td></td></tr>
<tr><td>||</td><td>oui</td><td>oui</td><td></td></tr>
<tr><td>?:</td><td>NON</td><td>NON</td><td></td></tr>
<tr><td>=</td><td>oui</td><td>NON</td><td>(N'intervient pas dans les déclarations)</td></tr>
<tr><td>*=</td><td>oui</td><td>oui</td><td></td></tr>
</table>

Tableau B.2 : Règles de surcharge des opérateurs (suite).

Symbole	Membre	Global	Exception
/=	oui	oui	
%=	oui	oui	
+=	oui	oui	
-=	oui	oui	
&=	oui	oui	
^=	oui	oui	
|=	oui	oui	
<<=	oui	oui	
>>=	oui	oui	
,	oui	oui	*(Risque de confusion avec le séparateur)*

Tableau B.2 : Règles de surcharge des opérateurs (suite).

; pour terminer une instruction

: pour signaler une instruction de label, ou la liste des membres de statut particulier

... pour suspendre la spécification des arguments d'une fonction

* pour déclarer un pointeur

& pour déclarer une référence

= pour séparer la variable déclarée des valeurs d'initialisation

::* pour déclarer un pointeur de membre

Annexe C : Règles d'accessibilité et de portée

Règles de portée

- De manière générale, un identificateur n'est connu qu'à partir de l'endroit où il est déclaré (ou défini) dans le texte, et uniquement dans le bloc où il est déclaré : cela définit sa **portée**.
- Un cas particulier : si un identificateur est déclaré (ou défini) en dehors de tout bloc, il est connu à partir de l'endroit de sa déclaration dans toute la suite du fichier : le fichier est considéré implicitement comme un bloc.
- Deux exceptions à cette règle :
    - Si un type est défini à l'intérieur d'une structure ou d'une classe, sa définition est reconnue dans tout le bloc où est définie cette structure ou classe (et non uniquement dans le bloc de définition de la structure ou de la classe).
    - Une fonction, devant être définie en dehors de tout bloc, est accessible dans tout le fichier, mais il est également possible d'y faire référence dans d'autres fichiers si son prototype est rappelé dans chacun des autres fichiers.
- Les noms des membres définissant une structure ou une classe sont connus dans toute la zone de portée de cette structure ou classe, et uniquement dans celle-ci.
- Il n'est pas possible d'accéder à la valeur représentée par un identificateur en dehors de la zone de portée de cet identificateur.

Extension d'accès

- Il est possible d'accéder à des données définies dans d'autres fichiers en rappelant leur prototype et en utilisant la déclaration de statut **extern**.

Limitations d'accès

- Il est possible de limiter l'accès d'une fonction (ou donnée) au seul fichier où elle est définie, en lui associant le statut **static**.

- Les membres d'une classe sont par défaut interdits d'accès à d'autres éléments que :

    - les fonctions membres de la classe,

    - les instances de cette classe.

  C'est le statut **private**. Ce statut peut être explicité ou non. Le statut **protected** est équivalent à **private** pour l'extérieur de la classe, lorsqu'il ne s'agit pas d'éléments des classes héritières.

- L'accessibilité aux membres d'une classe peut être forcée :

    - En déclarant certaines classes ou fonctions avec le statut **friend**, amies de la classe.

    - En déclarant certains membres avec le statut **public**. Ces membres sont alors accessibles pour tout le monde (mais, bien sûr, uniquement dans la zone de portée de la classe ou de l'instance).

Héritage de l'accessibilité

L'amitié (statut **friend**) n'est pas héritée (elle n'intervient que sur les membres de la classe mère).

L'héritage peut être spécifié avec deux modes :

- Mode **private**, c'est le cas par défaut :

    - Les membres **public** restent accessibles en tant qu'éléments de la classe mère, mais pas en tant qu'éléments de l'héritière ; ils acquièrent le statut **private** dans l'héritière.

    - Les membres dont le statut est **protected** (dans la classe mère) sont accessibles à l'héritière (mais pas à l'extérieur) et ils y acquièrent le statut **private**.

    - Les membres **private** hérités ne sont pas accessibles aux héritières.

- mode **public** :

    - Les membres **public** de la classe mère conservent alors le statut **public** dans l'héritière et sont donc accessibles en tant qu'éléments de cette dernière.

    - Les membres déclarés comme **protected** dans la classe mère sont hérités dans la classe héritière avec le statut **protected** : ils sont accessibles à l'héritière et à ses fonctions ou classes amies, mais pas à l'extérieur.

    - Les membres **private** hérités ne sont pas accessibles aux héritières.

- Mode **protected** : peu utilisé, applicable uniquement pour conserver à certains membres un statut **protected** alors que d'autres sont hérités avec un autre mode.

L'héritage ne peut donc que restreindre l'accessibilité des membres hérités.

Les constructeurs et destructeurs sont toujours hérités avec le mode **public** : leur statut n'est pas modifié par l'héritage.

Le Tableau C.1 résume l'héritage de ces statuts.

Statut des membres dans la classe mère	Statut des membres dans l'héritière obtenu par héritage		
	héritage en mode private	héritage en mode public	héritage en mode protected
private	*NON ACCESSIBLE*	*NON ACCESSIBLE*	non applicable
protected	private	protected	protected
public	private	public	non applicable
virtual	inchangé	inchangé	inchangé
static	"	"	"
Remarque : l'héritage classes en mode virtual ne modifie aucun statut de membre (cela empêche uniquement la duplication éventuelle de membres en cas d'héritages multiples).			

Tableau C.1 : Héritage des statuts d'accessibilité.

Index

Index

B

D

I

P

R

T

W

X

B ibliothèque Sybex

Nous espérons que ce livre vous a donné entière satisfaction. Savez-vous que Sybex possède à son catalogue plus de 200 autres titres ? Voici quelques suggestions de lecture pour approfondir vos connaissances.

B ibliothèque Sybex

B ibliothèque Sybex

■ **Microsoft Publisher**
de Daniel Rougé
1992 - 160 pages - réf. 0956 - 89 F

■ **Micrografx Designer 3.1**
de Daniel Sillescu
1992 - 160 pages - réf. 0946 - 82 F

■ **CorelDRAW! 2.0**
de Len Gilbert
1992 - 158 pages - réf. 0992 - 82 F

■ **AutoCAD 11**
de Alan R. Miller
1991 - 440 pages - réf. 0729 - 98 F

■ **AutoSKETCH 3**
de Daniel Rougé
1991 - 252 pages - réf. 0708 - 82 F

■ **AutoDesk Animator**
de Peter Brickwede et Christian Jaksch
1991 - 154 pages - réf. 0776 - 82 F

■ **MS-DOS 5**
de Warren Bates
1991 - 310 pages - réf. 0691 - 78 F

■ **Microsoft Windows 3.1**
de Warren Bates
1992 - 250 pages - réf. 0941 - 89 F

■ **Microsoft Windows 3**
de Kris Jamsa
1990 - 286 pages - réf. 0692 - 89 F

Bibliothèque Sybex

■ **Unix**
de Brent D. Heslop et David Angell
1991 - 204 pages - réf. 0843 - 89 F

■ **GeoWorks Ensemble 1.2 & Pro**
de Rainer Bartel
1992 - 160 pages - réf. 0994 - 82 F

■ **GeoWorks Ensemble**
de Rainer Bartel
1992 - 160 pages - réf. 0891 - 86 F

■ **DR DOS 6**
de Henri Chêne
1992 - 206 pages - réf. 0948 - 89 F

■ **Object Vision**
de Michael Tisher
1991 - 144 pages - réf. 0875 - 82 F

■ **Turbo Pascal pour Windows**
de Yves Giroux
1991 - 212 pages - réf. 0894 - 86 F

■ **Turbo Pascal pour Windows 1.5**
de Yves Giroux
1992 - 250 pages - réf. 1018 - 89 F

■ **Turbo Pascal 4, 5 & 5.5**
de Thomas Lachand-Robert
1990 - 364 pages - réf. 0693 - 82 F

■ **Quick C pour Windows**
de Eugène Kain
1992 - 250 pages - réf. 0931 - 89 F

B ibliothèque Sybex

■ **Borland C ++**
de François Terrier
1992
Volume 2 : Programmation orientée objet
310 pages - réf. 0920 - 86 F
Disquette disponible - réf. D920 - 75 F

■ **C**
de Bruce Hunter
1991 - 254 pages - réf. 0815 - 78 F

■ **Microsoft Visual BASIC pour Windows**
de Tristan Soval
1992 - 200 pages - réf. 0936 - 89 F

■ **Microsoft QuickBASIC et QBASIC**
de Jean-Claude Despoine
1991 - 404 pages - réf. 0890 - 89 F

■ **BASIC**
de Jean-Claude Despoine
1991 - 244 pages - réf. 0816 - 89 F

■ **Fichiers en BASIC**
de Alan Simpson
1989 - 252 pages - réf. 0525 - 89 F

■ **PC Tools Deluxe 7.1**
de Daniel Rougé
1989 - 352 pages - réf. 0806 - 89 F

■ **Norton Utilities 6**
de Michael Gross
1992 - 166 pages - réf. 0964 - 82 F

B ibliothèque Sybex

■ **Norton Desktop Windows**
de Daniel Rougé
1992 - 250 pages - réf. 0945 - 89 F

■ **PC Portables**
de Jeffrey H. Lubeck et Bruce D. Chatzman
1992 - 256 pages - réf. 0922 - 86 F

■ **PC et Compatibles**
de Joan Lasselle et Carol Ramsay
1991 - 208 pages - réf. 0867 - 86 F

■ **Disques Durs sur PC**
de Judd Robbins
1989 - 232 pages - réf. 0488 - 89 F

■ **Numéris et Micro**
de P. Reynaud, B. Ragot et A. Berriegts
1992 - 184 pages - réf. 0905 - 86 F

■ **Les Polices Adobe Type Manager (ATM) pour Windows**
de Daniel Rougé
1992 - 206 pages - réf. 0983 - 98 F
Disquette incluse

■ **Multimedia et CD-ROM**
d'Emmanuel Viau et Bernard Jolivalt
1992 - 280 pages - réf. 0918 - 89 F

■ **Antivirus**
de Colin Haynes
1990 - 180 pages - réf. 0673 - 86 F
Disquette disponible - réf. D673 - 75 F

B ibliothèque Sybex

B ibliothèque Sybex

■ **C++ : La Maîtrise par l'Exemple**
de John M. Hugues
1990 - 370 pages - réf. 0670 - 248 F
Disquette disponible - réf. D670 - 100 F

■ **C par l'Exemple**
de Craig Bolon
1991 - 538 pages - réf. 0822 - 198 F

■ **C utile**
de René Benoît
1989 - 172 pages - réf. 0443 - 82 F

SYBEX

dans le monde entier

FRANCE
6-8, Impasse du Curé
75882 PARIS CEDEX 18
Tél. : (1) 42 09 95 95
Numéro Vert (appel gratuit) : 05 45 10 40
Télécopie : (1) 42 09 01 45
Telex : 211801F

U.S.A.
2021 Challenger Drive
Alameda - California 94501
Tél. : (510) 523 82 33
Télécopie : (510) 523 23 73
Telex : 336311

R.F.A.
Sybex Verlag Gmbh
Postfach 150361
Erkrather Straße 345-349
4000 Düsseldorf 1
Tél. : (211) 9739-0
Télécopie : (211) 9739-199

PAYS-BAS
Birkstraat 95
3761 CJ Soest
Tél. : (2155) 276 25
Télécopie : (2155) 265 56

distributeurs étrangers

BELGIQUE FRANCOPHONE
Presses de Belgique
117, boulevard de l'Europe
1301 Wawre
Tél. : (010) 41 59 66

SUISSE
Office du Livre
Case Postale 1061
CH-1701 Fribourg
Tél. : (37) 835 111

ESPAGNE
Diaz de Santos
Lagasca, 95
28008 Madrid

MAROC
SMER Diffusion
3, rue Ghazza
Rabat

BELGIQUE NEERLANDAISE
Wouters
Groenstraat, 178
B-3030 Heverlee
Tél. : (016) 23 38 96

CANADA
Diffulivre
817, rue Mac Caffrey
Saint-Laurent - Québec H4T 1N3
Tél. : (514) 738 29 11

PORTUGAL
Lidel
Rua D. Estefânia, 183, r/c.-Dto.
1096 Lisboa Codex

ALGERIE
E.N.A.L.
3, boulevard Zirout Youcef
Alger

TUNISIE & LYBIE
Librairie de l'Unité Africaine
14, rue Zarkoun
Tunis

SYBEX SARL au capital de 500 000 F - RC Paris B 305 418 436 000 47

Achevé d'imprimer le 26 juin 1992 sur les presses de l'Imprimerie «La Source d'Or»
63200 Marsat - Dépôt légal : 2e trimestre 1992 - Imprimeur n° 4365